ラクして稼ぐ不動産投資33の法則

成功大家さんへの道は「管理会社」で決まる!

不動産経営コンサルタント
今井 基次

筑摩書房

はじめに

　2020年1月、中国で起こっていた新型コロナウイルス感染症のニュースが流れ始めました。対岸の火事と思っていた日本にも、あっという間にその波が押し寄せ、感染は拡大の一途をたどりました。

　経済が止まり、世界中でGDPが物凄いスピードで下落していきました。人が動かないことで大きな影響があると分かっていたつもりでも、その破壊力の凄まじさに驚きます。不動産でもその被害は深刻です。若者たちが集まる原宿や表参道の路面店舗、再開発でますます経済の活性化が予想される福岡の天神周辺のテナントなど、商業系物件は歩くたびに空き物件が増えています。

　この先、どうなるのかは予想がつきませんが、従来の常識は全く通じない、新しい世の中に変わっていく中、誰もが不安にさらされています。新型コロナだけではありません。度重なる大雨、台風、地震、私たちが生きているこの世界では、どこで何が起こっても不思議ではありません。

　それに加えて、日本経済は数十年にわたり成長せず、ますます諸外国から遅れをとっています。そのことに気づき、雇用や収入が不安定になる中で、皆さんは「収益の柱」をいくつ作れているのでしょう。個人が会社だけに依存して給与所得のみで生きていくことでは、決して確実な安定が得られるわけではないのです。

2019年に金融庁が発表した「老後2000万円問題」を覚えているでしょうか。平均寿命が延びる中、退職後30年のあいだ夫婦が健在であると仮定して、社会保障給付を受給しながら2000万円の貯蓄を切り崩していけば生活費が賄えるというのです。

老後と言っても、最近のシニアは60代70代でも非常にアクティブでピンピンしています。私の趣味のひとつであるトライアスロンにしても、70歳を超えて元気に大会に出ている仲間がいます。トライアスロンはエントリーの費用だけで2・5万~8万円、遠方の大会に3泊4日で参加すれば旅費を合わせて20万円くらいかかることもあります。

2000万円で老後の生活費を賄うことはできるかもしれませんが、アクティブで「楽しい老後」を過ごしたいと思えば、とても「2000万円では足りない」はずです。おそらく医療の進歩によって寿命はますます延びるでしょう。「楽しい老後」を過ごすためには、もっとお金に余裕がなければ「楽しい」とは言い切れないのではないでしょうか。

とは言え、夫婦共働きで一生懸命働いても、思うように貯蓄にお金をまわすことはできません。給料は増えないのに物価も税金も上がり、可処分所得は減る一方です。子育て、教育費、住宅ローン、自動車ローンと、稼いだお金はあらゆる「今、必要なもの」に奪われていきます。年収が1000万円を超えて社会的ステータスは上がっても、今度はステータスに見合う「それなりの車」「それなりの服」「それなりの家」を購入するために組んだローンの「無駄な利息」ばかりを支払うことになるのです。

結局、「支出の額は収入の額に達するまで膨張する」というパーキンソンの法則通り、相当に意識しなければ「お金を貯める」ことが難しいのです。今は華やかに生活ができているように見えたとしても、貯蓄もないままで老後、同じレベルでの生活を維持できるのでしょうか。

「ラチェット（歯止め）効果」という言葉があります。これは所得が減少しても、消費者はそれまでの消費水準を保とうとするために景気はすぐには悪化しないことを意味するものです。

個人の生活を考えても、確かに一度生活水準を上げてしまうと、所得が減ってもなかなか元の暮らしには戻れないようです。海外のプロスポーツ選手がかなりの割合で破産するという話を聞きます。お金をどう扱うのかを学ばないまま何億円ものお金が急に手元に入ってくると、いい家に住み、いい車に乗り、いいものを食べることが日常になります。いずれ引退をして収入がなくなると分かっていても、その生活に慣れてしまうと、もう元には戻せません。身体は贅沢病に完全に浸ってしまっているのです。「分かっちゃいるけどやめられない」は人間の真理です。

私たちは一流プロスポーツ選手ではないので、そんな贅沢な生活がないぶん歯止めが効くのかもしれませんが、もっと働いて稼ごうとしても、人的資本から得られる所得には限界があります。平等に与えられている24時間を使って、サラリーマンとして給与水準を上げていくことには限界があるのです。そう考えると、人的資本以外からお金を稼ぐ「柱」を創り、同時にお金についてしっかり学んでおく準備が必要となります。

昔のように定期預金の年率が２％や３％の時代ならともかく、仮に貯蓄ができてそのお金を銀行に置いておいても、この超低金利では「お金がお金を生み出す」ことはありません。最近ではＮＩＳＡ（少額投資非課税制度）やｉＤｅＣｏ（個人型確定拠出年金）などで、株式投資や投資信託も身近になってきたようですが、積極的に投資をしなければ……と思ってもつい二の足を踏んでしまい、結局何もできていない、なんていう話をよく耳にします。

では不動産投資はどうでしょう。

「不動産投資なんて夢のまた夢」と感じるかもしれませんが、真面目に仕事をしてしっかりと貯蓄を継続できれば、実は誰にでも実行できるチャンスがあります。

会社を起こして事業をしようと思っても融資を受けるのにひと苦労ですが、不動産投資は購入価格の大部分を融資で賄うことができる特殊な「投資」です。さらに、運営のほとんどを外注できるシステムが整っているので、ある意味「不労所得」に近い形で、実際の運用を任せることができます。

特に居住用不動産投資は、商業用とは違いコロナ禍においても比較的安定していましたし、かけた労力に対して生み出す収益が高いと言えます。通常の人的資本だけでは生み出せない力を秘めているのが不動産なのです。

多くの方に不動産投資に興味を持ってもらいたい一方、不安に思う点もあります。私は不動産業界で21年間、賃貸仲介、売買仲介、賃貸管理、収益不動産仲介、不動産経営コンサルタントと一通りの仕事をしてきました。そのなかで気になっているのが、**「不動産会社で働く人は、高額の収益不動産の取引にもかかわっているのに、専門知識を理解していない人が多すぎる」**という点です。

私は、「不動産は金融商品のようなもの」だと思っています。

本来、投資信託などの金融商品であればリスクの説明が義務付けられていますが、不動産は宅地建物取引業法（宅建業法）に決められた重要事項説明義務（土地や建物、権利に関する説明義務）こそありますが、「収益性」や「安全性」といった投資の観点からの説明を義務付けるルールはありません。

つまり、仲介会社はそうした点を理解しないまま売れてしまうため、投資にふさわしくない物件を買ってしまい後戻りができない不動産オーナーがこれまでたくさん出てきました。仮に物件に問題がなくても、大きく儲けようとするあまり、怪しい手法を使って手痛い失敗をした人もいます。もちろん情報の非対称性を悪用され、「騙される」ケースも後を絶ちません。不動産を持つことで将来の資産形成をするはずが、そうなっては元も子もありません。

本来、不動産投資（賃貸経営）とは、住宅供給を通じて入居者に安心して楽しく快適に生活していただける場を提供する、そんな社会的意義のあるビジネスです。

よく衣・食・住と言いますが、生活の全ての拠点は「住」にあります。賃貸経営は住宅という箱を提供しつつ、入居者の人生をも支えているのです。そこに携わる不動産仲介や不動産管理業の仕事も、とても意義ある仕事です。大袈裟に聞こえるかもしれませんが、私自身そうした自覚を持って不動産の仕事をしてきましたし、この不動産の仕事に関われたことを本当にラッキーだと思います。

私は、自ら資産形成をしながら人の役に立てる不動産投資（賃貸経営）を、もっとたくさんの人に知ってもらいたいのです。

以前勤めていた会社でも、「ここにいるみんなが不動産を持ってくれたら、もっとオーナー目線でいい仕事ができるのになぁ」と、心の中に小さな夢を持っていました。その夢は叶いませんでしたが、独立した今、これから採用する社員、そして関わってゆくたくさんの方たちに、不動産を通じてより豊かになって欲しいと思うのです。

不動産投資でいきなり大儲けすることはできません。最初は小さなものから始め、しっかり学んで失敗しなければ、確実に雪だるま式に大きくなっていくものです。しかし、それを成し遂げるためには、「事前準備でしっかり学ぶ」、「失敗する物件を買わない」、そして「シミュレーション通りに運用する」というのが鉄則です。

私自身、これだけ長くこの業界にいて専門知識もありますが、最初の物件購入はドキドキしました。でも、メンターの一人から「とにかくさ〜、損をしなければいいんだよ」と言われたことで迷いが晴れました。長年かけて財を築いた有名な不動産投資家さんでさえ、はじめは少しずつスタートしているのですから、「〇年で〇十億築く」などと急いで購入をしなくても、着実に準備をしていけば、時間がお金を育ててくれることに気づかされました。鍾乳洞の雫の一滴が時間をかけて美しい鍾乳石を築くように、時間をかけて資産を作り上げていくことが、もっとも確実に不動産で豊かになれる「方法」なのかもしれません。

不動産投資は、物件を買うことや建てることがゴールではありません。買った時がスタートなのです。物件を買って、夢見ていた不動産投資をスタートさせても、想定していた「収益を継続して生み出す」ことができなければ、ただの絵に描いた餅です。

不動産投資は「利回り」ばかりに目が向きがちですが、収益を継続して生み出すためには、実は管理運営とそれを担う「管理会社（不動産会社）の存在」がもっとも重要なのです。むしろ、**「不動産投資成功のカギは管理会社が握っている」**といっても良いでしょう。物件探しにばかり躍起になる大家さんと違い、成功大家さんはこの辺りをしっかりと押さえています。

大家として管理会社の仕事とは何か、管理会社とどう向き合いどう接していくのかを知っておくことが、「利回り」を絵に描いた餅に終わらせない成功への近道と言っても過言ではありません。本書では、実際に私の数ある「失敗談」も踏まえて、皆様にわかりやすくお伝えしていきたいと思います。

この本は第1章から第6章までの構成となっており、第1章・第2章・第4章は、比較的初心者にも見ていただきやすくしています。第3章は数字の話なので初心者には少し難しく感じるかもしれません。第5章・第6章は賃貸経営で最も重要な「管理」のことについて述べていますので、ところどころ読み飛ばしながら必要な部分を読んでいただいても結構です。

本書は、「誰にでもわかるカンタンな本です」と言い切るにはすこし専門的な要素も入っているのですが、これから不動産投資を始めようとする方、特に「すぐにでも収益不動産を買える」人たちに手にとってもらいたいと思っています。物件を買う前に、購入後に起ることを知っておいてもらいたいからです。それから、地主さんや既に物件を保有している経験者の方たちにも、管理の重要性を今一度考えていただきたいです。そして、全国の不動産管理会社の皆様にも、ぜひご一読いただき、不動産投資における管理会社の役割と重要性を再認識してほしいと思います。

「不動産投資の教科書」という本がたくさん出ていますが、本書はもう少し専門的な部分に踏み込んだ「2冊目の教科書」といった意味合いで読んでいただけますと幸いです。

ラクして稼ぐ不動産投資33の法則
成功大家さんへの道は「管理会社」で決まる！

はじめに　3

第1章
なぜ、不動産投資で失敗する人があとを絶たないのか　17

不動産投資が過熱したわけ　18
あせるな危険！「成功大家さん」と「失敗大家さん」の分岐点とは？　21
不動産投資「始める前」のチェックポイント　23
結局、「管理会社」が物件の利回りを握っている　25
常識外れのアパート管理　29
優秀な管理会社を見つけて成功を導き出す　31
【コラム】不動産投資ブームの失敗に学ぶ　33
【コラム】金融機関が睨みをきかせるグレーな手法とは？　34
成功の法則33　01～04　38

第2章
「成功大家さん」になりたければ、「武器」を持ちなさい　39
陥りやすい「オーナーになりたい病」の危険　40
高学歴のエリートが踏み外す「はじめの一歩」　42
「20」を意識して情報収集せよ　46
3人のメンターが持つ「成功大家さん」へのカギ　50
担当営業マンを見極める3つのポイント　53
お宝物件はどこにある？　57
不動産はレモン市場なのか？　62
ここが変だよ、日本の不動産流通　63
なぜ「不動産取引」には、リスクの説明義務がないのか？　66
歩いて初めて見えてくる！　肌で感じる空室数と市場調査　70
物件タイプ別の特徴　76
玉子は同じ大きさで揃えよ　80
成功の法則33　05〜12　82

第3章
見て見ぬふりはもうできない！投資分析があなたを強くする　83

3種類の利回りを理解する 86
破綻の危険を回避せよ 93
「レバレッジ」の考え方 96
絶対に知っておくべき「ストレス」のかけ方 100
「空室率」3つの定義の使い方 105
誠実さを一瞬で見極める「運営諸経費」の真実 110
イールドギャップの正体 114
実はこんなに支払っている！ 支払い利息の総額 118
「資産価値の最大化」の決め手とは？ 121
「自己資金ゼロ」は本当にお得なのか？ 125
【コラム】金融機関からどのように融資を引き出すか問題 131
成功の法則33 13〜19 134

第4章 不動産投資のリスクと対処法 135

リスクの全貌を知り、失敗から身を守る 136
「波乗り投資」で、資産を増やしてリスクを減らす 138
「リスク移転」を徹底解剖——保険を最大限に活用する 140
今こそ、滞納リスクに備えよ 151

コロナ騒動で露呈した、管理会社の対応力 153
民法改正で「連帯保証人」の立場はどう変わった？ 156
滞納保証会社選び、4つのポイント 160
滞納を防ぐちょっとしたコツ 162
【コラム】問題の核心に迫るための「なぜなぜ分析」 165
【コラム】入居審査のウソ？ ホント？ 168
成功の法則 20〜22 172

第5章 「ラクラク管理会社」と「ダメダメ管理会社」 173

成功の切り札は、管理会社にあり！ 174
「毛筆の広告」は効果バツグン!?——入居者募集活動 177
後手に回って回収に2年!?——家賃の集送金と月次報告 184
入居者満足度が安定経営を決める——入居者対応 191
究極の空室対策は「空室を出さない」こと 198
有事のときこそ、真価がわかる！——メンテナンス対応 202
まだまだ膨大にある、管理の仕事 210
結局、「管理料」は高いのか？ 安いのか？ 214
自主管理がオススメできない本当の理由 219

正味管理料という考え方――結局、いくら払っているのか？ 225
管理会社を変えるのは、悪なのか？ 229
大家さんの選択肢「管理メニュー」とは？ 231
【コラム】ポータルサイトの進化 236
【コラム】日本とアメリカの不動産業界の違い 238
成功の法則33 23〜27 242

第6章 後悔しない管理会社の選び方

243
どこに任せれば安心？――管理会社の種類と傾向 244
封印が解かれたサブリースの真実 252
あなたの知らないサブリース会社選び 258
管理会社の空室対策、5つのタイプ 264
管理と仲介は別もの 273
資格の数は学びの証 277
管理戸数とサービスの理想と現実 284
「1000戸の踊り場」を脱せる管理会社とは 286
管理会社選び、キーポイントは稼働率（入居率） 288
VRは成否のカギとなるのか？ 290

「ラクラク管理会社」は情報発信力が違う！ 292
「資産価値を高める」ホームページ活用術 300
「正直不動産」は誠に存在するのか 302
「担当者のハートを摑む」管理会社との付き合い方 306
なぜ担当者はオーナー目線になれないのか 310
成功の法則33　28～33 314

おわりに 315

第1章

なぜ、不動産投資で失敗する人があとを絶たないのか

不動産投資が過熱したわけ

「かぼちゃの馬車」事件に端を発した「スルガショック」以降、融資の締め付けによって下火となった「不動産投資ブーム」ですが、2016（平成28）年頃の過熱ぶりは記憶に新しいところです。

その火付け役となったのが、第二次安倍内閣発足によって始まった「アベノミクス」。バブル崩壊以降、復活の兆しの見えなかった日本経済に対し、2013年に政府が発表した「日本再興戦略」は、金融政策・財政政策・成長戦略（いわゆる「3本の矢」）を主軸とした日本経済の構造改革案でした。そのうち不動産業界に大きな影響をもたらしたのは、デフレ対策として行なわれた金融緩和政策、なかでも2016年より始まった「マイナス金利」政策です。マイナス金利政策は、金融機関が抱え込んでいる多額のお金を吐き出させ、市場に流通させるのが目的でした。

しかし、これによって困ったのは金融機関です。個人への融資額はたかが知れているし、企業向けに貸し出そうにも、億単位の手堅い融資先を新たにどうやって見つけるべきか……。こうして金融機関は不動産賃貸業（個人の不動産投資）への融資に向かっていきます。金融機関からしてみれば、確実な担保を得ることができ、安定収益が見込めるため比較的融資をつけやすく、かつ、まとまった金額の案件となる不動産賃貸業への融資は、営業的にも好都合だったのです。

折しも、株価の回復に伴う投資意欲の増大や、反対に年金問題による将来不安の増大から、不動産投資に対する関心は十分に高まっていました。ある時期までは、不動産投資と言えばもともと土地を持っている「地主さんだからできること」というイメージでしたが、ロバート・キヨサキの『金持ち父さん　貧乏父さん』（筑摩書房）以降、多くのサラリーマンが不動産投資に意欲を燃やしていました。

銀行が融資に積極的になると、そうした層に向けて、比較的規模の小さい新築アパートなどが一気に供給されていきました。２０１６年の賃貸住宅着工数は、前年比で約40万戸も増加。２０１５年時点ですでに日本の人口減少が現実のものとなっていたにもかかわらず、賃貸住宅は次々と建てられていったのです。

まるでお祭り騒ぎのようだった２０１６～１８年の3年間。大きく開かれた融資の門戸は、多数の「大家さん」を生み出しました。

中でも、10年以上かけて少しずつ資産（物件）を増やしてきていた「成功大家さん」は、融資の門戸開放により買い手が付きやすくなったことを追い風に、それまでに取得していた物件を売り抜けてキャピタルゲイン（売却益）を手にしました。さらにその実績をもとに金融機関から好条件で資金調達をして、優位に新たな物件を買い進め、インカムゲイン（家賃収入）も増やしていきました。彼らは長い経験の中で買い時売り時が見えているため、このような好機

図表1-1　不動産業向け貸出残高の推移

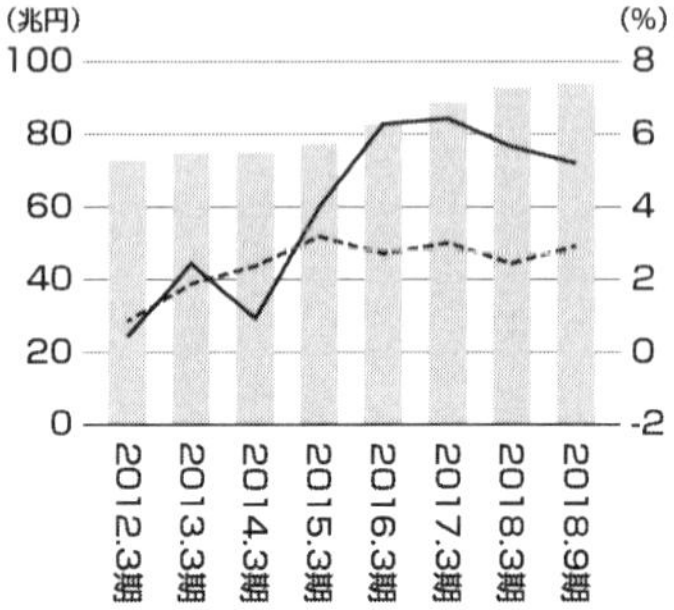

図表1-2　個人による貸家業向け貸出残高の推移

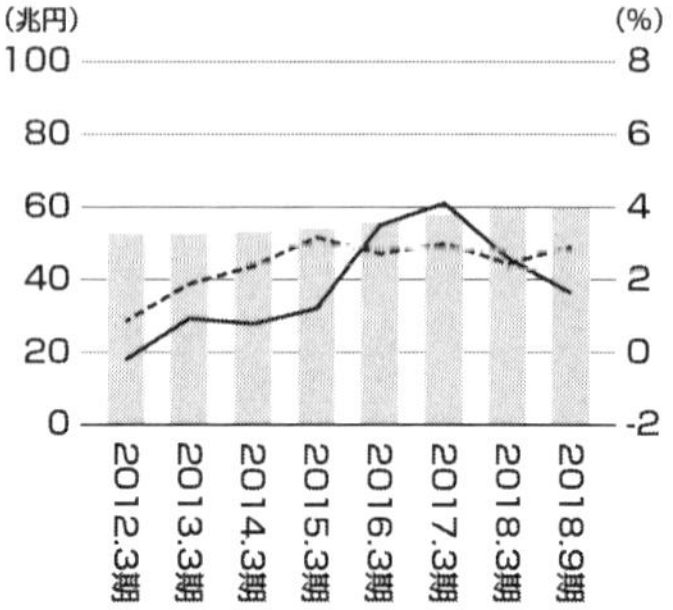

期末残高（左軸）／いずれも国内銀行・信用金庫の合計
―― 当該貸出の増加率（右軸・前年同期比）　---- 総貸出の増加率（右軸・前年同期比）

出典）日本銀行「貸出先別貸出金」より、金融庁作成

に素早く動けたのです。

一方で、グレーゾーンギリギリで短期的に物件をかき集めた「成金大家さん」もいます。融資が出やすい今がチャンスとばかりに、手段を問わずに次から次へと買い進めていった人たちです。「たった2年で家賃収入を○千万円に増やした秘訣教えます！」といった、派手な売り文句でセミナーを開催してはファンを囲っていき、「個別コンサルティング」と称して高額のフィーを請求する人もいました。スルガショック以降はすっかりなりを潜めた彼らですが、「カリスマ大家さん」としてSNSやブログで自身の成功事例を事細かに発信していた彼らもまた、この「お祭り騒ぎ」を語るうえで欠かすことのできない存在でしょう。

２０１６年～１７年にかけて、貸家業への貸出残高が異常な増加を見せた不動産投資市場。しかしその終焉も唐突で、「スルガショック」が起こると2018年3月期には伸び率が半減。あれほど積極的に融資をしてきた地銀や信用金庫も、金融庁からの融資審査の厳格化の要請を受け、急激にその門戸を閉ざしていきました。終わってみれば一瞬の、夏の夜の花火のような出来事でした。【図表1-1、1-2】

この時期に多くの大家さんが収益不動産を手にしましたが、この過熱市場の陰で、多くの「失敗大家さん」が生み出されたことも忘れてはなりません。誰よりも優秀なはずの医者や外資系サラリーマンといった高所得エリートが「買ってはいけない」物件に手を出して、そのために破産してしまう事例もありました。失敗談はあまり表沙汰にならないのですが、そうした例も少なくないのです。

いずれにしろ短期間に大家さんが大量に増加し、「成功」と「失敗」に分かれていったのですが、果たして彼らの差はどこにあったのでしょうか。

あせるな危険！「成功大家さん」と「失敗大家さん」の分岐点とは？

投資で成果を上げるには、少しでも早く始めて複利の力を生かした方がいい、と言われます。確かに、アーリーアダプターほど、リスクも大きい反面、得られる利益も大きくなりやすいのですが、全く知識がないまま突き進んでも勝率は低いでしょう。

「払い過ぎている所得税を節税しませんか」
「あなたのように高属性なら、自己資金なしで不動産が買えます」
「将来の資産形成ができます」

こんなふうに言われて安易に不動産を購入し、不動産投資が失敗に終わり、最悪のケースでは自己破産をすることもあるのです。属性が高いためにあっさり不動産を買えてしまうような高額所得者ほど、自分で判断する余裕がないくらい忙しいのかもしれませんが、いざという時には物件を紹介した不動産業者も、融資を承諾した金融機関も責任を負ってはくれません。すべては自己責任なのです。

賃貸経営は途中で投げ出すのは簡単ではありません。不動産投資で「知識を入れずに物件を買う」ことは、十分なトレーニングもなく100kmウルトラマラソンに出るようなもの。これでは目標達成できません。不動産を購入するまでには、いくつもの決断をしなければならないのです。

故に私は、はじめの一歩こそ、実際に購入するまでのトレーニング（インプットとリサーチ）が大切だと考えるのです。少なくとも、自分の頭で考え、判断を下せるくらいには、不動産投資に関する知識を身につけておく必要があるでしょう。

知識が不足していれば、次のような負の連鎖に陥ることさえ考えられます。

物件の判断方法が分からず割高な不動産を購入してしまう
←想定家賃だと割高なので満室にならず、空室を埋める方法も分からない
←安易な値下げをして利回り低下／値下げを許せず空室長期化
←管理会社の良し悪しが分からず、粗末なサービスしか受けられない
←清掃等の物件維持費や退去時の原状回復費用で想定以上の支出
←バリューアップの方法が分からず、家賃を下げて募集
←利回りがさらに低下し、月々の返済が収入を上回る
←家賃が下がったため売値も下がり、売却しても残債を手出しで補わなければならない

皆さんが求める不動産投資とは、こんな悲惨なものではないはずです。しかし、皆さんが想像するよりずっと多くの人が、こうした負の連鎖に陥って苦しんでいるのが現実です。物件を購入したければ、焦らずに知識を身につけることが大事なのです。【図表1−3】

不動産投資「始める前」のチェックポイント

不動産投資は焦ってする必要はありません。むしろ融資が出にくい時期こそじっくりトレー

図表1-3 「成功大家さん」と「失敗大家さん」の分岐点

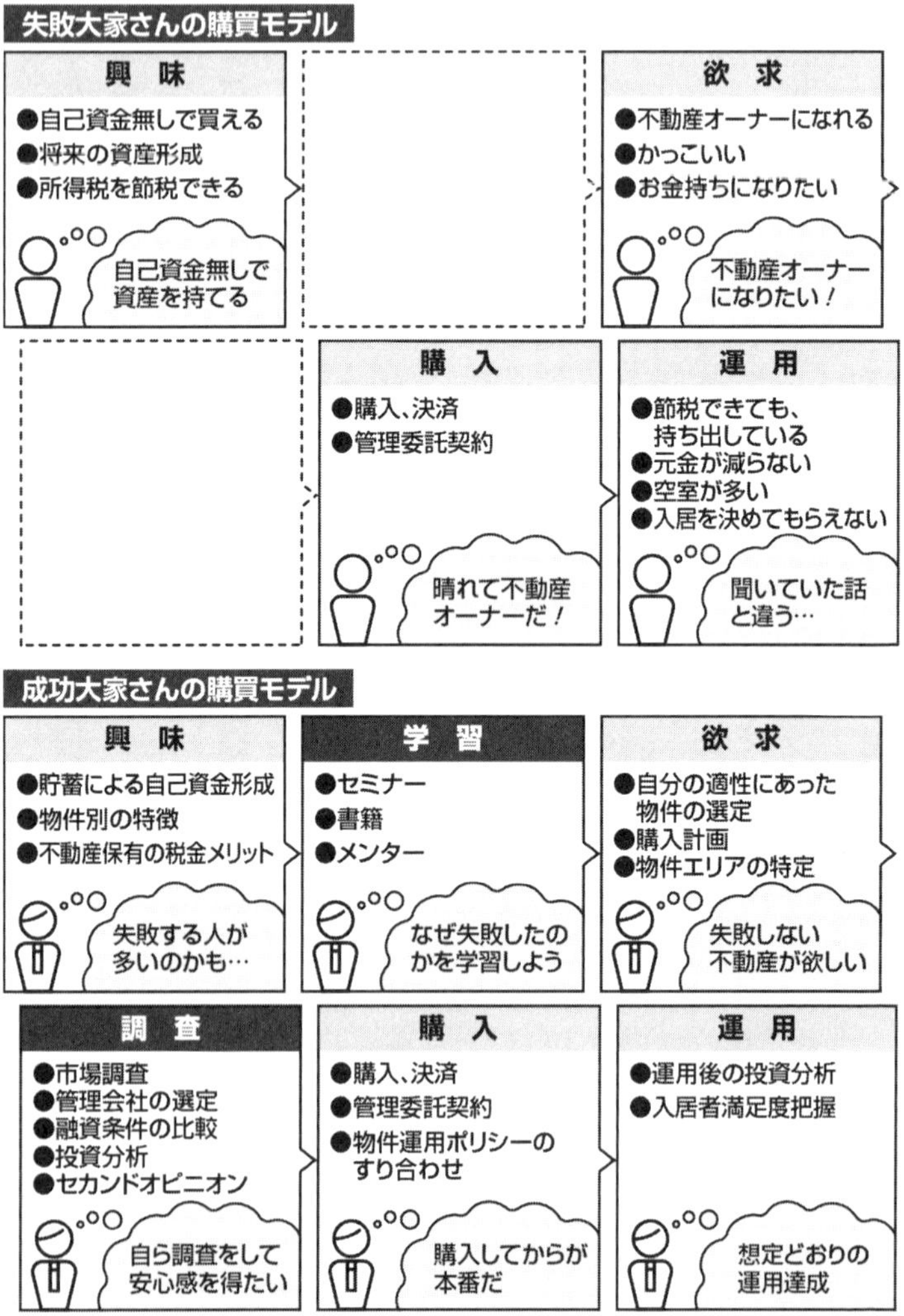

失敗大家さんの購買モデル
興　味
●自己資金無しで買える
●将来の資産形成
●所得税を節税できる
自己資金無しで資産を持てる
欲　求
●不動産オーナーになれる
●かっこいい
●お金持ちになりたい
不動産オーナーになりたい！
購　入
●購入、決済
●管理委託契約
晴れて不動産オーナーだ！
運　用
●節税できても、持ち出している
●元金が減らない
●空室が多い
●入居を決めてもらえない
聞いていた話と違う…
成功大家さんの購買モデル
興　味
●貯蓄による自己資金形成
●物件別の特徴
●不動産保有の税金メリット
失敗する人が多いのかも…
学　習
●セミナー
●書籍
●メンター
なぜ失敗したのかを学習しよう
欲　求
●自分の適性にあった物件の選定
●購入計画
●物件エリアの特定
失敗しない不動産が欲しい
調　査
●市場調査
●管理会社の選定
●融資条件の比較
●投資分析
●セカンドオピニオン
自ら調査をして安心感を得たい
購　入
●購入、決済
●管理委託契約
●物件運用ポリシーのすり合わせ
購入してからが本番だ
運　用
●運用後の投資分析
●入居者満足度把握
想定どおりの運用達成

ニングができるものです。もし買えなくても縁がなかったというくらい、開き直って余裕を持った方が良い物件が転がってきます。

不動産投資は「購入までの準備」と「購入後の運営管理」で全てが決まります。それまでにもやるべきことはたくさんあります。まずは自分に最適なサクセスプランをイメージしてみましょう。

たとえば、節税のために不動産を所有する場合、個人と法人のどちらが良いのでしょうか。買いたい（建てたい）エリアの空室率はどれくらいあるのでしょうか。金融機関へ事前相談して、おおよそ、幾らぐらいの融資を受けられるのでしょうか。物件を購入した場合の利回りと、その利回りを実現できる力が委託する管理会社に備わっているのでしょうか。

このように、始める前には十分なリサーチを重ねてみることが成功へと繋がるのです。「始める前」のチェックリストをもとに、何を準備すべきかをイメージしておきましょう。【図表1−4】

結局、「管理会社」が物件の利回りを握っている

実は以前、とても肩身が狭い思いをしたことがあります。もうかなり前になりますが、全国

から大家さんが大勢集まる大きなイベントに参加しました。そのイベントの冒頭、ある登壇者が参加した大家さんにこんな質問をしたのです。

「今の賃貸管理会社に何かしら不満のある方はいらっしゃいますか？」

見渡してみると、なんと、ほぼ全員、少なく見積もっても95％くらいの方が手を挙げました。私もその時は管理会社に勤めていたわけで、大きなショックを受けたことを覚えています。そして同時に、大家さんが「納得できる管理」に出会うことの難しさを痛感しました。

管理を行なう会社は、それこそ全国に何万社とあるはずですが、大家さんが満足できるような「優れた管理」を行なう会社は一握りしかいない、ということに気づかされた瞬間だったのです。

管理会社に任せる業務は多岐にわたります。空室の入居者募集に始まり、入居審査、契約書の作成・締結、毎月の集金・送金、入居者からの問い合わせ対応、物件の維持管理、退去と原状回復……、それこそ物件運用にかかわる業務のほとんどを代行してもらうことになります。そしてそれは、「物件運用がシミュレーション通りにいくかは、管理会社次第」であることを意味します。言い換えれば、**「管理会社が物件の利回りを握っている」**のです。

それにもかかわらず、管理会社選びをしない大家さんが多いのです。建築を請け負った会社や、購入時に物件の仲介をしてくれた会社に、なし崩し的に管理をお願いするケースは珍しくありません。彼らの管理レベルが十分であるとは証明されていないにもかかわらず、どうして

図表1-4　不動産投資「始める前」のチェックリスト

事前準備	学習	□セミナー　□書籍　□メンター　□大家勉強会
選定	買い方	□個人／法人／資産管理法人
	地域選定	□人口　□主な産業　□収入　□年代別人口割合
	市場調査	□供給戸数　□市場入居率　□需要予測 □間取り供給トレンド　□入居者ターゲット予測 □需給ギャップ　□成約想定家賃
	タイプ検討	□アパート／マンション／戸建て／区分マンション／それ以外
	物件選定	□デザイン性　□間取り　□専有面積　□設備 □管理状況　□既存入居者　□滞納の有無
検討	ファイナンス	□金融機関　□借入比率　□期間　□金利 □個人信用情報
	投資分析	□収益性　□安全性　□ネット利回り　□ストレス □長期シミュレーション
	管理会社	□種類と傾向　□サービス内容　□入居率 □受託戸数　□運営方針　□正味管理料
購入	購入	□売買契約　□管理委託契約　□金消契約　□残金決済
運用	税金	□損益通算　□節税効果　□相続税対策
	出口	□残債　□出口キャップレート　□想定家賃

そのまま管理を任せる気になるのでしょう。中には、管理をやっていない会社に対して、「管理会社を探すのが面倒だから、おたくで管理までやってくれ」と無茶なお願いをする大家さんまでいる始末です。

購入～管理～運営まで一貫してお願いできれば、確かに気はラクです。でもそんなにラクをしながら「管理会社に不満がある」と言うのは、少し違和感があります。サービスに納得できないなら管理会社を変えるべきですし、そもそも最初から任せて安心な「ラクラク管理会社」を見つけておくべきです。

24時間テレビのマラソンでたびたび出てくる、走者と伴走をしてくれるおじちゃん（坂本雄次コーチ）を見たことがあるでしょうか？　全く経験のない未知の世界では、どんなことが起こるのか分かりません。でもトレーナーとしてコーチしてくれて、さらにペースメイクしてくれる存在がいれば、素人ランナーでも目標であるゴールに到達できます。

距離が長ければ長いほど、目標が大きければ大きいほどゴール達成は難しくなります。私はトライアスロンをしているのですが、最初にロングディスタンス（スイム3㎞、バイク157㎞、ラン42・195㎞）に挑戦をしようとした時、何をどうすれば完走できるのか全く分からず、自力でかつ手探り状態で情報を得ましたが、教えてくれるトレーナーがいればどんなに安心かと思ったものです。

不動産投資も同様で、将来の資産形成をしたいと思う一方で、安心できるトレーナーや伴走者がいないから、足を踏み入れることが難しくなるのです。逆に言えば、良い伴走者である「ラクラク管理会社」さえ見つけられれば、不動産投資は怖くありません。

常識外れのアパート管理

たとえ不満があっても、毎月色々やってくれる管理会社を変えるのは、なんだか情もあるし言い出せない、という気持ちも分かります。変えたとしても、あまり改善されない可能性もあります。

私自身、地方物件をお願いしている管理会社の対応がひどく、常にストレスを抱えています。それでも他社に変えないのは、近隣の会社のレベルも大して高くないことを知ったからです。高利回りの物件で、管理会社のダメな部分を補えるだけの収益性があるからなんとかなっていますし、失敗事例は講演の絶好のネタになるから敢えてそのままにしています（笑）。

ここで少し、私の個人的な体験談をご紹介しましょう。

私はいくつかの収益不動産を所有しているのですが、幸いにも、ある物件は優秀な「ラクラク管理会社」がついていて、とても安心です。入居者募集、メンテナンス、入居者対応、災害時の現地確認など主体的に動いてくれるため、やることと言えば、たまに物件を見に行き銀行通帳を眺めるだけです。

しかし、ある物件を管理しているのは「ダメダメ管理会社」で、常識が通じないくらいズレています。その物件は自宅から片道250㎞以上離れた他県にある、いわゆる「地方築古高利回り物件」ですが、その管理会社の管理とは、たとえばこんな具合です。


ある日、ダメダメ管理会社から1本のメールが届きました。内容を見ると「物件の共用部の蛍光灯が切れていますので、至急交換してください」とのこと。メールを送ってきたのは管理会社で、受け取ったのはオーナーである私です。管理会社から物件までは車で5分、私の家からは片道250㎞です。

「御社にて交換をお願いできませんか？　ご存知の通り私の家からは行けません」と伝えると、

「共用灯交換は、管理料に含まれていません」との回答。

「それならば費用はもちろん払いますので、御社の指定業者に行っていただくことはできませんか？」と伝えると、管理会社からは
「当社の指定業者は金額が高いので、大家さんにて探してください」との回答。結局、私自身で業者を探して手配をかけましたが……これではどっちが管理会社かわからない（涙）。


このような常識外れのエピソードが毎月のように更新され、現在では30を超えているのです

が、本書ではこうしたストレスフルな私の失敗体験（笑）も交えつつ、いかに優秀な管理会社に任せるとラクして稼げるのかをお伝えしていきます。

優秀な管理会社を見つけて成功を導き出す

賃貸管理会社によって様々な特徴や優劣があるため、不動産投資では物件購入時の判断と同じくらい、管理会社選びが重要になります。むしろ私は、欲しい物件のあるエリアで優秀な管理会社を探すのではなく、「優秀な管理会社が管理できるエリアで物件を購入する」逆算法を推奨したいくらいです。

なぜなら、**管理会社は物件を売って終わりではなく、長期間にわたって経営を支え続ける存在だから**です。

また、第5章以降で詳しく解説していきますが、一口に「管理会社」といっても、「管理」の質はまちまちです。皆さんがストレスなく、信頼して物件を預けられる管理会社かどうか、購入後の慌ただしい中で判断するのは困難です。得意分野も苦手分野もあります。入居者募集が得意な会社、入居者対応がうまい会社、メンテナンスに強い会社、改善提案が積極的な会社……、まずは自分が「どんな会社に管理を任せたいか」を決めることから始めましょう。もちろん賃貸経営ですから、入居づけをしてくれなければ始まりませんが、店舗がたくさんある有名な管理会社でも必ずしも入居づけが良いとも限りません。

ただし、これは先ほどの私の経験談にも通じますが、「管理会社を選べない」エリアがあることも事実です。そのエリアに管理のできる会社が数社しかなく、競争もない場合は選びようがありません。こうした場合は、それなりのキャッシュフローが得られるのであれば管理には目を瞑《つぶ》るか、あるいは、管理会社を根気よく「改善」していくしかないでしょう。そして後者を選択したなら、仕方がないとあきらめるのではなく、皆さん自身が目標達成のために、管理会社に対して「良い管理をしてほしい」と要望し続けるしかありません（なかなか難しいところではありますが）。

その際も、やはり「良い管理」とは何かを知っていないと、改善の要望は出せないでしょう。管理を知ることは、投資の目標達成のための具体的な手段を知ることであり、パートナーの実力を高めていくことなのです。

「賃貸住宅の管理業務等の適正化に関する法律（賃貸住宅管理適正化法）」が２０２０年６月に成立し、賃貸不動産経営管理士が５万人を突破する中、大家さんだけが「管理」を知らないまま不動産投資を続けることは、非常にアンバランスな状態と言えるのではないでしょうか。

COLUMN

不動産投資ブームの失敗に学ぶ

社会問題ともなった「かぼちゃの馬車」事件は、記憶に新しいのではないでしょうか。スマートライフ（のちにスマートデイズ）という不動産会社が、若い女性向けのシェアハウスを売り出し、「30年間家賃収入を保証」「頭金は不要」といった広告でサラリーマン投資家を募って話題になりました。「長期間のサブリース＝安定収入」という幻想が投資家の所有欲をあおったのでしょう。実際には、シェアハウスの稼働率が厳しくサブリース事業は破綻していったのですが、会社は事業の運転資金に充てるために新規顧客を集めつづけ、新築受注を増やしていきました。

被害が広がった背景には、金融機関が個人投資家向けに積極的に融資したという要因もありました。通常、金融機関は融資先に対して、賃貸経営に耐えうるだけの自己資金や金融資産を求めます。簡単に言えば、「お金（資産）を持っている人にしか、お金を貸さない」のが金融機関の原則です。物件購入のために融資を申し込んだ場合、金融資産のエビデンス（証拠）を求められるのですが、「かぼちゃの馬車」事件では、このエビデンスの改ざんが大量に発覚しています。簡単に言えば、残高200万円の預金通帳に手を加えて2000万円あるように見せたのです。しかも本来エビデンスを元に審査をするはずの金融機関もグルになって、審査を通過させていました。

この問題はスルガ銀行だけでなく、他の金融機関でも同様の手口が横行していることが徐々に明らかになっていきました。金融庁が各金融機関にコンプライアンスの徹底、融資の厳格化を求めたため、金融機関は事実上の「貸せません」宣言を出していったのです。

COLUMN

金融機関が睨みをきかせるグレーな手法とは？

2016年から2018年の間に所有物件を大量に増やした「大家さん」は、金融機関から融資を引き出すために「一棟一法人スキーム」を使ったケースが多いと言われています。

金融機関は個人に融資をする際、その人の「個人信用力」をもとに判断します。すでに多額の借金があれば、担保などがない限り融資を受けられません。

クレジットカードやローンを使った「個人信用取引」の情報は「全国銀行個人信用情報センター（KSC）」「㈱シー・アイ・シー（CIC）」「㈱日本信用情報機構（JICC）」などの機関で監理され、金融機関はこの情報を共有し、誰がどこからいくら借りているかを見ることができます。クレジットカードなどの支払いが滞ったことがあると、新規でカードを作れなかったり、ローンの審査が通らなくなるのは、個人信用力が毀損しているためです。

ですから本来、次々と物件を買い進めれば金融機関が見過ごすわけはありません。しかし、この個人信用情報の目をかい潜って次々と購入する方法が編み出され、個人投資家の間で一気に広がっていきました。それがいわゆる「一棟一法人スキーム」と言われる、物件ごとに資産管理法人を作り、それぞれに融資を受ける方法です。

先ほど説明した信用情報データベースはあくまで個人が対象のもの、つまり「法人」であれば関係ありません。購入のたびに資産管理法人を作って融資を申し込み、金融機関に対して他に物件は保有していない体で「このたび物件を購入しようと思うのですが、新しい資産管理法人を作って……」と持ち込めば、仮に「個人信用が綺麗」で年収の高い勤務医などであれば、すぐに審査を通せてしまいます。

こうして資産管理法人を作る→融資を申込むという手順を繰り返せば、どれだけ物件を持っていても各金融機関から1棟分ずつ融資を引き出すことができ、しかも法人が融資を受けている以上、個人信用の記録は「借り入れがない」ように見せかけることができます。【図表1-5】

こうした手法は「成功事例」としてセミナーで取り上げられ、「SNS」や「LINEグループ」を介して急速に広まっていきました。同様の手法で短期間に数十もの法人を保有し、物件を買い進めていった多くの人を実際に知っています。やがては「短期間で物件を大量に増やせる方法を個別コンサルティングする」と謳うコンサルタントが登場。不動産投資を始めたい人に、一人当たり○百万円も払わせているというケースを目にしたこともあります。

しかし、「スルガショック」で金融庁から厳しい指導が入った頃、この一棟一法人スキームが横行していることが金融機関の耳にも届きました。金融機関は激怒（あくまで想像ですが、きっと怒ったでしょう）、過去に遡って実態解明に乗り出しました。法人登記情報を名寄せで検索できる仕組みを使い、次から次へとこのスキームの利用者を炙り出すと、金利を引き上げたり、悪質なものに対しては「期限の利益の喪失」と言って、融資したお金の一括弁済を申し立てたりといった対応を始めました。

それまで頻繁にグレーな情報交換がされていた「LINEグループ」は沈静化し、銀行からの問いに対する回避策ばかりが目立つようになり、程なくして悪事の「証拠」である「LINEグループ」自体が主宰者によって消去されました。それと前後して、そうした手法を斡旋して派手に稼いでいた不動産業者も、廃業に追い込まれていきました。

念のため付け加えると、資産管理法人を作り不動産を保有すること自体は、本来不正ではなく、節税その他の観点から使われてきた方法です。実際に幾つかの法人を保有して資産運用しているかたもたくさんいらっしゃいますが、そういった方々は基本的に全て金融機関に情報開示をし、そのうえで金融機関から「信用がある」と判断されて融資を受けています。

その一方で、審査の隙を突き金融機関を欺くような手法と、それを悪用する人々が存在します。金融機関は不動産投資において投資家の事業パートナーです。そのパートナーを欺くような投資法を選択すれば、憂き目を見ることになるのです。

図表1-5　1棟1法人スキームの融資イメージ

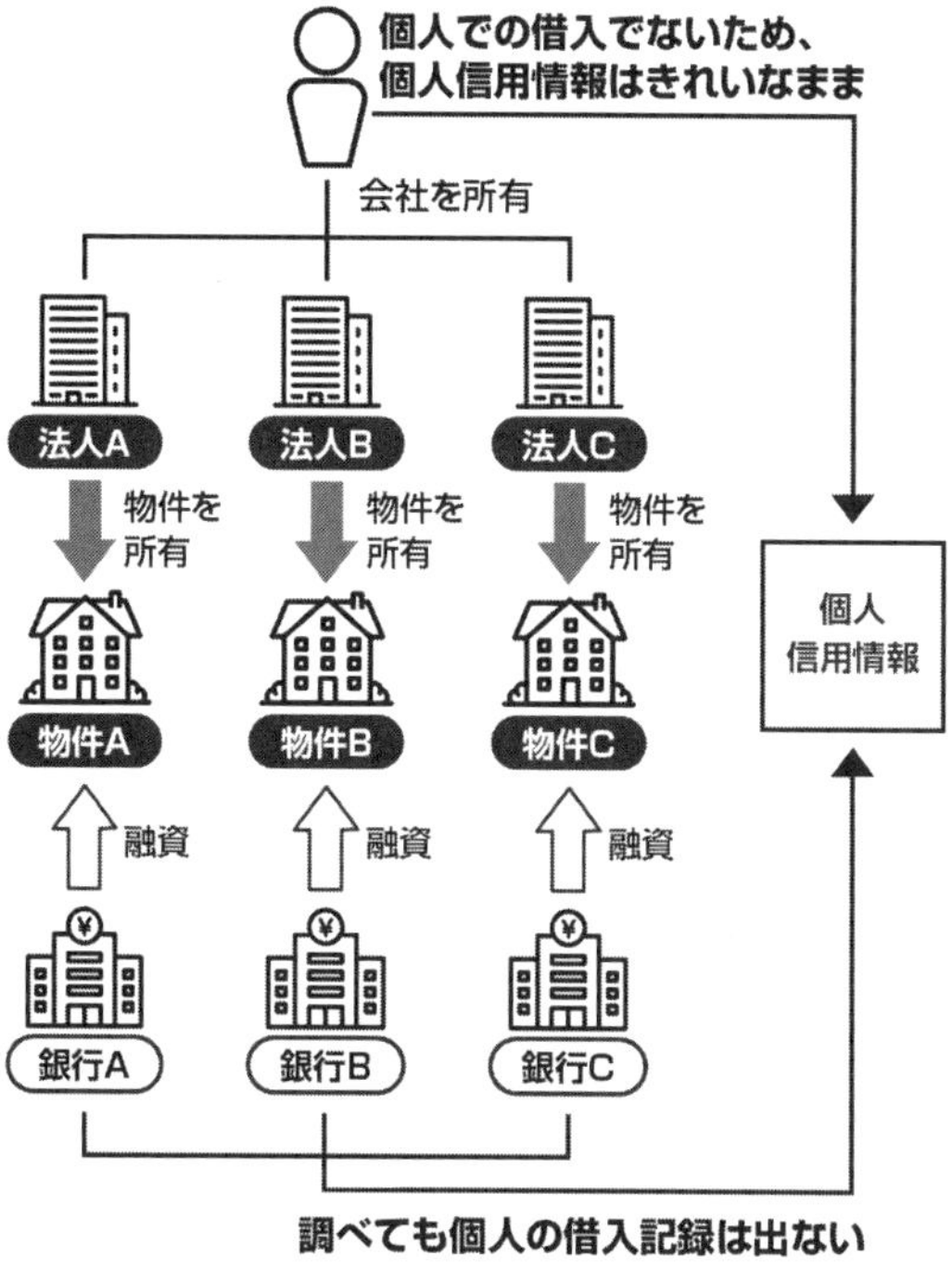

33
成功の法則

成功大家さんは…

01 不動産投資にあせりは禁物と心得ている。

02 節税、自己資金ゼロ、資産形成という言葉に流されない。

03 不動産投資を始める前に、チェックすべき事柄を知っている。

04 物件の利回りは管理会社が握っていることを意識している。

第2章
「成功大家さん」になりたければ「武器」を持ちなさい

陥りやすい「オーナーになりたい病」の危険

これから不動産投資（賃貸経営）を始めたいという方に、まず私が確認するのは「不動産投資をする目的」が何であるのかです。「用意できる頭金の額は？」「求める利回りは？」といった具体的な話は「準備」が整った後で十分、最も重要なのはその人の「目的」です。

地主さんが不動産投資に興味を持つきっかけとして比較的多いのは、「節税と相続対策」でしょう。不動産投資は相続における節税対策の基本とも言えますし、親族に財産を残す際、相続税評価を下げながら家賃という定期的な収入を生み出してくれるアパートはたいへん魅力的です。国にとられる税金を減らし、子供たちに少しでも多く財産を残してやりたい……そうした親心からアパートを建てる地主さんは昔から少なからず存在します。

また、最近では、不動産投資は富裕層だけの手段ではなくなりました。年収500万～600万円のサラリーマン、あるいはそれ以下の給与収入の方であっても、自己資金が用意できれば、金融機関の融資によってアパート経営を始められるようになったからです。

給与とは別にキャッシュフローを作りたい、資産を増やしたい、将来の年金が不安だから代わりのものを持っておきたい……。そういった面からも不動産投資を求める人は増えたでしょう。人生を金銭面で豊かにする選択肢が増えたのは確かに喜ばしい変化だと思います。

ですが、不動産投資の危険なところは、その「当初の目的」が見失われやすい点にあります。

最初は「節税」や「資産作り」が目的であったはずなのに、いざ物件を探し始めると、どういうわけか「欲しい」という所有欲（オーナーシップ）が目的よりも先行してしまうのです。結果、多くの人が「不動産を所有して見栄をはるため」に不動産を購入してきました。彼らの成果が芳しくないことは、言うまでもありません。

いつの間にか、**不動産投資という「手段」が「目的」に成り代わってしまうこの現象を、私は「オーナーになりたい病」と呼んでいます。**

おそらくは、「不動産投資は富裕層のもの」という従来の認識が原因でしょう。時代の変化によって資産形成の意識も変わり、自分にもアパートが買えると分かった途端、**目的が「不動産投資で資産を増やす」から「不動産オーナーになって富裕層の仲間入りをする」にすり替わってしまう**のです。

そうして勧められるままに赤字物件（＝負動産）を掴まされる例を、よく耳にします。いくら節税ができても、キャッシュを奪ってしまう不動産は何の価値もありません。そのようなケースではもちろん、願っていた「富裕層への仲間入り」など果たすことはできません。

それどころか、家賃収入が金融機関への返済額を下回るようになり、給与の一部を返済に充てざるを得なくなって、当然生活も苦しくなり、結局は購入時の5〜7割といった額で物件を手放してしまう……、老後の安泰を目指したはずが、手元に残ったのは数千万円の借金だけ……。不動産投資で最も通りたくない道を、多くの「オーナーになりたい病」患者が通ってきました。

だからこそ私は皆さんに、投資の目的を問うのです。

加えて言うなら、敢えて「不動産」を選ぶ理由も突き詰めておきましょう。「資産を増やすため」というだけなら、手段は不動産投資に限られないからです。

株やFXでも資産は増やせますし、不動産投資信託や不動産小口化商品などに賃貸経営は任せて、リスクを軽減しながら間接的な「不動産投資」を実現することも可能です。それでもなお「現物不動産」を選ぶのはなぜでしょうか。

高学歴のエリートが踏み外す「はじめの一歩」

不動産投資は、数千万円、数億円という単位のお金を動かすうえに、その大半を融資で賄うケースがほとんどです。何よりも、不動産は流動性が低い（一度所有したらすぐに現金化できない）ため、事前の準備が大切なのは明らかです。加えて、購入時の判断の良し悪しが、以降の投資の難易度を左右します。

慎重すぎても前には進めませんが、将来の安泰を望むなら、最初の購入時は準備をしすぎるくらいでちょうどいいのです。

（１）ニュース　2016.12.5　全国賃貸住宅新聞　平成２年９月７日第三種郵便物認可　第1251号

週刊 全国賃貸住宅新聞

2016年12・5 No.1251
毎週月曜日発行
発行所　㈱全国賃貸住宅新聞社
東京都中央区銀座8-12-15
TEL 03(3543)6494(代表)・03(3543)6761(編集部)
大阪府大阪市北区中之島2-3-18
中之島フェスティバルタワー16F
TEL 06(6220)0075　http://zenchin.com
発行人　河内　鈴　年間購読料17,000円

自己破産する家主が増加

業者にカモにされた医者や外資系サラリーマン

金融緩和で融資条件が緩くなり、新たに不動産投資を始めたサラリーマンが条件の悪い物件を購入し、破産する問題が浮上している。共通するのは、医者や外資系企業勤務者など高所得者だ。その裏で、金融機関と不動産会社の癒着や、悪質なコンサルティング会社も暗躍している。

元金融機関出身のAオーナーのもとに破産寸前の家主が相談に来るようになったのは２０１５年の終わりからだ。これまで7~8人から相談を受けたという。「属性は見事に2つに分かれる。年収２０００万円以上の外資系企業のサラリーマンか、勤務医だ。奥さんから不動産投資を始めたいと頼まれ、不動産会社主催のセミナーに行きはまってしまう」とAオーナーは話す。

相談者の50代勤務医は、5棟、合計8億5０００万円の賃貸住宅を購入したが、空室が増え、毎月の持ち出しが１００万円以上になっていた。保有する資産をすべて売却しても手元には2億円の借金が残ることがわかり、Aオーナーから弁護士を紹介してもらい、自己破産の手続きをとることになった。

なぜ、自己破産に追い込まれるような不動産投資をしてしまったのか。

「金融機関の選び方に問題があった」とAオーナーは指摘する。

不動産会社から紹介された金融機関は自己資金不要、変動金利で借入期間30年、金利は3・5％以上で場合によっては4・5％という融資条件を

《個人家主に対する融資が増加する背景》

金融機関が新規参入する家主に融資をしやすくなった背景として日銀の金融緩和政策がある。

金融緩和により市場を流通する貨幣量が増え、金融機関が貸し先を探す必要が出ており、それが個人の家主に向かったことが挙げられる。日本銀行の発表によると、16年７～９月期の新規貸付案件数は54万1280件で総額は69兆6698億円だ。前年同期と比較すると、51万5634件件数では２万5646件増え、総額64兆9761億円は４兆6937億円増加した。個人による貸家業への貸し付けにおいては１年で１万6000件以上、額では１兆円近く増加した。

「全国賃貸住宅新聞」2016年12月５日付より

では具体的な準備とは何かというと、まずは「知識」を身につけることです。不動産投資の本質を理解しておくこと、と言い換えてもいいかもしれません。

何度でも繰り返しますが、不動産投資の恐ろしい点は、「融資さえつけば買えてしまう」点にあります。やっかいなことに、本人が何の知識もない状態であっても、医者や外資系企業のエリートのように、社会的な地位や収入、自己資金があれば多額の融資を受けることが可能となり、不動産は購入することができるのです。

それではなぜ、**偏差値が70以上もあるような高学歴で頭のいいはずの人たちが、「はじめの一歩」で赤字物件を摑まされてしまう**のでしょうか。

多くの場合、こうした人たちには「節税」の名目で物件が売り込まれます。税率40％超の所得税（住民税を含めればそれ以上）を払う人にとって、悩みの種は税金です。超過累進課税制度の日本では、稼げば稼ぐほど所得税率が上がります。つまり、一生懸命に働いて所得を高くしていくほど、稼いだお金は税金に消えてしまうのです。

そんな彼らに、業者は不動産投資が節税になることをとうとうと説明します。さらに自己資金不要で将来の資産形成ができることも付け加えます。金融機関は、彼らの属性と安定した高収入を理由に、十分な融資を行なってくれます。

そうなると、彼らの心の中に「買ってもいいかな」という思いが生まれます。高額の買い物ではあるものの、節税になることは事実で、物件も東京にあるピカピカの新築分譲マンションだし、金融機関も融資をしてくれる。買える条件が目の前にすべて揃って、「オーナーシップ」をくすぐられます。

それが**赤字物件だと気付くのは、節税効果以上の損失分を毎月持ち出しで支払うようになってから**です。確かに、不動産所得を赤字にすることで給与所得との損益通算ができるため、所得税の還付も受けられてキャッシュは増えるものの、毎月の諸々の支出を差し引いてローンを返すと手残りはわずか。そこからさらに固定資産税等を支払うとゼロかマイナスになってしまい、手出し（持ち出し）が発生。儲からないからと売却をしようとしたら、高い金利で借りているため元金が減っておらず、損切りせざるを得ない状況になってしまう……。

節税の二文字に踊らされ、「買えるから」という理由で買ってしまうと、往々にしてこのような結果になるのです。

この話、決して「お金持ちだけの特殊な例」だと思わないでください。なぜなら、節税という目くらましは、たとえば前項でお伝えした「オーナーになりたい病」に置き換わることがよくあるからです。オーナーになる素晴らしさを説かれ、金融機関の融資を用意され、あとは書類に判を押すだけ……。そうした状況から赤字物件を買ってしまう「無知なるオーナー」は後を絶ちません。目的を自覚し、それを叶える手段に不動産を選んだのなら、せめて最低限の武器（知識）を持って物件探しを始めるべきです。

第１章でも取り上げた「かぼちゃの馬車」事件があぶり出したのが、まさにそうした「オーナーになりたい病」患者の姿だったのでしょう。

不正融資を行なったとされるスルガ銀行をはじめ、金融機関ばかりが悪く言われる一方で、「オーナーの不勉強」も際立った事件でした。厳しい言い方になってしまいますが、そもそも事業性に疑問の残る「かぼちゃの馬車」に手を出し、高すぎる建築コストや銀行金利、書類改ざんの事実に気づかなかったことから考えても、不動産投資の成功は望めなかったのではないかと思います。残念ながら、オーナーになれるという誘惑に目がくらんだか、十分な知識を備えられていなかったかのどちらかではないでしょうか。

「20」を意識して情報収集せよ

では「成功大家さん」になるためにはどのように情報収集をすれば良いのでしょう。方法は様々ありますが、基本は次の3つでしょう。

1．セミナー
2．書籍・ブログ・動画
3．メンター

1．セミナーへの参加

不動産投資ポータルサイト「健美家」「楽待」などを開くと、全国各地でのセミナー情報を見ることができます。無料のものから有料のものまで、その内容やテーマもバラエティに富んでいるので、最適なものを選びましょう。また、全国各地にある大家さんの勉強会などでは、優良なセミナーが企画されているため足を運んでみると良いでしょう。

セミナーの良し悪しを判断する方法としては、まず主催者が誰かを確認してみるのが有効です。主催者は建設会社だったり、不動産会社だったり、大家塾だったりと様々です。毎回毎回同じようなテーマでやっているセミナーであれば、なんとなく物売りのにおいを感じてしまいます。

しかしあまりに疑ってしまうと、参加できるセミナーは途端に少なくなってしまいます。そこで、今度はセミナーの目的を確認します。

セミナーの中には、既に付き合いのあるオーナーに向けた「顧客の満足度を高めたい」という目的のものも存在します。この手のセミナーを開催する会社は、地域密着で地に足をつけた経営をしている不動産会社や建設会社、それから大手ハウスメーカーであることが多く、顧客の利益を優先的に考えて有益な情報を発信しています。知識習得を目指す皆さんにとって、足を運んでみる価値のあるセミナーでしょう。

良し悪しの判断ができるようになるためにも、**最低20本のセミナーは受講しましょう。**

ちなみに、こうしたCS（顧客満足度）向上目的のセミナーは、不動産の中でも「管理」に重点を置いている会社が開催していることが多いのが特徴です。売って終わりの販売業と違い、不動産管理業は、オーナーとの良好な関係を維持しなければ成り立たないビジネスだからです。もし、オーナーの利益を損なうようなセミナーを開催すれば、管理会社は自分で自分の首を絞めることになります。

そう考えると、管理会社主催のセミナーは、比較的安心できるものが多いと言えるでしょう。また、地域密着型の比較的規模の小さい工務店などは賃貸管理業を兼ねていて、オーナーとの息の長い付き合いを心がけている場合が多いように思います。

2. 書籍・ブログ・動画

カリスマ大家さん、不動産会社の社長、私のような不動産経営コンサルタントなど、実に多くの著者が独自の視点から不動産投資論を展開しています。「投資とは何か」といった概念論から中古物件のＤＩＹの細かなノウハウまで、様々な角度の書籍があるので何冊も読み比べてみるのがお勧めです。手始めに、ロングセラーやベストセラー、ネットで評判のいい本などを手に取ってみるといいでしょう。

ちなみに本に関しては、商品やサービスを売るためのものも混ざっているので、適宜判断をする必要があるでしょう。いずれにしても、**最低20冊は読むようにしてください。**

また、私も連載を持っている「健美家」のコラムやニュースも、先輩の教えを学ぶことができるためオススメです。

なお、最近ではブログやYouTubeなどで投資の基礎知識が公開されているケースも多くなりました。誰のものを見るかが重要ですが、忙しくてセミナーに参加できない場合などにはとても便利ですね。勉強したい！という人にとって良い時代になったものです。

3. メンター

個人的には、メンターの存在が非常に大きいと考えています。メンターとは、日本語に直訳するなら助言者、相談者といった意味合いになります。要は、あなたの人生を良い方向に教え導いてくれる、信頼できる先達者、つまりは頼れる先輩のことです。

私にも、不動産投資に関しては３人のメンターがいて、その中でも、『「お宝不動産」で金持ちになる！』（筑摩書房）の著者の沢孝史さんには、１棟目の物件についてはよく相談をさせてもらったものです。

いくら不動産の専門分野について学んできたとは言え、自分自身が何千万円もする不動産を買うときには緊張するものです。その中で、「成功大家さん」の沢さんから「とにかくさ〜、損をしなければいいんだよ」と言われた一言は、今でもよく覚えています。不動産投資は小さな積み重ねですから、一つ一つが損をしていなければ、確実に資産は増えていきます。この一言に背中を押してもらって、私の不動産投資は始まりました。

良いメンターと出会える場としては、優良なセミナー（講師や主催者、あるいは参加者）、著者の講演会、大家の会、信頼できる不動産業者（または管理会社）、各種士業の相談会などがあげられます。最近ではオンラインサロンなども新しい出会いの場となっています。不動産投資について学び知識を身につける過程で、**まずは20人程度の先輩大家さんに話を聞き、その中からメンターにできる人がいないか、いつもアンテナを立てておくようにしましょう。**

3人のメンターが持つ「成功大家さん」へのカギ

良いメンターとは、投資という枠を超えて、あなたの人生そのものを導いてくれる存在です。投資家や専門家としての能力の高さはもちろん、自分と人生観が合っているか、信頼できる人となりであるかどうかなど、様々な面から「自分のメンターとしてふさわしいか」を判断していきたいものです。

ちなみに、メンター選びの際に気を付けたいのが、突然湧いてきたような「いきなりカリスマ大家さん」の見極めです。彼らの中には、短期間で不動産を増やした実績を看板に、グレーな方法を伝授しながら、信者を増やしていくタイプもいたようです。

その手法の良し悪しはともかく、問題は、そのカリスマ性から「自分も同じようになりたい」と考える信者を生み出してしまう点です。そういう方をメンターに選ぶと、末期の「オーナーになりたい病」を患ってしまいます。そして、危うい投資法を正攻法と信じてしまい、損失を被ることになります。

高額なセミナー参加費やコンサルティング料を支払い、法的に危ない方法を教わって、不動産を増やすことにのめり込んでいく「信者」もいました。しかし、第1章で説明したように、**不動産投資では、いきなり高額のキャッシュフローは積み上がりません。焦らずに何層も積み上げていくことで徐々に大きくしていくものです。**数十年の長い時間をかけて資産を増やしてきた人ならともかく、急成長系の大家さんをメンターとしたい場合には自分の目で見て冷静に判断すべきです。

これから不動産投資を始める方は、次の3つの得意分野を持った3人のメンターを探すことをお勧めします。

1．物件選びの上手なメンター

第3章では数字をもとに判断する投資分析の手法を学びますが、不動産の厄介なところは、「数字だけですべて判断がつくわけではない」という点です。デザイン、内装、市場心理……、不動産には明確な数値に落とし込めない、定性的な要素が多数存在するからです。

数値化できないモノがある以上、結局のところ個人の「感覚」に頼らざるを得ません。しかし、物件選びの上手な人は、その「感覚」を「経験」によって磨き上げています。自身の分析結果を持ち込んで「良い物件だと思うのですが、どう思いますか？　意見を聞かせてください！」と聞ける存在がいたら、あなたの不動産投資の入口はずいぶんと楽になるでしょう。

たとえば、『お金が貯まるのはどっち!?』（アスコム）の著者、菅井敏之さん。元メガバンクの支店長で不動産投資家であり、著書も数多く出しています。私も以前相談をしたことがあるのですが、菅井さんのような「正統派」な方に物件選びやファイナンスについて意見が聞けたら、グッと安心感が増します。

2. 税務に詳しいメンター

不動産投資は税金とどう付き合うかが重要となります。タックスプランニングが得意な人と関係を築いておけると、投資の後半戦をスムーズに戦えるようになるでしょう。

まず思いつくのは税理士ですが、法人の税務に詳しい税理士に比べて、個人の税務に詳しい税理士はそれほど多くありません。そんなレアな存在と出会えた際は、いろいろと話を聞いて、相談のできる関係を構築しておきましょう。もちろん、税金に詳しい先輩大家さんにお話を聞くのも良いでしょう。

たとえば次のお二人は、私もお付き合いがあるのですが、若くして不動産投資の知識が豊富で、大家さんや相続に特化している税理士さんです。

渡邊 浩滋さん（税理士、司法書士）
『大家さんのための節税の教科書』（ぱる出版）

木下 勇人さん（公認会計士、税理士、ＣＰＭ®）
『ホントは怖い相続の話』（ぱる出版）

3. 管理会社選びに長けたメンター

不動産投資は、物件を買った後「どのように経営するか」が重要になります。

その経営において、管理会社はあなたの手足となって入居者募集や退去精算を行なうだけでなく、時に経営の改善提案を行なってくれるパートナーとなります。優れた管理会社を紹介してくれるメンターは、あなたの投資の成否にも影響を与える存在となるでしょう。

長年、管理会社と良いお付き合いをしながら資産形成をしている先輩投資家などは、まさにうってつけのメンターです。また不動産管理と投資理論を体系的に学んでいるＣＰＭ®（米国不動産経営管理士）などに相談するのも、良い判断が得られるでしょう。

担当営業マンを見極める3つのポイント

ある程度の知識の土台を作ったら、次はいよいよ物件探しとなります。

このステージで大きなポイントは、物件を見極めると同時に信頼できる営業マンを見極め、お付き合いしていくことです。優良な物件を紹介してくれる営業マンは、とても心強い存在でもあります。一方で、「不動産仲介のプロ」「アパート建築のプロ」であるとしても、実際には「不動産投資のプロではない」という可能性が十分にあります。担当営業マンが、自ら不動産投資の経験があれば理想的ですが、おそらくそうでないケースが大半でしょう。となると、彼らは投資のリスクについてしっかり説明してくれない可能性があります。要は「売って終わり」にされてしまいかねないのです。

では、担当営業マンが、不動産投資についてどのくらいの知識を持っているか、見極めることはできないでしょうか。最低限、次の3つを質問することで、ある程度の誠実さが見えてくると思います。

1. 投資シミュレーションについて

不動産の評価は、土地と建物の現在価値を評価する「積算評価」と、お金の手残りを算出する「キャッシュフロー評価」に分かれます。そのキャッシュフロー評価をするときに、お金がどう残るのかを算出する「投資シミュレーション」を行ないます。

この投資シミュレーションには様々な罠が仕掛けられています。甘く見せれば見せるほど買い手は興味を引かれるわけですが、当然厳しく見積もるほど投資物件は魅力がないように見えてしまうため、営業的な観点からシミュレーションでは甘めに設定されていることが多いのです。

一方、買主側も「ピカピカの物件」を見て「オーナーになれますよ」と言われれば悪い気がしないものです。すると、楽観バイアスが働き、シミュレーションが甘めに算出されていることに気づかず、後に痛い目を見ることになります。

投資シミュレーションには単年度と長期のものがありますが、その両方とも**「空室率」「運営諸経費」「家賃下落率」を甘めに設定する**ことで罠が仕掛けられるのです。

たとえば運営諸経費を見た場合、管理会社に支払う管理料やAD（募集時の広告宣伝費）、共用部水道光熱費、定期清掃費、高圧洗浄費、修繕費、退室に伴う原状回復費などがありますが、これら日常的な運営費のほか、保有を前提とするのであれば、おおよそ10年ごとに行うべき大規模修繕まで考えてくれる担当者なら信頼して問題ないでしょう。

おおよその運営経費率は、物件の規模や構造にもよりますが、20〜30%程度は見ておいた方が賢明です。空室率も「0%」という数字が出てきたら、まずは疑った方が良いでしょう。賃貸経営において空室が「0%」などということはほぼ皆無です。家賃に関しても今と同じ家賃が20年後も続くということはあり得ません（インフレは考慮せず）。

このあたりの投資シミュレーションの罠を一緒に見破ってくれる営業マンであれば信用できると言えます。

2. グロス利回りとネット利回りについて

詳しくは第3章で説明しますが、不動産投資には「ネット（実質）利回り」という考え方があります。販売図面には載っていないこの「利回り」をベースに説明してくれるかどうかは、ひとつの判断基準になるでしょう。

つまり、運営諸費用に加えて、想定できる「空室率」や「家賃の下落率」など、長期の不動産投資におけるネガティブなリスクを加味してしっかりと話してくれる人であれば信用するに足りると言えます。反対に、グロス（表面）利回りの良さばかり強調するようなら、売ることばかりに目が向いて、リスクの考え方が甘いと言えるでしょう。

一般的に、不動産業者間で流通している販売図面は「満室想定利回り」という、タラレバであまり意味のない利回りで取引されることがほとんどですので、くれぐれも注意が必要です。

3．減価償却について

不動産投資の「うまみ」は、この減価償却の考え方なしには語れません。経営者であれば当然この減価償却に関しての知識は持っていますが、「減価償却って何ですか？」という質問に対してきっちりと答えられなければ、賃貸経営についての知識が不足している可能性があります。

ちなみに減価償却とは、購入時の建物や設備費用を、法定耐用年数で割って毎年みなし経費として算出するものです。つまり、実際にお金が出ていないのに経費として見なすことができるため、その分だけ課税所得は減り、プラスのキャッシュを生むことになります。**【図表2-1】**

もちろん、ここに挙げた3つのポイントは本当に基礎的なことです。物件探しの最初からア

図表2-1　減価償却は課税所得を圧縮してくれる

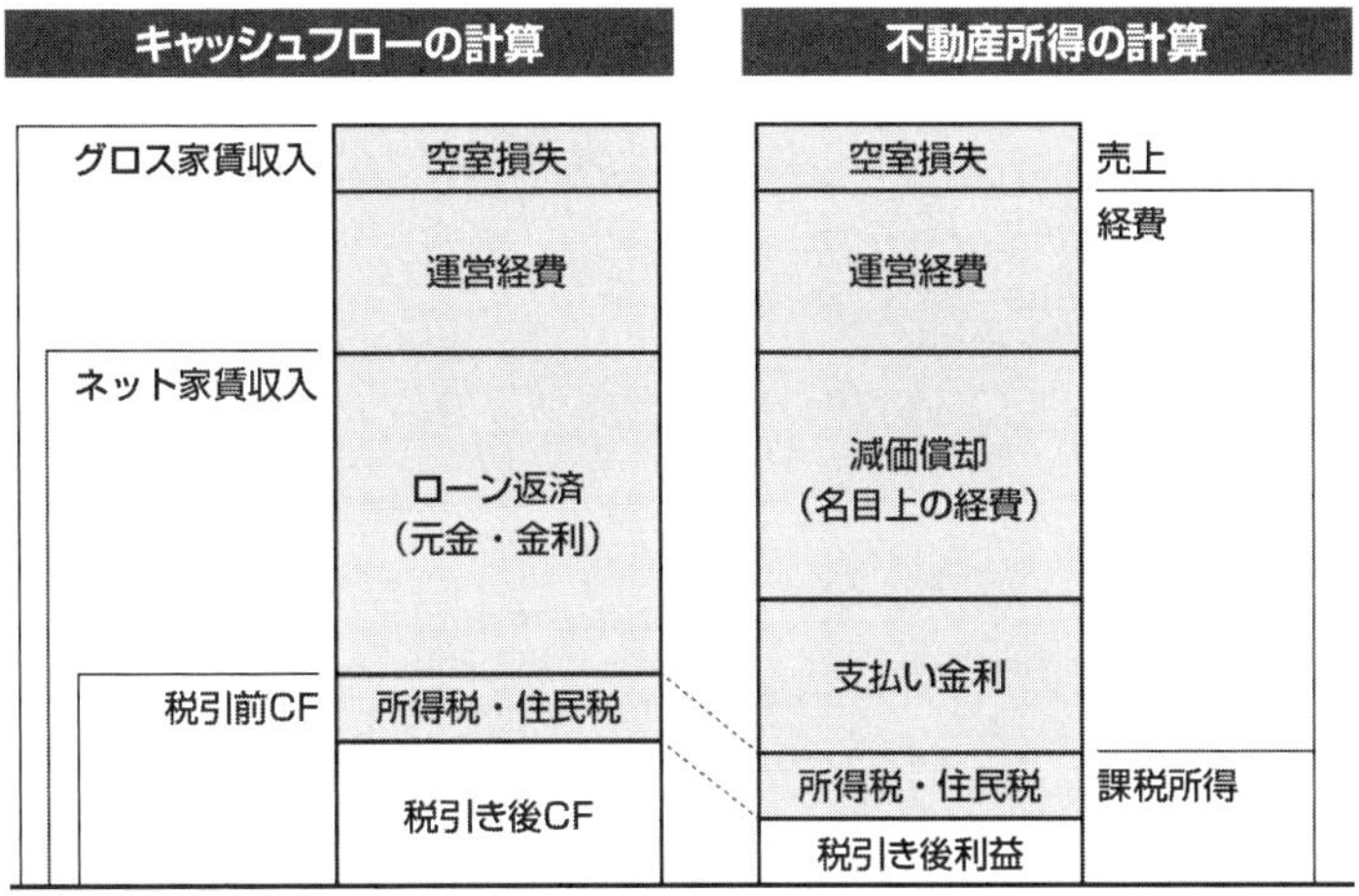

フターフォローまで、不動産投資について深い見識を持ち、親身になって相談に乗ってくれる「理想的な担当者」と出会うことができればラッキーです。

最終的に物件購入の決断をくだす局面では頼れるのは自分だけ。だからこそ、事前の知識武装と、信頼できるメンターの存在が重要になります。メンターに出会えなかったとしても、同じように物件を探している仲間と情報交換ができる状態であれば、物件選びのストレスを減らすことができます。

お宝物件はどこにある？

収益不動産を買いたいと思えば、一般的には「楽待」や「健美家」のようなポータルサイトを利用して情報を得ることになるかと思います。それ以外にも、不動産会社との接点を持つなどの方法もあります。しかし、本当にお宝と言われるような物件はどこへ流通していくのでしょうか。

結論から言えば**「買える人」のところにお宝物件の情報は集まります。**

営業マンからしてみれば、買えない人のところにいくら情報を流しても買ってもらえなければ意味がないため、「買える人」から順に話を持ち込みます。情報を掴んだ不動産業者（またはブローカー）は、まずほんの一握りの買える人に情報を流し、買われなければ業者間流通からポータルサイトへと情報が流れていきます。

物件購入について、書籍ではいろいろなことが書かれていますが、一番のポイントは「買える人」（または買えるグループ）の近くにいることが重要なのです。そのような人に近づくことは容易にはできませんが、人脈を伝って信頼関係を構築していけば、その人が買わないときには比較的良質な物件情報を流してくれる可能性があるからです。コバンザメのようですが、うまくあやかることも上昇気流に乗る秘訣です。**【図表2-2】**

実はもうひとつ、あまり言われていませんが、「管理会社」から物件を購入するという方法があります。

管理会社も不動産会社であり、オーナーさんが売却を考えている物件や自社で企画をした新築物件の情報を握っています。管理会社とのパイプを作り物件を買える顧客だと認識してもら

図表2-2　お宝物件ピラミッドの法則

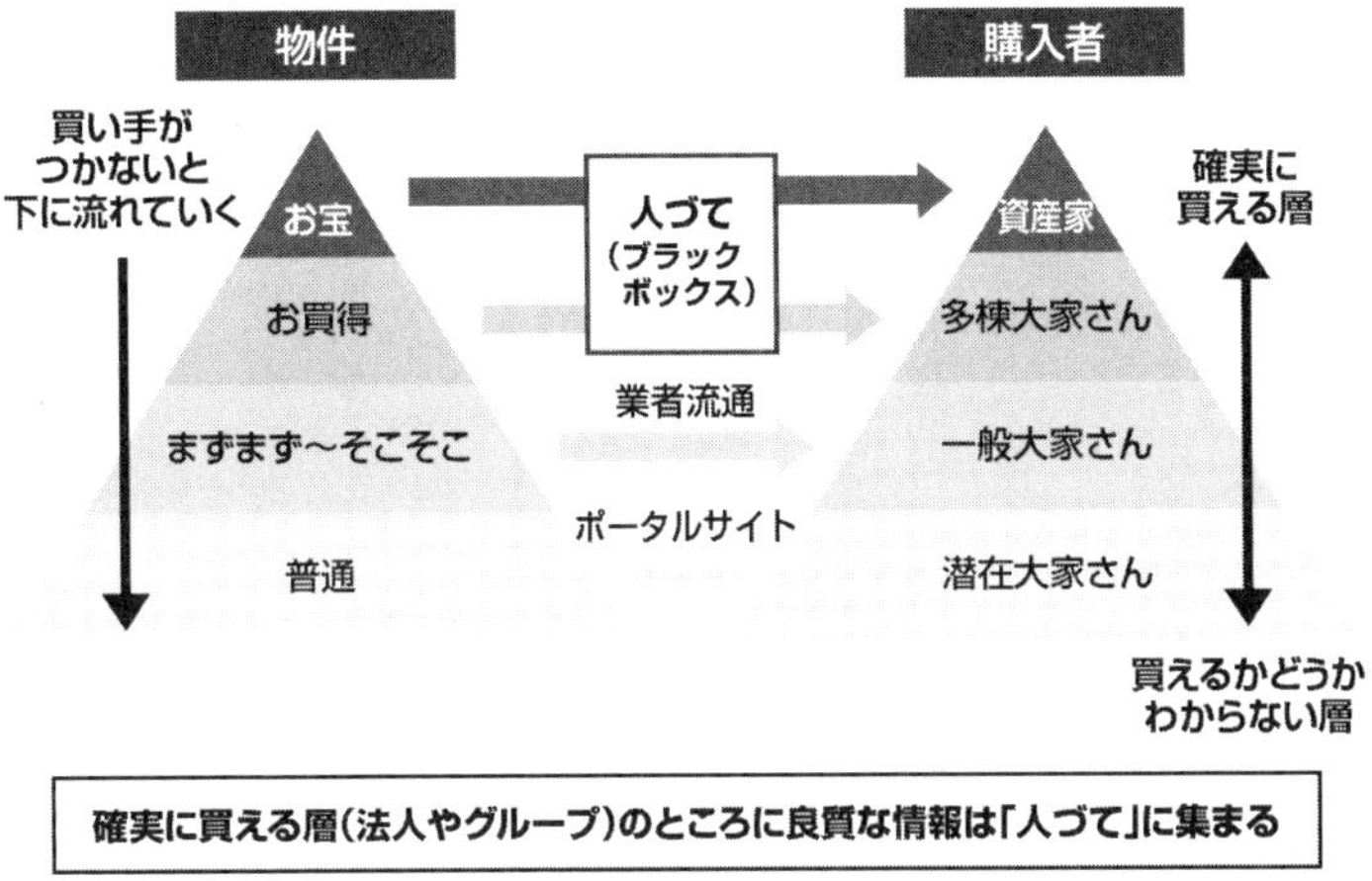

うことで、まだ売ることが確定していないような「未公開情報」にアクセスすることが可能になります。

もちろん、その会社で管理可能なエリアの物件しか紹介してもらえないというデメリットはありますし、賃貸管理専門の会社では仲介する物件の数自体が少ないかもしれません。しかし、その中にも収益不動産を取り扱って案件をこなしている会社も少なからず存在しますし、管理会社が自ら建築企画をやっている場合もあるのです。

加えて、優秀な管理会社の紹介で物件を購入すると、２つのメリットが得られます。

メリット１：適正価格での購入が期待できる

仲介手数料を売上の軸とする売買仲介業者や、物件価格＝売上である建築業者は、「物件価格を高くしたい（売上を大きくしたい）」という思いから、無意識的または意識的に相場よりも高い想定家賃を設定し、物件価格を釣り上げてしまいがちです。

一方、そのエリアで実際に入居者募集業務を行なっている管理会社には、そういった高すぎる想定家賃を見抜く力があります。また、**自社で媒介する物件についても、「購入してもらった後に自社で管理することになる」という前提があるために、相場を逸脱した家賃を設定することは稀**です。管理を受託し、自分たちで募集をすることを考えた場合、無理に高い家賃を設定すれば募集活動で苦戦することが分かっているからです。

結果、管理会社経由の物件は、市場の実情に見合った家賃から算出された、適正価格である可能性が高くなります。

メリット2：利回りの改善を前提とした購入ができる

既に述べた通り、物件の収益は管理の良し悪しによって上下します。ということは、売主側の想定した利回りを、管理の質（管理会社の優秀さ）によって上回ることも不可能ではないということです。

売主側の想定より高い利回りが期待できる物件とは、つまり「割安の物件」です。

また、管理会社が味方につき、購入後の収益改善策（空室対策など）を予め考えておけることは、購入判断のスピードにも良い影響をもたらします。

このようにメリットの大きい管理会社選びからの物件選びですが、問題がひとつあります。それは、全国に数多ある会社の中でも、信頼できる「優秀な管理会社」はそんなにたくさんあるわけではない、という真実です。

時には、私のケースのように、物件を探しているエリアにまともな管理会社が1社もない、というケースも出てくるはずです。そもそも「賃貸管理」を突き詰めた会社となると、正直、日本中探してもそう多くは存在しないのです。

しかし、だからこそ私は、**まず実力ある管理会社を選定し、管理してもらえるエリアで物件を購入することをお勧めします。** 利回りの高い地方の物件があり、それを支えて任せられる管理会社がいれば、これほど心強いものはありません。

一方で、いくら魅力的な物件を購入できたとしても、そのエリアで唯一賃貸管理を依頼できる「ダメダメ管理会社」に経営をメチャクチャにされてしまったのでは元も子もありません。ならばまずは、高い実力を持った管理会社によって「経営」を押さえ、そこから物件を紹介してもらうという戦略は、理に適ったものと言えるのではないでしょうか。

不動産はレモン市場なのか？

物件探しにあたってもうひとつ、意識しておいてほしいことがあります。それは、収益不動産の世界も往々にして「レモン市場」である、という点です。

レモン市場という言葉は、「情報の非対称性」を指す経済用語（元々はスラング）のひとつで、代表としてはアメリカの中古車業界があげられます。レモンは皮が厚いため、外見からでは鮮度の見分けがつきません。販売者や農家は収穫時期や鮮度を把握しており、価値を正しく判断できますが、買い手は実際にナイフを入れてみるまでレモンの「本当の価値」が分からないのです。

アメリカの中古車も同様で、車の修理販売業者は当然に価値を判断できる一方、一般人はちょっと試乗したくらいでは価値を測れず、実際に買ってみるまで「本当の価値」が分かりません。そして大抵は、買った後で「ハズレ」だと気づきます。このことから、質の悪い中古車は「レモン（粗悪品）」と呼ばれるようになりました。

このレモン市場の話で重要なのは、単にレモンを見破りにくい市場は問題である、というだけではなく、そのままにしておくとレモンばかりが流通する市場になってしまう、という恐ろしい効果にあります。

その原因を作るのは、売り手と買い手の持っている情報量の格差、先述した「情報の非対称性」です。情報を持たない買い手は、大枚をはたいてレモンを買ってしまうリスクを恐れて、レモンであっても納得できる（仕方ないと諦められる）程度の価格のものしか買わなくなります。

そうなると、売り手にも変化が起こります。本当に良いものを高い値段で売ったところで誰も買ってくれないため、売り手のところに「ピーチ（良品）」が残り、流通市場には売り手が保有しないような「レモン（粗悪品）」ばかりが流されることになるのです。

売り手だけが真の価値を知っているという情報の非対称性によって、廉価な粗悪品ばかりが出回る市場……、これがレモン市場だとすると、非常にクローズドな世界だと言われる日本の不動産市場もまた「レモン市場」である可能性があるのでしょうか。

「お宝物件ピラミッドの法則」に鑑みると、市場がオープンとは言い切れないでしょう。比較対照するために、アメリカの不動産市場を見てみましょう。

ここが変だよ、日本の不動産流通

アメリカには地域ごとにおおよそ800〜900ほどのＭＬＳ（Multiple Listing Service）という不動産データベースが存在します。

このＭＬＳは多くの場合、不動産業者でなくても閲覧できます。不動産情報以外にも学校やハザードマップなどを含み、情報量の多さやリアルタイム性の高さにも優れていて、誰もが求める情報をすぐに探せる状態となっています。アメリカでは情報の囲い込み（ポケット・リスティング）が禁止されているため、基本的には情報がＭＬＳにすぐに公開されることになります。また、ＭＬＳからの情報は、各種ポータルサイトの情報と紐づいて活用されています。

一方、日本には指定流通機構が運営するＲＥＩＮＳ（レインズ）というデータベースが存在しますが、東日本、中部、近畿、西日本の４ブロックに分かれ、不動産業者でなければ閲覧できません。また、情報も物件のことに限られ、大抵は情報提供業者（売り手側の仲介業者）に詳細を確認する必要があります。

加えて、その詳細確認もうまくいくとは限りません。他社にお客をとられたくない（買い手も自分たちで見つけて売主・買主双方から仲介手数料をもらいたい＝両手仲介）と考える売り手側の業者が「売り止め」にして、情報のシャットアウト・囲い込みをすることも珍しくないからです。アメリカでは、この両手仲介は利益相反を起こさないように禁じられており、売主・買主それぞれのエージェントがクライアントのために最善を尽くします。【図表2-3】

このような市場の仕組みから、日本では情報の非対称性が生まれやすくなっていました。最近では、インターネット上での物件検索が当たり前となり、情報をきちんと開示しなければ反響が得られなくなったため、だいぶマシになりましたが、それでもまだ売り手側の不動産会社

図表2-3 REINS(レインズ)を通じた取引の流れ

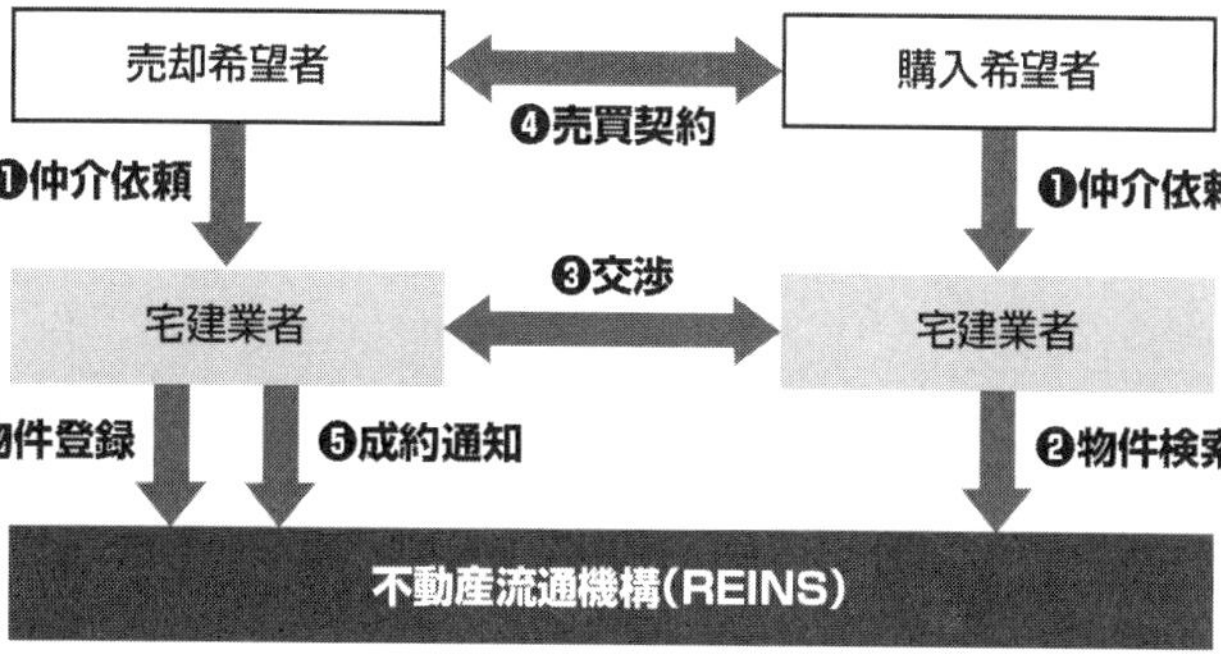

と物件を求める一般オーナーとの間には、非常に大きな情報格差が生じています。

情報格差を悪用すれば、売り手は「良品だけは自社で買い取り、残りを市場に流す」といったことさえ可能になります。かつて、不動産会社が「千三《せんみ》つ屋《や》」と呼ばれ、「千に三つしか本当のことを言わない」と揶揄されたのも、まさしくこうした情報格差が生んだ残念な結果でしょう。

これから不動産投資に挑戦する方は、まず手元に流れてくる物件が「レモン」ではないかをジャッジする必要があります。ただ幸いにも、不動産は本物のレモンや中古車ほど「買ってみるまで分からない」わけではありません。情報を収集し、周辺物件と比較し、市場と合わせて分析することができれば、「本当の価値」の大方を掴むことも可能だからです。

また、仲介業者には、物件の瑕疵《かし》を調査して説明する義務もあります。よって故障して動かない中古車を買わされるようなことにはならないのです。しかし、ハード面での説明を受けても、不動産投資そのもののリスク説明をどこまで聞けるかは疑問です。「重要事項説明義務」で説明されない範囲の情報をも、しっかりと見極める必要があります。

儲からないレモンを見抜くための唯一の方法は、不動産に関する知識を身につけ、売り手との情報格差を限りなく小さくすることです。降ってくるレモンから身をかわし、「お宝物件ピラミッドの法則」の上位にある「ピーチ（お宝物件）」を摑めるかどうかは、今後の皆さんの学びの姿勢にかかっていると言えるでしょう。

なぜ「不動産取引」には、リスクの説明義務がないのか？

「オーナーになりたい病」の危うさ、世の不動産投資セミナーの不確かさ、頼りになる不動産業者・建売業者の少なさ、そして「レモン」の氾濫する不動産市場……。そろそろ、私が助走期間の重要性・知識という武器を持つ必要性を力説する意味が分かってきたのではないでしょうか。

頭金さえあれば、属性さえＯＫであれば、融資さえつけば……、いくつかの条件を満たしてしまえば知識がない人でも買えてしまう不動産。しかし、不動産投資の内包する様々な「リスク」は、決して「不勉強」のまま戦えるほど生易しいものではないのです。

むしろ、どうして収益不動産はこんなにも簡単に買えてしまうのか、私には不思議でなりません。人の一生、ひいては家族さえ巻き込む可能性のある商品であるならば、それに見合った方法で取引されて然るべきだと思います。せめて購入に際しては、その商品にかかるリスクについて、もう少し踏み込んだ説明がなされるべきでしょう。

私は、不動産は本来、「金融商品」と同類であると考えています。預貯金、投資信託、債権、株式などは「金融商品取引法」の対象範囲となっており、これらには契約内容の重要事項について記載した書面の交付が義務付けられています。この重要事項には次の内容が含まれます。

1. リスクに関すること

・元本を上回る損失が生じるおそれ（価格変動、為替の変動、債務不履行）
・リスクに関する具体的な説明（市場リスクや信用リスク）
・取引の仕組み

2. 権利行使期限など

・権利行使期限（ある期間が過ぎると価値がゼロになる商品の場合は、その期限）
・解除できる期間の制限（契約を解除した場合の違約金など）

一方で、不動産購入時の重要事項説明は、物理的な土地や建物にかかる説明が中心で、「金融商品」としてのリスクの説明義務は課されていません。たとえ仲介をする不動産業者が全く投資を知らない素人であったとしても、土地や建物について規定通りの説明ができれば、いくらでも売買取引ができてしまいます（もちろん、宅地建物取引士でなければ説明役は担えませんが、宅建士＝投資知識がある、というわけではありません）。

不動産の管轄省庁が国土交通省だからといって、投資としての「金融リスク」の説明が不必要というのは、なんとも恐ろしいことです。これまで被害に遭ってきた人々のことを考えれば、購入時の投資分析や運用上の各種リスクの説明はあるべきだと思うのですが、残念ながら現時点では、そのような法的な定めは存在しません。

そうなると、やはり手段は「自己防衛」ということになります。自らリスクについて学び、リスクをいかに遠ざけるかが重要なのです。

「かぼちゃの馬車」は30年間家賃収入を保証すると宣伝していましたが、一般的な金融商品で「30年間の安定収入を保証」などと謳うものがあるでしょうか。先述の賃貸住宅管理適正化法によって、サブリース業者による「故意に事実を告げない行為」および「不実を告げる行為」が規制されることとなりましたが、サブリースに限らず不動産取引全般において、金融商品並みの「リスク」の説明義務が早期に課されるべきであると考えるのは私だけでしょうか。

私のところにも、かなりの頻度で投資用不動産の営業電話がかかってきます。また、地方の大都市を歩いていると、交差点で信号を待っている間に不動産営業マンが近寄って来て、「投資用マンションに興味はありませんか」と話しかけられたりもします。聞けば、新築ワンルームマンションを購入して、節税や将来の年金づくりに役立てては、とのこと。とても綺麗でデザイン性も高く、人気の最新鋭設備がそろっており、この仕様なら少なくとも家賃は○万円以上、ローンを返し終われば資産が残るのだそうです。

その営業トークには、将来の家賃下落リスクに関する話も、稼働率悪化リスクに関する話も、何も出てきません。私がちょっと突っ込んだ質問をしても、ほとんど答えることができないのです。立ち話だからかもしれませんが、いま「最先端」の部屋が、10年後にどのように評価され、家賃がいくらになるかなど、契約時に重要事項説明はされるのでしょうか。

低い利回りに高い金利、ちょっと計算をすれば、「儲からない」と判断ができるはずですが、「買いたい」という楽観的バイアスが働くと周りが見えなくなってしまうのでしょう。

以前、あるワンルーム中古マンションの仲介をしたことがあります。私は買主側の仲介として、新宿にあるワンルームデベロッパーへ行ったのですが、別の契約で来ていたと思われる高齢の男性の激昂する声が、隣の部屋から聞こえてきたことを覚えています。

「儲かるし節税もできると言ったから買ったのに、本当に騙された！」

おそらく新築で物件を買い、しかし経営はうまくいかず、売却しようにも思ったほどの金額が付かず、自己資金を補填して残債を消したのだろうと容易に想像できました。「自己資金なし」「将来の資産形成」「節税」という言葉につられて収益性の低い物件を買ってしまったのでしょう。物件そのものよりも、融資を含めた買い方に問題があった可能性も大いにあります。

それでも、デベロッパーや仲介業者を責めることはできません。なぜなら、リスクについて何も語らずとも違法ではなく、不動産は「売れる」のですから。

歩いて初めて見えてくる！　肌で感じる空室数と市場調査

不動産投資には様々なリスクがあり、多くの人や機関の思惑があり、不透明な部分が多々あることは歴とした「事実」であり、不動産投資の「前提条件」に過ぎません。そして、その前提条件をクリアしていくためには、適切な自衛策をひとつひとつ講じていくしかないのです。

たとえば、先ほど触れた家賃下落リスクや入居率悪化についてもそうです。

不動産広告には「満室想定家賃」や「満室想定利回り」の記載がありますが、これは現時点での瞬間的な話であって、将来にわたって適用できる数字ではありません。そればかりか、世の中には「無理やり高い家賃で満室にして、利回りを高く見せている物件」や「とうてい入居者は確保できないほどの高い家賃設定で、高利回りを謳っている新築物件」などが、ごまんとあります。収益予測の前提となる家賃の情報からして不確かなのです。広告上の「満室想定利回り」など、なんの意味もないとさえ言いたくなります。

では、どうしたらいいのでしょう。まずは、**①広告や不動産業者の情報を鵜呑みにしないこと**です。そしてもうひとつ、**②自分で情報を確かめること**もセットで行ないます。

特に、「この物件は買ってもいいかもしれない」と思った物件は、必ず自らが現地に行って物件そのものや地域の情報を確かめましょう。いわゆる「市場調査」です。昨今はインターネット経由で様々な情報が手に入るようになりましたが、まだまだ「現地に行かなければ分からない情報」は山ほどあります。その中に賃貸経営に致命的なダメージを与える情報が含まれていないとは限りませんし、また現地を「部屋探しをする入居者」の視点で眺めてみて初めて気づく情報もあります。せっかくの高い買い物、しかも絶対に失敗できない買い物ですから、手間を惜しまず現地に足を運び、可能な限り情報を取得したいものです。

それでは、市場調査の具体的な手順を説明しましょう。

1. 競合物件の現地調査

最寄駅からの徒歩分数、間取り、構造、築年数の近い物件を抽出し、築年数を考慮したうえで入居率を確認します。**できれば類似物件を近隣で最低20～30棟は調査したいところです。**

【図表2-4】

	外部環境	物件レベル				付帯設備他					備考
平均家賃	駅からの距離(分)	大手メーカー	外観デザイン	清潔さ	日当たり	無料ネット	宅配BOX	AL	独立洗面台	ペット可	
48,000	6～10		B	A	A	無	無	無	有	不可	
56,000	6～10		B	A	A	無	無	無	有	不可	
65,000	6～10		B	A	A	無	無	無	有	不可	
60,000	11～15		D	A	A	無	無	無	有	小型犬	
75,000	6～10		B	A	A	無	有	有	有	不可	
79,000	6～10		C	B	A	無	無	有	有	不可	
87,000	6～10		C	B	A	無	無	有	有	不可	
63,000	6～10		B	A	A	有	有	無	有	不可	
56,000	5分以内		B	B	A	有	無		有	不可	
49,000	6～10		C	B	A	有	無	無	有	小型犬 猫	

図表2-4 現地周辺調査票

	物件名	内部環境							
		賃貸戸数	空室戸数	築年数	階数	物件タイプ	間取り	専有面積	駐車場
1	サープラスワン	16	2	28	2	単身	1K	28	15
2	ハーモニー	2	0	15	2	単身	1K	33.15	2
3	ハーモニー	8	0	15	2	カップル	1LDK	41.98	10
4	ACT.2	4	0	30	2	カップル	2DK	42	6
5	パークハイム	30	3	21	4	ファミリー	2LDK	57.6	46
6	レジデンス	4	0	29	2	ファミリー	3LDK	71.65	6
7	レジデンス	4	0	29	2	ファミリー	4LDK	85.39	4
8	pronity A	12	1	1	3	単身	1K	29.2	1
9	ボンソレーユ	12	0	22	2	単身	1K	26.38	12
10	シェリール B	10	0	30	2	単身	1DK	23.6	7

実際に歩いて調査をすると、物件までの道のり（高低差、人通りの有無、夜道の暗さなど）や周辺環境（静かさ、公的施設の有無、商業施設の距離感など）、物件の特徴（外観、日当たり、入居者の質など）等の差を実感として把握できます。この実感は家賃の予測・決定の際の重要な手掛かりとなるはずです。

可能であれば、地場の仲介会社にエリアの需要や相場家賃に関するヒアリングをします。ただし、定量的なデータはほとんど出てこず、ほぼ窓口で対応してくれる方の感覚で意見を言われます。よって、できるだけ複数社へのヒアリングを行ってください。周辺のライバル物件と購入（建築）予定物件とを対比して、優位性がどれくらいあるのかを客観的に判断しましょう。

2．ポータルサイト調査

競合となる物件の設備仕様、および募集家賃を確認します。募集されている競合物件の空き部屋が分かれば、正確な入居率を把握することもできるでしょう。

注意したいのは、入居者は「お得かどうか」で部屋を決める、という点です。ライバルより設備を充実させたからといって、必ずしも高い家賃で入居が決まるとは限らないのです。立地の利便性＋設備仕様＋デザインなどの総合評価から見て、周囲の物件より「お得」と感じられる家賃ならすぐに入居者が決まりますし、「割高」と感じられる家賃なら敬遠されます。

また、ポータルサイトに掲載されているのは、「募集家賃」であることに注意しなければなりません。空室が長く続けば、家主側からの「譲歩」が発生して、フリーレントや家賃が減額されることがあります。景気が悪化している場合やデフレ下であれば、「募集家賃よりも成約家賃が下がる」可能性があることは押さえておいた方がよいでしょう。

またポータルサイトでも、LIFULL HOME'Sの「見える！賃貸経営」や、SUUMOの賃貸経営サポートの「賃料・設備相場チェッカー」も、相場感やエリアを俯瞰して見る時に非常に役に立ちます。そのエリアの大まかな情報が見られるのでチェックしておきましょう。

いずれにしてもどちらの調査にも手間がかかりますが、賃貸市場の調査をしてくれる会社というのもほぼ存在しないため、ここは自力でなんとかしなければなりません。アパートやマンションを新築する場合でも、建築会社が市場調査を細かくしてくれるケースは稀です。

市場調査は、アパート経営を行う上でおさえておくべき空室リスク回避策です。私自身も物件購入の時には、1日かけて周辺のライバル物件をくまなく調査しています。実際に自分の目や足で感じてみることで、入居者の目線に立つことができます。ぜひ挑戦してみてください。

物件タイプ別の特徴

物件購入を考える際にもうひとつ知っておきたいのが、収益不動産の物件タイプ別の特徴です。一口に収益不動産と言っても、種類や構造によって特徴は大きく変わります。自身の求める「目的」を叶えるにはどんな物件が適しているのか、予算やその他の条件を踏まえて判断を下しましょう。【図表2-5】

1．一棟アパート

一般に「不動産投資」をイメージした際、まず想像するのは木造アパートでしょう。手頃な規模感で始められるのが特徴です。エリアや築年数によって利回りが変わりますが、きっちりと市場性を調べて、そのエリアの需要に合った企画がされているのであれば、稼働率も維持できます。また、地方都市を中心に「築古高利回り」アパートもあります。この場合、想定通りに入居が決まるかどうかをしっかりと判断しなければなりません。

木造アパートは、管理上では「隣室の音」が問題となりやすく、それが故に退去率が高くなる物件があることにも注意が必要です。購入時に既存入居者の「退去理由」をヒアリングできるかどうかが選別のポイントとなります。

図表2-5　物件タイプ別のリスク/リターン

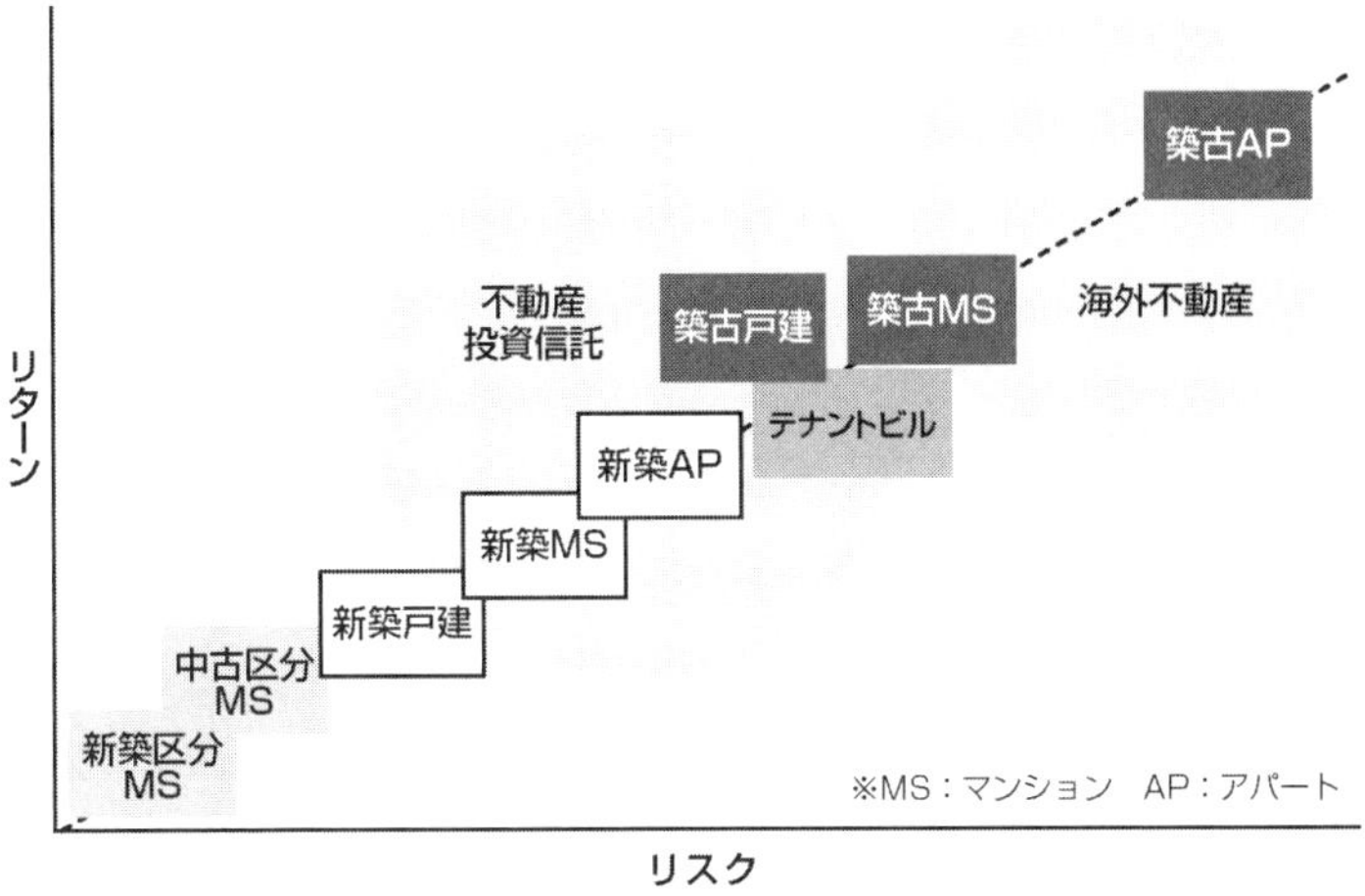

2．一棟マンション

一棟ものののRCマンション（鉄筋コンクリート造）は大都市ではなかなか手が出ませんが、地方であれば購入のチャンスもあります。木造アパートに比べると、騒音問題も少なく稼働率が維持しやすいのはメリットです。また、規模が膨らむため収益性はアパートよりも格段に高まりますが、その分金額も高価になるため、誰もがいきなり一棟マンションから始めることは難しいかもしれません。

マンションに関しての注意点は、建物のメンテナンス（維持管理）コストが高額になることです。大規模修繕などは高額の費用がかかるため、築年数が古い物件を購入する場合には、あらかじめこの辺りの費用を加味しておきましょう。また、長期保有を前提とする場合は、キャッシュフローが積み上がっても、しっかりと修繕費の積み立てをしなければなりません。

3. 区分マンション

比較的購入しやすい価格であることから、不動産投資の「はじめの一歩」とする人も少なくありません。中古のワンルームなど、手ごろな物件を現金で購入して、少しずつ実績を作っていくのには、最適かもしれません。

一方で、担保評価や収益性が出にくいため、メガバンクや地銀などから好条件での融資を期待することは難しいでしょう。**たびたび耳にするのは、東京での新築ワンルームマンションを欲しいがあまり無理な融資を組んで、その後「儲からないし、売るに売れない」という状態になった話**です。不用意にノンバンクなどで融資を組んでしまうことで、その後、収益不動産を買い進められなくなる恐れがあることに注意をしなければなりません。

区分マンションは1室しかないため、入居率は「0」か「100」のどちらかしかありません。リスク回避がしにくくなるので、空室リスク対策が重要です。

4. 戸建て

アパート等と比べて、集合住宅特有の「隣の部屋の音」を気にしなくて良いため、**築年数が経過しても比較的入居が決まりやすい点が特長**です。また一度入居してしまえば、入居期間が

図表2-6　物件タイプ別の特徴

	区分マンション		一棟マンション		一棟アパート		戸建て	
	築浅	築古	築浅	築古	築浅	築古	築浅	築古
始めやすさ(価格)	○	◎	×	△	△	○	△	◎
融資の出やすさ	△	×	△	△	○	△	×	×
入居づけ	◎	△	◎	△	○	△	○	△
入居期間	◎	○	◎	△	○	△	◎	○
遮音性	◎	○	◎	○	△	×	◎	◎
運営コスト	◎	△	△	×	◎	×	○	△
オーナーの手間	◎	△	◎	×	◎	×	◎	○
トータル難易度	易	易	中	難	易	難	中	易

※価格や融資状況は、エリアや時期によって都度異なるため、目安としてください。

比較的長いことも特長でしょう。

初心者であれば、中古の区分マンションのように築古戸建てを現金で買って少しずつ実績を作るのも一つの方法です。また、築古だとリフォーム等の初期コストが必要ですが、昨今テレビでも取り上げられているＤＩＹをうまく活用し、入居者好みに自由に使ってもらう方法も良いでしょう。

ここでは、ほんの一部のことしかお伝えできませんが、物件タイプ別の特徴を、まずは大まかに掴んでもらえればいいと思います。運営コストの大小で言えば、マンション＞アパート＞戸建ての順となります。マンション共用部にエレベーターがついている場合は動力代やメンテナンスコストがかかりますが、共用部のない戸建て賃貸は維持管理コストがほぼかかりません。

物件タイプ別の特性を捉えて、理解した上でどんなものに投資をするのかを判断しましょう。

【図表2－6】

玉子は同じ大きさで揃えよ

物件を増やしていく過程では、どのようなポートフォリオ（資産の組み合わせ）を組むのかもポイントになります。どのタイプも一長一短ある以上、お互いの存在を補完できるような関係が持てるようにしたいものです。

たとえば、一棟マンションと築古一戸建ての組み合わせ。戸建てがうまくいかなくても、一棟マンションの収益力があれば戸建ての損失は賄えます。しかし、一棟マンションがうまくいかなかった時には、築古一戸建ての収益力では損失をカバーしきれません。バランスが極端な場合には、リスク分散策として万全には機能しないのです。

その点、キャッシュフローの規模が同じ程度であれば、どちらかがうまくいかなかったとしてもお互いをカバーすることができます。エリアや構造などでリスク分散をすることもできるのですが、キャッシュフローでのバランスを見るのも一つの方法と言えます。

もちろん、既にたくさんの物件を持っていたり、他の金融資産とでバランスを取れるのであればその限りではありませんが、初めから安定軌道に至るまでには、このようなキャッシュフローのバランスを重視した組み合わせで土台を築いていくと安定するでしょう。いきなり○億から進めるのではなく（それができる人はそれも良いのですが）、現金で買える小さなものから始めるか、融資を組むなら数千万円くらいの新築アパートなどから入るのが堅実でしょう。特に新築は入居づけの手間やストレスが少なくて、本業の手を煩わせることも少ないはずです。

皆さんの不動産投資の「目的」は、どのタイプであれば叶えてくれそうでしょうか？ 予算によっても左右されますが、物件タイプの選択によって目的達成までの時間も変わってきます。とはいえ、今ここで最終ジャッジをする必要はありません。不動産の購入までに知っておくべきことは、まだまだあるからです。

次章では具体的な投資分析の手法を学びます。個別の購入判断は、この投資分析とファイナンスの知識なくして下すことはできないのです。

33
成功の法則

成功大家さんは…

05 初心者にありがちな、楽観バイアスと
「オーナーになりたい病」に惑わされない。

06 融資の出やすい高属性の人ほど、
「一旦停止」でよく考える。

07 インプットの「20」は最低限こなしている。

08 情報収集と知識武装で自己防衛ができる。

09 物件探しと並行して、
信頼できる担当営業マンを見つける。

10 良質な物件探しは人脈からと心得ている。

11 購入判断は、投資シミュレーションと
現地調査を怠らない。

12 同規模の物件で補完関係のあるポートフォリオを
組めば、リスクは抑えられると知っている。

第3章

見て見ぬふりは
もうできない！
投資分析が
あなたを強くする

図表3-1　キャッシュフロー計算の概念と投資指標

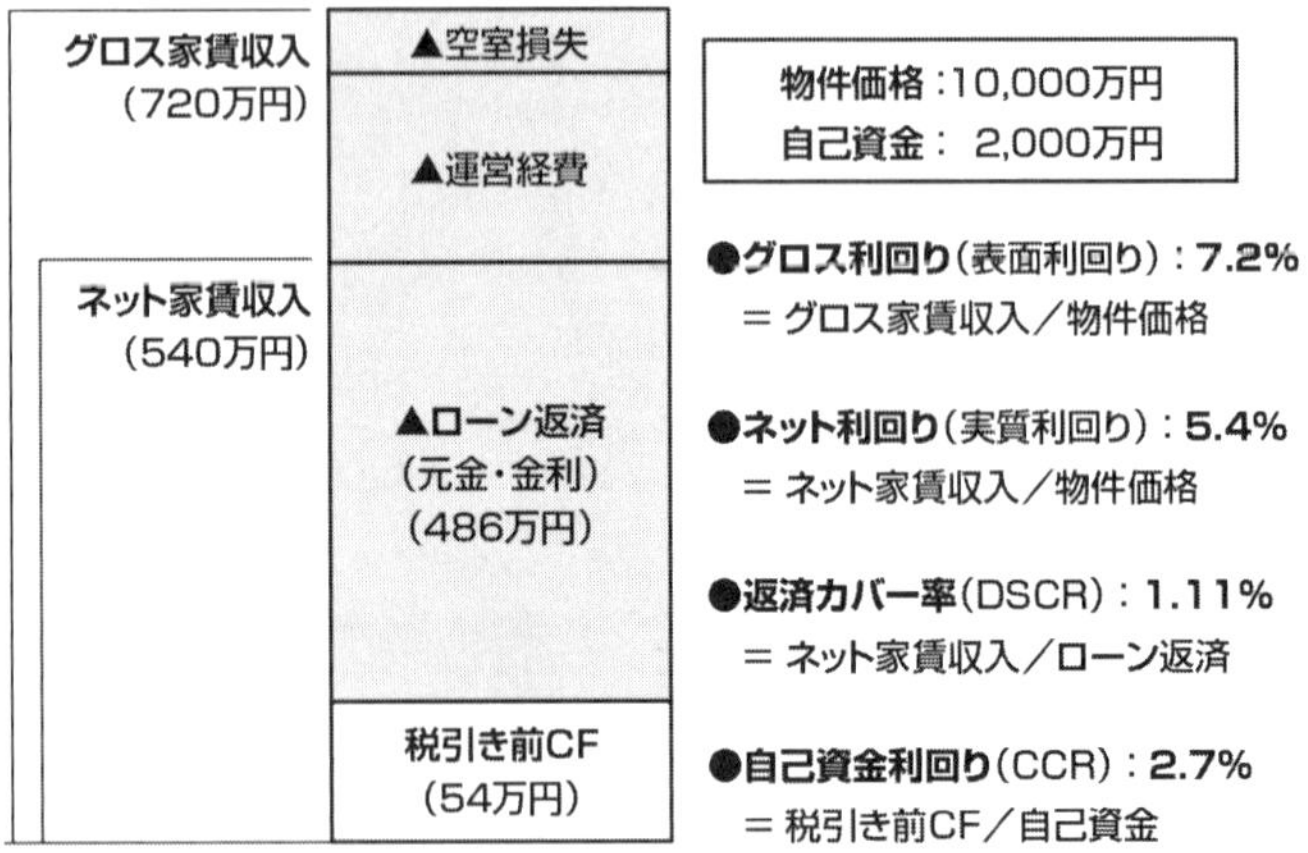

ここからは、不動産オーナーが知っておくべき「投資の基礎知識」、特に「投資にまつわる数字と指標」について詳しく見ていきましょう。

不動産投資は簡単な四則演算で投資判断をすることができるので、電卓を片手に眺めてみてください。数値化することで、購入を検討している物件が今だけでなく将来にわたって利益を生み出してくれるのか、銀行から提示された条件で借り入れをしても経営が成り立つ物件なのかを客観的に把握できるのです。

最終的に「勝負勘」が必要になるケースもありますが、数値化と分析結果は必ずや、その勝負所であなたの背中を力強く押してくれるはずです。

ただ、**この章は「数字の羅列」で見たくない！という方は、思い切って一度飛ばしてみてください。実際に物件を検討した段階で再度読**

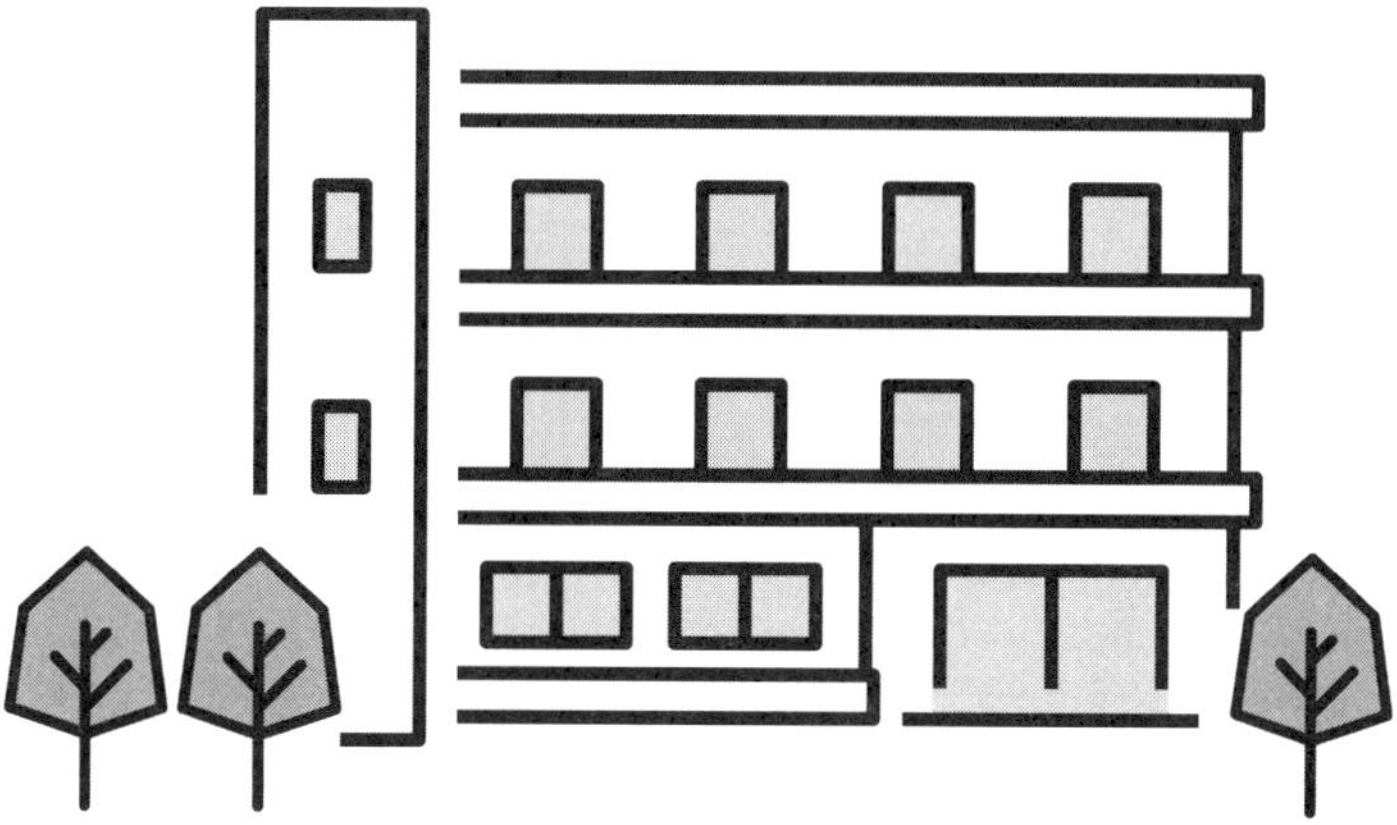

み込んでみたほうが、頭に入りやすいかと思います。念のため、上の図を眺めて、自分の手元に残るキャッシュフローと投資指標がどんな関係にあるのか、おおよその感じだけはつかんでおきましょう！【図表3－1】

この先は、「メゾン・サクセス」という土地付き新築物件を購入する前提で、内容を検証してみましょう。

例
「メゾン・サクセス」家賃6万円×10室・1億円（諸経費別）のアパート

●想定されるグロス家賃収入（総潜在家賃収入）：
6万円×10室×12か月＝720万円

3種類の利回りを理解する

まずチェックすべき数字は収益性の指標「利回り」です。これは物件選びの基準となる重要な数値です。「広告に載っている満室想定利回りになど意味はない」と言ったばかりですが、物件選びをするうえで、その物件の利回りを算出し判断することは欠かせません。なお、一口に「利回り」と言いますが、3種類の利回りがあることは知っておきましょう。「キャッシュフロー計算の概念と投資指標」**【図表3-1】**と合わせてご覧ください。

1．グロス利回り（表面利回り）

物件購入価格に対して、年間の家賃収入がいくら回収できるかを示します。売り物件情報に記載されている「利回り」は、ほぼすべてこの数字のことを指しています。

たとえば、「メゾン・サクセス」を1億円（諸経費別）で購入する場合は……、

○グロス家賃収入（総潜在家賃収入）：
6万円×10室×12か月＝720万円
●グロス利回り：

年間家賃収入720万円÷物件価格1億円＝7・2%

このように、「想定される年間家賃収入÷物件価格」によって算出されるのがグロス利回りです。７・２％ということは、約14年で回収できる計算になります。

ただ、このグロス利回りには、気を付けたいことが３つあります。

まずは、想定されている「家賃」が適正であるかどうかです。

実際に６万円で貸せていた部屋でも、次の募集の際に再び６万円で貸せるかどうかは分かりません。現入居者の大半が新築時の契約者で、築年数が５年経過しているような場合、想定していた６万円を下回るケースは少なくないのです。需要が供給にまさっているエリアを除いて、今の日本では多くのエリアで家賃も「デフレ」状態になっています。また、新築が好まれるために、日本の賃貸住宅の家賃は、年々少しずつ下がっていく傾向があります（年１％程度）。

それから、「付近の大学」や「大規模工場」が移転・撤退してしまって、エリアの家賃相場がガクンと下がった（６万円だった部屋が４万～５万円でなければ貸せない）といったケースもあるかもしれません。10年以上前になりますが、私も千葉県の某エリアで、大学キャンパスが撤退したために入居率が20％になった20室のアパート（10室×２棟のうち４室のみ入居）を見たことがあります。神奈川の某エリアでも、５年ほど前に某駅伝強豪校のキャンパスが移転となり、同じことが起こっていました。前章で市場調査に触れましたが、基盤となる地域の需要情報の収集には特に注力したいものです。

次に「空室」の問題です。そもそも空室は必ず発生するものなのに、グロス利回りは1年間に一度も解約がない（空室が発生しない）前提で算出された理論上の数字である、という点を押さえておきましょう。また、家賃は適正でも再び入居してもらうために原状回復工事が必要ですから、その間は家賃を得ることはありません。その結果、必然的に空室となります。

そして最後に、グロス利回りは「支出（運営費）」を一切加味していない、という点です。家賃収入はその100％が手元に残るわけではありません。必要経費を差し引かなければ正しいシミュレーションは行なえないのです。

2. ネット利回り（実質利回り・NOI利回り）

グロス利回りが「ざっくりとした利回り」でしかないのに対し、より現実に沿った利回りが「ネット利回り」です。これは実質利回り・NOI利回り等とも呼ばれ、営業利益に着目したものです。**この利回りこそが、物件本来の力を表す「真の利回り」とも言えます。**

要は、グロス利回りの算出時（家賃設定の妥当性は当然クリアされているものとする）には想定されていない、「空室」「運営費」のリスクをきちんと加味して算出したものがネット利回りです。算出に当たっては「稼働率」と「運営費率」を想定しておく必要があります。

例　稼働率：95%　運営費率：20%（NOI率：75%）

○想定されるネット家賃収入（NOI）
年間家賃収入720万円×稼働率95%－運営費144万円（年間家賃収入720万円×運営費率20%）＝ネット家賃収入540万円

●ネット利回り
ネット家賃収入540万円÷物件価格1億円＝5.4%

このように、かなり現実に即した利回りが算出されます。

ネット利回りを速算したい場合には、グロス利回りにNOI率というものを乗じます。NOI率とは、グロス家賃収入に対してのネット家賃収入（NOI）の割合のことです。素早く、しかし、より詳しく算出したい場合は、IREM JAPANという組織が「全国賃貸住宅実態調査」という調査の中で「NOI率」を公開していますので、参考にしてください。

3．自己資金利回り（CCR）

3つ目は、物件価格ではなく「自己資金」に対する利回りです。簡単に言えば、**手元から出て行った現金が、年間でいくらの手残りを生み出すのかという指標**です。

不動産投資のメリットは、物件購入にかかる費用の大半を、金融機関の融資によって賄える点にあります。自分では1000万円しか用意できなくとも、金融機関から9000万円の融資を受けられれば、先述の例のように年間720万円の家賃収入、540万円の営業利益が手に入るのです。

しかし、忘れてはならないのが金融機関への返済です。家賃収入の大半が金融機関への利息返済に充てられてしまうようでは「投資効率が良い」とは言えません。あくまで投資は自身の資産を増やすためですから、自身の投下した資本をどれだけ早く回収し、どれだけ早く増やすことができるのかを、把握している必要があります。

また、物件の買い増しや買い替えを計画しているなら、次の購入資金を可能な限り効率よく作りたいはずです。将来的な投資計画をスムーズに進めるためにも、自己資金利回り（CCR）は必ず押さえておきましょう。なお、全額を自己資金で不動産を購入した場合は、自己資金利回り＝ネット利回りとなります。

●自己資金利回り（CCR）＝
税引き前キャッシュフロー（BTCF）÷自己資金

「キャッシュフロー」とは本来お金の流れを意味するものですが、ここで言う「キャッシュフロー」は、この「税引き前キャッシュフロー（BTCF）」を指します。

なお「税」とは所得税や事業税などを指しますが、これらは給与所得や別物件の不動産所得など、他の所得と損益通算して算出されます。税率も超過累進課税制度で人によって異なるため、通常は1物件単位のシミュレーションでは除外して考えます。ただし、1物件単位で課される固定資産税などは、先述の「運営費」に含めて考えます。

その税引き前キャッシュフローは、「ネット家賃収入」から金融機関への「ローン返済」を差し引いて計算します。

例　自己資金：2000万円　融資：8000万円（金利2%・期間20年）

○ローン返済：
金利2%・20年・8000万円……月40・5万円、年間486万円

○税引き前キャッシュフロー：
ネット家賃収入540万円－ローン返済486万円＝54万円

●自己資金利回り：
税引き前キャッシュフロー54万円÷自己資金2000万円＝2・7%

さて、自己資金利回りが2・7%と算出されましたが、いかがでしょう？　この物件を「欲

しい！」と思いますか？　自己資金利回り2・7％とは、投下した2000万円を回収するのに約37年かかる（実際は20年で返済が終わるので30年ほど？）ということです。これなら手元資金を株や投資信託で運用して、年3％ずつ配当をもらうほうがマシかもしれませんね。

しかし、**融資条件が次のように変わったらどうでしょうか。自己資金1000万円、融資9000万円（金利2％・25年）と自己資金が半分に減り、返済期間が5年延びた場合です。**

例　自己資金：1000万円　融資：9000万円（金利2％・期間25年）

○ローン返済：金利2％・25年・9000万円……年間458万円

○税引き前キャッシュフロー：

ネット家賃収入540万円－ローン返済458万円＝82万円

●自己資金利回り：

税引き前キャッシュフロー82万円÷自己資金1000万円＝8・2％

それほど良い数字ではありませんが、自己資金利回りが8・2％であれば約12年での回収となり、先ほどのような厳しい数字ではなくなりました。このように、物件は同じでも、自己資金の額や融資条件、つまり買う人によって変化するのが自己資金利回りの特徴です。

ここまで見てくると、「（グロス）利回りが良いから買った」「融資が出たから買った」と言う人たちが、どれだけ高いリスクを冒しているかが分かるのではないでしょうか。果たして彼らの買った物件のネット利回り、自己資金利回りは何パーセントだったのか……。

あの当時、「金利４・５％」で調達をした人は大変なはずです。同じ25年・９０００万円の融資であっても、金利が４・５％なら年間返済額は６００万円にもなるのです。その上、返済の内訳は65％が利息なので、元金はなかなか減ることがありません。

破綻の危険を回避せよ

こうして利回りについて学ぶと、どれだけグロス利回りの良い物件でもデフォルト（債務返済不能）に陥る可能性があること、しかし一方で、上手に融資を活用できれば効率的に資産を増やせる可能性があることも分かってきます。

では、今度はその危険回避と効率判断のための指標を学んでいくことにしましょう。

返済カバー率（ＤＳＣＲ）

不動産投資において絶対に避けねばならないことは、収入を確保できず、金融機関への返済が滞り、せっかく買った物件を手放すはめになることです。

これを回避するには、「常に家賃収入が返済を上回っている状態」を維持する必要がありま す。そのための指標が「返済カバー率」で、**ローン返済額とネット家賃収入の比率を算出することで、投資の安全性を計る**ものです。

●返済カバー率（DSCR）＝ネット家賃収入÷ローン返済

また「メゾン・サクセス」で考えてみましょう。

例　自己資金：2000万円　融資8000万円（金利2％・期間20年）

○ローン返済：486万円
○ネット家賃収入：540万円
●返済カバー率：540万円÷486万円＝1・11

返済カバー率（DSCR）は、1・0より大きければ大きいほど安全（デフォルトリスクが低い）という判断になります。状況にもよりますが、居住用物件であれば、一般には返済カバー率が1・3程度あると比較的安全とされていますから、この1・11という数字は、あまり安心できるものではないと判断できるでしょう。また、金融機関側が融資の焦げ付きを避けようとして「ＤＳＣＲ１・４以上」と、融資条件に組み込んでくることもあります。投資する側、融資する側の両方が、最悪のシナリオを避けるべく重要視している投資指標です。

ちなみに、返済カバー率を１・４以上に引き上げるには、どうしたらいいでしょうか？

単純に考えて答えは２つ。ひとつは、ネット家賃収入を年間返済額の１・４倍の６８０万円まで増やすこと。もうひとつは、年間の返済額が３８５万円（５４０万円÷返済カバー率１・４）を上回らないように融資を組むことです。

物件の家賃収入を購入前の１・４倍に上げるのは現実的に考えて難しいので、基本的に後者での解決となるでしょう。**年間返済額を下げる具体的な方法としては、「金利を下げる」「融資期間を延ばす」「自己資金を入れて借入額を減らす」の３つ**が考えられます。法定耐用年数の問題もあり、融資期間は易々と延ばすことはできず、リスクを考慮する以上、金融機関は金利を下げるわけにもいきません。となると、自己資金を入れて借入額を減らすことになりますが……、この物件の場合を計算してみると、返済カバー率を１・４に引き上げるために必要な自己資金は３７００万円と出ました。一般のサラリーマンにはなかなか工面できない金額です。

しかし、リスクを取りたくない金融機関としては、貸付け機会が減ったとしても自己資金を入れてもらうことを望むようです。スルガショック以降、金融機関から求められる自己資金の額（＝返済カバー率の基準値）は高くなっており、以前は購入価格の１００％が融資されていたようなものでも、自己資金10～30％、場合によっては40％を求められるようになっています。

もちろんそれ以外に諸費用も自己資金で賄う必要があります。土地を持っている地主さんに対してさえ高額な自己資金を要求するケースも出てきており、「貸しません」と言わんばかりの姿勢をとる金融機関が散見されます。

「レバレッジ」の考え方

もうひとつ、不動産投資を語るうえで欠かせないのが「レバレッジ」という考え方です。世の中には様々な投資が存在しますが、この**レバレッジが登場するのは、不動産投資を含めた「自分以外の資本（他人資本）を使って実行できる投資」に限られます。**

ご存じのように、レバレッジとは「てこ（の原理）」のこと。つまり、小さい力で大きなものを動かす、大きなものを得られるという意味です。不動産投資の最大の魅力は、金融機関から融資を受けて投資ができる点ですが、1000万円しか資本がなくても1億円の物件を購入・経営できる、というのはまさに「てこ」を感じさせますよね。しかし注目すべきは、小さな自己資金で大きな投資ができる、というスケールの話だけでなく、融資を受けることによって「収益も大きくできる可能性がある」という点です。

全額自己資金で購入した場合と、8000万円の融資を受けた場合を比べてみましょう。

例　自己資金：１億円　融資：なし

○ネット家賃収入：５４０万円
○税引き前キャッシュフロー：５４０万円（返済なし）
○ネット利回り：５・４％
●自己資金利回り：５４０万円÷自己資金１億円＝５・４％

例　自己資金：２０００万円　融資：８０００万円（金利２％、期間30年）

○ネット家賃収入：５４０万円
○ローン返済：３５５万円
○税引き前キャッシュフロー：１８５万円
○ネット利回り：５・４％
●自己資金利回り：１８５万円÷自己資金２０００万円＝９・３％

同じ物件を全額自己資金で購入する場合と、融資を受けて購入する場合とで自己資金利回りを比較してみると、このように融資を受けたほうが自己資金利回りは高くなりました。

これが「レバレッジが効いている＝正のレバレッジ」という状態です。不動産投資の魅力の大半は、このレバレッジ効果にあると言っても過言ではありません。自分が手元から出すお金を減らし、金融機関からお金を借りることで、自己資金利回りを上げているのです。

しかし一方で、「融資を受ければ必ずレバレッジが効く」とは限らない点には注意が必要です。融資期間が10年短くなった場合の自己資金利回りを見てみましょう。

例 自己資金：2000万円　融資：8000万円（金利2％、期間20年）

○ネット家賃収入：540万円
○ローン返済：486万円
○税引き前キャッシュフロー：54万円
●自己資金利回り：54万円÷自己資金2000万円＝2・7％

この条件では、自己資金利回りが全額自己資金で購入した場合の5・4％を下回っています。融資を受けたことで、逆に投資効率が下がってしまったのです。

これを「負のレバレッジ」と呼びます。物件を購入する際は、必ずこの「レバレッジの正負」を意識しなければなりません。

なお、レバレッジの正負は、先述した「ネット利回り」と、融資の際の金利・融資期間から

図表3-2　ローン定数（K%）表

(%)

借入期間＼金利	0.5	1.0	1.5	2.0	2.5	3.0	3.5	4.0	4.5
10年	10.25	10.51	10.78	11.04	11.31	11.59	11.87	12.15	12.44
15年	6.92	7.18	7.45	7.72	8.00	8.29	8.58	8.88	9.18
20年	5.26	5.52	5.79	6.07	6.36	6.66	6.96	7.27	7.59
25年	4.26	4.52	4.80	5.09	5.38	5.69	6.01	6.33	6.67
30年	3.59	3.86	4.14	4.44	4.74	5.06	5.39	5.73	6.08
35年	3.12	3.39	3.67	3.98	4.29	4.62	4.96	5.31	5.68

導かれる「ローン定数（K％）」との比較によって決定されます。【図表3-2】

レバレッジが正の状態（ネット利回り＞ローン定数）であれば、お金を借りれば借りるほど自己資金利回りは上がっていきます。逆に負の状態（ローン定数＞ネット利回り）であれば、借りれば借りるほど自己資金利回りは下がります。

つまり、ローン定数とは投資資金の「調達コスト」を示す数字だと考えることができます。金融機関から安くお金を調達して、割りのいいものに投資をすれば、その分だけ利益が得られるというわけです。

絶対に知っておくべき「ストレス」のかけ方

ネット利回りをより正確に把握するために、より厳しい条件下でのシミュレーションをしてみましょう。このようなリスクシミュレーションのことを、「ストレスをかける」と言いますが、項目として最低でも「稼働率」「家賃下落率」「運営経費率」「金利上昇」の4点は押さえておきたいところです。

1. 稼働率想定

稼働率とは、年間を通じて全戸数に対して何室が入居するのかを表した数字になります。10戸の物件で9戸入居であれば入居率は90%ですが、これはあくまで一時点での数字であり、年間では契約・退去が一定数発生する以上、年間で見た稼働率の数値とは大きく違ってきます。詳しくは次項の「空室率」で説明をします。

目を背けたくなる現実ですが、日本の人口は今後30年間で20%も減ると言われています。需要側の総数が減るのですから、この数字は賃貸経営にもダイレクトに影響するものと思われます。

もし、購入（建築）予定物件の市場調査をし、当該エリアの築30年の物件の入居率が90%程度だとしたら、その数字をそのままシミュレーションに当てはめていいものでしょうか？　確かに現時点では築30年＝入居率90％かもしれませんが、人口減少のリスクを考えると、もしかすると30年後の入居率を90％×80％（人口20％減少）＝72％、と想定することも必要でしょう。

2. 家賃下落率想定

既に述べたように、全国の家賃下落率は年1％程度と言われています。しかし、これは平均値で、東京23区であれば0・75％程度、郊外物件では1・5％前後とも言われ、あくまで市場次第・需要次第であると言えます。

また、家賃は個人の可処分所得と密接に連動しているため、現時点での数字がそのまま10年後にも適用できるとは限りません。景気が良くなり、個人の所得が増えれば払える家賃も増え、景気が悪化すれば払える家賃も下がります。

家賃以外の支出との割合によっても下落率は変わります。たとえば、大学や専門学校の学費は高騰し続けています。学費が家計を圧迫すれば、進学のために一人暮らしをする子供への仕送り・家賃負担は減らさなくてはなりません。こうした現象は教育関連に限りません。

以前、日銀がインフレ政策を実施し、年2％の物価上昇を掲げましたが、この政策が真に成功していれば、家賃も必然的に2％ずつ上昇していたはずです。しかしそうならないということは、所得が変わらないまま物価が上昇し、増税が実施され、実質の可処分所得が減っているため、家賃に充てるべき分が圧迫されている、ということでしょう。

実際に、モノの値段は上がり続けています。お菓子や加工食品などで、「お値段そのまま、内容量80％に減少」というような、消費者には見えにくい「ステルス値上げ」は至るところで生じています。長年デフレに浸かってしまった日本人からすると、値上げ＝需要減少と敏感に反応をしてしまうのです。

それ以外の要素で、やはり大きいのは需給バランスの変化です。現在の東京23区のように、人口が絶えず流入するために供給が追い付かないような市場であれば家賃は上昇し、その逆であれば家賃は下落します。地方では、特に需要減少・供給過多による家賃下落のケースが目立ちます。一方で、沖縄県の宮古島市のように、住宅特需があるのに供給不足が深刻で家賃上昇が著しい地域も稀にあります。果たして、今後も高い需要の見込める地域なのか、競合物件が乱立する可能性はないか、エリアの将来を厳しい目で判断する必要があるでしょう。

3．運営経費率想定

こうした収入面のシミュレーションは多くの方が真剣に行ないますが、一方で見落とされがちなのが「運営経費」です。ネット利回りを速算するには、グロス利回りに70～80％（ＮＯＩ率という）を乗じればいいと述べましたが、より詳しいネット利回りの算出には経費のシミュレーションが欠かせません。詳しくは次々項にて述べますが、少なくとも次の費用については見積もりをしておきましょう。【図表3-3】

図表3-3　主な運営経費

毎月～年数回	毎月の管理料（管理会社に支払う費用）
	定期清掃費
	共用部光熱費（電気・水道・インターネットなど）
	設備点検費（エレベーターなど）
	除草・植栽剪定費
	固定資産税
	原状回復費用
	募集広告費（AD）
数年に1回	配管高圧洗浄
	鉄部塗装（5～7年に1回）
	外壁塗装・修繕（10～15年に1回）
	屋根塗装・修繕（10～15年に1回）
	屋上防水（10～20年に1回）

特に見落とされがちなのが原状回復工事費です。費用については、ルームクリーニングのみで済むものから大改装が必要なものまで幅が広くなりますが、退去率が分かっていればある程度は年間支出を見通せます。

たとえば、全体的なクロスの張り替えが必要になる場合、張り替え費用は床面積×2・5～3・0（床面積から壁・天井の面積をざっくり計算）にクロス代金1000～1100円／㎡を乗じることで概算が出せます。これを入居者と50%ずつ折半すると仮定して……、40㎡のアパートであれば、オーナー側の支払うおおよその額は40㎡×3×1100÷2＝6万6000円としておけば、かなり現実に近いシミュレーションでしょう（ストレスをかける際は、その全額をオーナー負担と想定するくらいが良いかもしれません）。
ただし工事費については、施工業者の質や、そのエリア独特の商習慣などによって上下するので注意が必要です。

私の所有物件のひとつでは、原状回復をすると明細内に必ず「諸経費」という謎の費目が含まれます。いったい何のお金かぜんぜん分からないのですが、その業者さんは毎回必ず「諸経費10％」を請求してくるのです（笑）。利益を調整するにしても、もう少しうまい表現方法があるでしょうに……。

こうしたケースも見越して、経費にも多少のストレスをかけておくと、より安全なシミュレーションを作成することができると思います。

4．金利上昇想定

もうひとつ忘れてはいけないものが、金利上昇です。

今後どのように推移するのかを明確には言えませんが、ただひとつ言えることは、今よりも金利が下がることはないということです。長期金利は、２０１6年から約5年間ほぼ横ばい状態であり、史上まれに見る低金利の状態が続いています。今後、金利上昇の局面に入ったときに、家賃相場も連動して上がれば良いのですが、現実的な賃貸住宅の需給バランスから見ても、すぐに上がることは考えにくいでしょう。

よって、借入金利よりも１～２％程度金利が上がった時のことを想定して、シミュレーションを組みましょう。

「空室率」３つの定義の使い方

事業収支を決めるキモの部分は、何と言っても空室率（空室率＝満室－稼働率）でしょう。稼働率想定の部分でも軽く触れましたが、単に「空室率」と言っても、その数字は基準と計り方によって変わってきます。現時点を基準とした空室率、稼働月数を基準とした空室率、成約家賃を基準とした空室率の３つがあり、目的や状況に合わせて適切な「空室率」を用いたいものです。

１．現時点の空室率

先ほど、10戸中９戸が入居していれば入居率90％（空室率10％）、という話をしましたが、こうした**「現時点の空室率」算定はざっくりとした数字なので、主に物件を購入（建築）する前の市場調査時に利用します。**

購入予定物件が10戸中空室１戸で空室率10％だった場合でも、エリアの類似物件を２００戸

図表3-4　現時点での空室率

	1月	2月	3月	4月	5月	6月	7月	8月	9月	10月	11月	12月
101												
102		空	空	空								
103												
104					空	空	空	空				
105												
201												
202												
203		空	空									
204												
205												

●2室空室／10室 ＝ 空室率20％
●現時点を切り取っただけなので、正確な空室率想定はできない

調査し、合計の空室が10戸であれば、エリアの現時点の空室率は5％と算出できます。ということは、競合物件とよほど差がない限り、その購入予定物件も5％程度の空室率で運用できると考えることができます。

●現時点の空室率＝エリアの空室戸数÷エリアの総戸数×100

注意したいのは、この空室率は瞬間的なもので、タイミングによって数字が上下する点です。

たとえば、引っ越しシーズンである3月に調査した空室率は、他のタイミングでの調査よりも入退去が多くブレ幅が大きいため、平均的な数値はとりにくくなります。

つまり、運用時のシミュレーションにおける実際的な数字として扱うのではなく、エリアにおける「ニーズの大きさ」を計る目的で使用するべき指標ということです。【図表3－4】

2．稼働想定の空室率

より詳細な空室率を求める場合は、空室月数から空室率を導きます。現時点の空室率と違い、年間で判断するためより現実的な「稼働率」を想定できます。この空室率は、**主に事業計画を作成しシミュレーションする時に利用します。**

●稼働想定の空室率＝

（平均退去戸数×平均空室月数）÷（全戸数×12か月）×１００

その際、想定すべきは年間の退去率と平均空室月数です。退去率についてはファミリーなら15～20％、シングルなら20～25％程度となりますので、該当する物件タイプに合わせて退去率を設定しましょう（退去率を高めに設定すればストレスがかかります）。

この数値は、言い方を変えるとシングルタイプの平均居住年数が3～4年、ファミリータイプは4～5年となります。そんなに長く住まないと思う方もいらっしゃると思いますが、あくまで平均居住年数であることに注意して下さい。つまり、2～3年で退去する人が多い一方で、

図表3-5　稼働想定の空室率

	1月	2月	3月	4月	5月	6月	7月	8月	9月	10月	11月	12月
101					空	空	空					
102												
103	空	空	空									
104												
105												
201												
202												
203												
204												
205												

- ●年間2室退去 × 空室期間3か月 ＝ 6コマ
- ●6コマ／120コマ ＝ 空室率5%
- ●空室期間を考慮しているため、比較的正確な空室率想定が可能

10年以上住んで頂けるような非常にありがたい入居者さんがいます。このような入居者さんが平均値を押し上げるのです。

　また、この平均退去率は、先に挙げた大学移転や工場移転などのイベントが起こらない限り、急激に変化するものではありません。年月とともに変化するのは、各戸の退去後の空室月数のほうでしょう。建物が老朽化するほど「決まりにくくなる」のは当然ですし、地域の産業や人口の増減などによって需要も上下するからです。

　また、平均空室月数については、地場の仲介会社や管理会社からヒアリングすることで現実的な数字を設定できます。設定家賃や広告料の有無などによっても長短が変わってきますが、一般的には空

図表3-6　実稼働家賃の空室率

	1月	2月	3月	4月	5月	6月	7月	8月	9月	10月	11月	12月
101					空	空	空	4.7	4.7	4.7	4.7	4.7
102												
103												
104												
105	空	空	空	4.7	4.7	4.7	4.7	4.7	4.7	4.7	4.7	4.7
201												
202												
203												
204												
205												

●グロス家賃5万円×10室×12か月＝600万円

●5万円の家賃が退去後3千円下落した
空室、家賃下落損：30万円＋（3千円×14コマ）＝34.2万円

●34.2万円／600万円＝空室率5.7%

室期間は2〜4か月程度で見積もっておくといいでしょう。

ちなみに、退去率20%を前提とするならば、2か月で入居者が決まる場合の空室率は3・3%、3か月なら5%、4か月なら6・7%程度となります。【図表3-5】

3．実稼働家賃の空室率

空室の数や日数ではなく、家賃をもとに空室率を算出することも可能です。こちらは満室想定家賃と、実際に得た家賃収入から計算するもので、**主な用途としては、購入（建築）後、稼働させてからの現状分析（空室改善）に用いる**ことになります。

●実稼働家賃の空室率＝（満室想定家賃－実際に出た空室損失額と家賃下落額）÷満室想定家賃×１００

現状分析の結果、事業計画での想定よりも空室率が悪いのであれば、短期間で空室を埋めるための何らかの施策が必要ということになります。

設備を刷新してバリューアップを図るのか、初期費用キャンペーンなどで空室期間短縮を狙うのか、はたまた広告料で差を埋めるのか……。実稼働家賃の空室率は、手を打つべきタイミングを計る際の重要な指標となるはずです。【図表３－６】

誠実さを一瞬で見極める「運営諸経費」の真実

次は運営経費を精査していきましょう。運営経費率想定の部分でも触れましたが、多くの人がシミュレーション時に運営経費を甘く見積もっています。いくらグロス利回りが優れていても、運営経費が膨大にかかるようでは、結局ネット利回りが下がって手残りは期待できません。

たとえば仮に、次のＡとＢの２つの物件があって、金融機関から同一条件で融資を引くことができ、どちらも自己資金を用意できるとしたら、どちらの物件を購入しますか？

A：木造2階建て10戸、1億円、グロス利回り7・5％
B：RC造5階建て40戸、3億円、グロス利回り7・5％

ここで冷静に判断してもらいたいのは、両者で運営経費が大きく異なることです。

まず、RC造の5階建てということは、十中八九エレベーターがあるはずです。毎月数万円のメンテナンス費がかかるうえ、電気代も大きくなります。また、共用廊下や階段の清掃費、共用灯交換も頻繁に発生するでしょう。物件が大きければ、比例して共用部も大きくなり、その管理運営費も高額になるということなのです。

実際、先述のIREM JAPANの「全国賃貸住宅実態調査（2020年版）」によれば、単身向け・ファミリー向け共に木造物件の運営費率は20％程度である一方、非木造物件の運営費率は25％程度まで上昇します。先述したネット利回りとレバレッジの関係に鑑みれば、きちんと運営経費を見積もり、ネット利回りを高く維持できる物件を選択するべきです。

代表的な運営経費について具体的に見ていきましょう。**【図表3-7】**

ざっと見ただけでも不動産を保有すれば、これだけの運営経費がかかることになります。費用がかからないだろうと油断していると、後で痛い目を見ることになるのは、オーナー自身なのです。

外壁塗装・修繕	経年による外壁塗料の防水性能の低下やクラック(ひび)の発生は、言うまでもなく雨水の浸入につながる。居室への雨漏りもさることながら、躯体への浸水は建物自体の寿命も縮めることになるため、10〜15年ごとの塗装が必要。
屋根塗装・修繕	外壁同様、10〜15年に一度は塗装・修繕が必要。雨漏りの多くは屋根の劣化が原因と言われる。足場を組んでの施工(これが非常に高額)となるため、一般には外壁塗装とセットで行なって足場代を節約する。
屋上防水	陸屋根(傾斜のない屋根)も10〜20年に一度は防水施工が必要。特に、パラペット(立ち上がり)との継ぎ目はクラックが入りやすいため、数年に一度は点検を入れるべき。
募集広告費(AD)	募集ごとにかかる広告宣伝費。通常は家賃の1〜2か月分程度
原状回復費	退去時の原状回復費用はオーナー側でも負担する必要がある。また、「故意・過失で壊したものは借主負担、それ以外はオーナー負担」という勘違いもよく耳にする。厳密には「借主が故意・過失で壊した分も、居住期間に応じてオーナーが一部費用負担する」というのが原状回復のルールである。 国土交通省のガイドラインは、原状回復を「賃借人の居住、使用により発生した建物価値の減少のうち、賃借人の故意・過失、善管注意義務違反、その他通常の使用を超えるような使用による損耗・毀損を復旧すること」と定義し、その費用を賃借人負担とする一方、「いわゆる経年変化、通常の使用による損耗等の修繕費用は、家賃に含まれるもの」としている。つまり、「たとえ過失や善管注意義務違反で損耗・既存したものでも、その費用の「通常使用分」は既に家賃として受け取っている」とみなされ、一部あるいは全額がオーナー負担となってしまう。 仮に、借主が壁紙3万円分を故意・過失で毀損したとしても、その借主が4年間住んでいたとしたら、借主の負担は1万円、オーナーの負担は2万円となる。壁紙の耐用年数は6年であるため、4年住んでいた借主は残り2年分を支払えばよい(3万円×(6年−4年)÷6年=1万円)と計算されてしまう。 長年住んでくれた入居者ならオーナー側が面倒を見てあげなさいよ、というスタンスである以上、費用は借主と折半、または全額オーナー負担くらいの想定を推奨。

図表3-7　代表的な運営管理費

毎月の管理料	管理会社に支払う費用。全国的に「家賃収入の5%程度」。ただし、エリアによってその料率はまちまちで定額制の場合もある。
定期清掃費	簡易的な掃き掃除・郵便受けのチラシ回収など。物件の規模やエリアにもよるが、コストは1棟あたり数千円~1万円程度/回。 シルバー人材センターなどを活用すれば、簡易清掃が1時間で千数百円と割安。
特別清掃費	共用玄関や廊下のポリッシャー清掃、高圧洗浄機による廊下や階段の黒ずみ・カビ洗浄など。
除草・植栽剪定費	共用部に植栽がある場合はほぼ毎年発生。 除草については、一度防草施工をしたほうが長期では割安になる場合も。
設備点検費	エレベーター、増圧ポンプ、貯水槽、共用TVアンテナなどの点検費。エレベーターの場合は、一定の部品修理・交換まで料金内で行なってくれるフルメンテナンス契約（FM契約）であれば、1基あたりの月額費用は5万円程度。月額料金が割安な分、修理交換が別途請求となるPOG契約なら3～4万円。
消防設備点検費	延べ床面積が150平米以上の物件は、消防法で消防用設備の設置が義務付けられており、3年に1度の点検と所轄消防署への報告が必要。費用は物件規模に比例し、10戸程度のアパートなら2～3万円。
水道光熱費	共用灯やエレベーター、水道ポンプ、オートロックなどの電気代が主。8世帯くらいまでの木造なら、月数千円程度。
インターネット代	無料インターネットを提供する場合は月々の利用料が発生。
共用灯交換	1回数千円ではあるものの、物件規模が大きいと頻繁に発生。長寿命のLEDに交換することで長期的には節約も可能。
設備修繕・交換費	共用部・居室にかかわらず、経年劣化で破損したものはオーナー負担で修理・交換。10～15年で発生するエアコン・給湯器の交換が費用としては大きめ。
鉄部塗装	主に廊下の手すりや階段などに使用されている鉄部を塗装。錆が出てしまうと耐久力も落ちて事故につながるため、5～7年に一度は実施した方が良い。

イールドギャップの正体

イールドギャップという言葉を耳にしたことのある方も多いと思いますが、これは何を意味する指標でしょうか。

簡潔に言えば、「投資で得られる収益」と「投資資金の調達コスト」の差を表すものです。カンが良い方はもうお気づきかと思いますが、イールドギャップは、レバレッジの正負を判断するときに使った、「ネット利回り」と「ローン定数（K％）」とを比較することで算出します。ローン定数はお金の調達コストと考えられますから、ネット利回りという利益から、お金の調達コストを差し引くと……残ったものが最終利益（キャッシュフロー）になるというわけです。

【図表3－8】

ただし、このイールドギャップがそのままキャッシュフローの計算に使える数値だと勘違いしている人も多いのですが、あくまで割合（率）の比較なので、必ずしもそうなるわけではありません。

いま一度「メゾン・サクセス」で検証してみましょう。

図表3-8　**イールドギャップの図解**

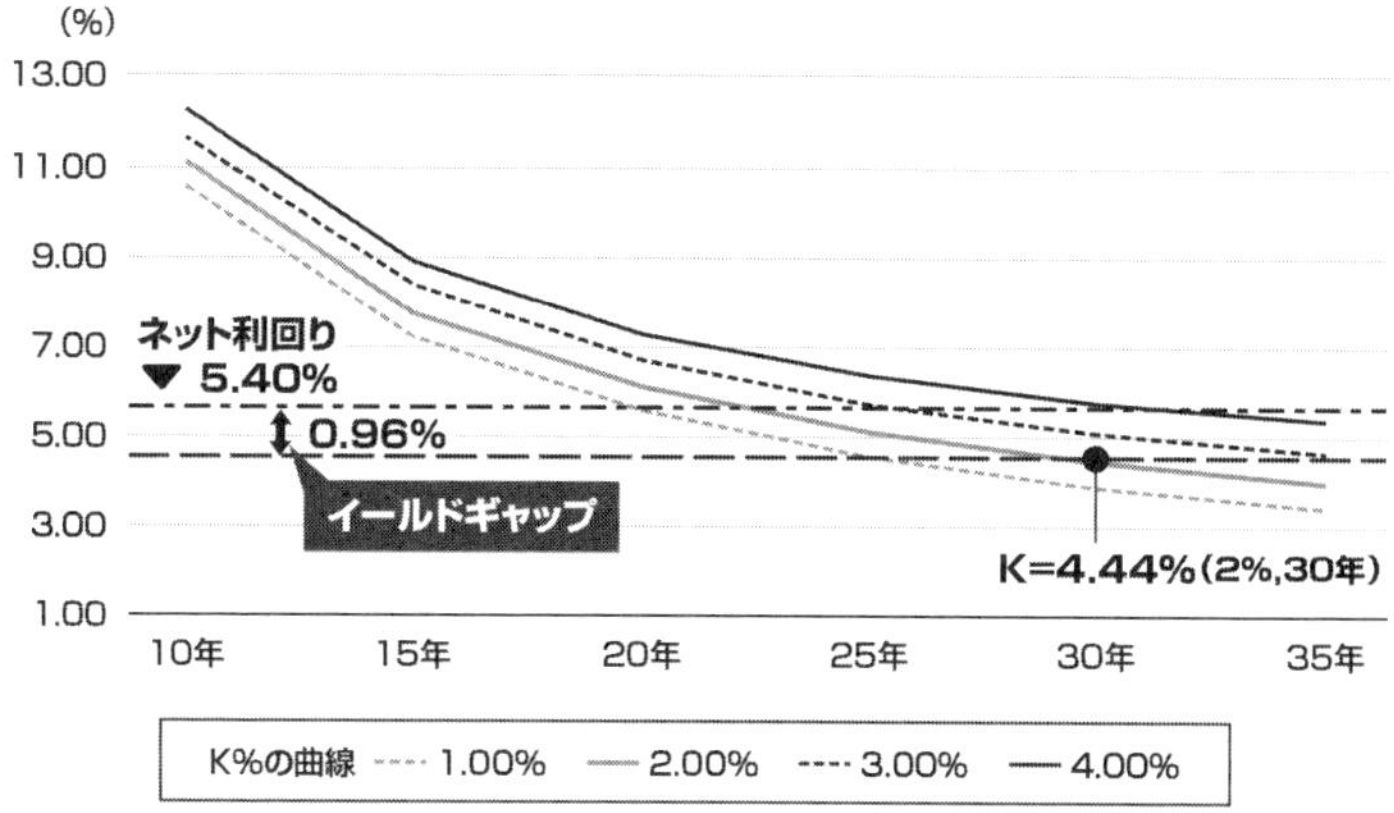

ローン定数(K%)表

(%)

借入期間＼金利	0.5	1.0	1.5	2.0	2.5	3.0	3.5	4.0	4.5
10年	10.25	10.51	10.78	11.04	11.31	11.59	11.87	12.15	12.44
15年	6.92	7.18	7.45	7.72	8.00	8.29	8.58	8.88	9.18
20年	5.26	5.52	5.79	6.07	6.36	6.66	6.96	7.27	7.59
25年	4.26	4.52	4.80	5.09	5.38	5.69	6.01	6.33	6.67
30年	3.59	3.86	4.14	4.44	4.74	5.06	5.39	5.73	6.08
35年	3.12	3.39	3.67	3.98	4.29	4.62	4.96	5.31	5.68

○グロス家賃収入：720万円
○ネット家賃収入：（720万円×95%）－（720万円×20%）＝540万円
○ネット利回り：540万円÷1億円＝5・4%

●イールドギャップ＝ネット利回り－ローン定数（K%）

例 自己資金：0万円　融資：1億円（金利2%、期間30年）

●イールドギャップ0・96%
＝ネット利回り5・4%－ローン定数（K%）4・44%
○ネット家賃収入：540万円
○ローン返済：444万円
●税引き前キャッシュフロー：96万円

イールドギャップが「正」のため、そのギャップの分、キャッシュフローが出ることになります。それでは、自己資金を1割入れるとどうなるでしょう。

例　自己資金：1000万円　融資：9000万円（金利2%、期間30年）

●イールドギャップ0・96%
　＝ネット利回り5・4%－ローン定数（K%）4・44%
○ネット家賃収入：540万円
○ローン返済：400万円
●税引き前キャッシュフロー：140万円

イールドギャップは同じ数値でも、自己資金を入れたらキャッシュフローが増えました。44万円分が改善されているのですが、これは金融機関に支払う返済分（ローン定数の割合分）が1割（44万円）減ったことで、その分キャッシュフローが改善をしたことになります。

なお、物件から大まかなキャッシュフローを判断するときには、次の速算法が使えます。

●税引き前キャッシュフロー＝（物件価格×ネット利回り）－（ローン定数×借入額）

ときどきイールドキャップは「グロス利回りから借入金利を引いたもの」という説明を見かけますが、これでは正確な数値を計ることができません。グロス利回りは不確実な数値ですし、金利には返済する元金が含まれません。全く違うものさしで二つを判断しているのですから、そこからは何の根拠もない錬金術のような不思議な数値が出てくるのです。

「イールドギャップが○％あるから安心ですよ」などと言われた場合、その人の言うイールドギャップがどのように算出されたものであるか、きちんと確認する必要があるでしょう。

実はこんなに支払っている！　支払い利息の総額

ローン定数とは、総借入額に対する年間返済額の割合という話をしました。例えば金利２％で30年間のローンを借りた場合、ローン定数は４・44％という結果が出ます。これは何を意味するのでしょうか。

この４・44％には「金利」だけではなく、「元金」が含まれることになります。ローン定数に融資期間を掛け合わせると、

４・44％×30年＝１３３・２％

返済総額１３３・２％＝元金１００％＋支払金利33・２％という内訳です。

仮にこの条件で1億円を借りたとしたら、

総支払元金：1億円
総支払金利：3320万円

どれだけ金融機関にお金が流れているのか、見て驚きます。【図表3-9】

この表は、ローン定数に借入期間を乗じた時に、どれだけの元利返済額になるのかを計算したものです。100％の元金に対して、どれくらいの金利を支払っているのかがわかります。

つまり、100％を超えるぶんは、銀行の「儲け」となります。

●総返済額＝実際の借入額×ローン定数×借入期間

例
自己資金：2000万円　融資：8000万円（金利2％、期間30年）
ローン定数：4・44％

●総返済額：8000万円×ローン定数4・44％×借入期間30年＝約10656万円

図表3-9 元金を100%とした時の元利返済額

(%)

借入期間＼金利	0.5	1.0	1.5	2.0	2.5	3.0	3.5	4.0	4.5
10年	102.5	105.1	107.8	110.4	113.1	115.9	118.7	121.5	124.4
15年	103.8	107.7	111.7	115.8	120.0	124.3	128.7	133.2	137.7
20年	105.1	110.4	115.8	121.4	127.2	133.1	139.2	145.4	151.8
25年	106.4	113.0	120.0	127.1	134.5	142.2	150.1	158.2	166.7
30年	107.7	115.8	124.2	133.2	142.2	151.8	161.7	171.9	182.4
35年	109.2	118.6	128.4	139.1	150.1	161.7	173.6	185.8	198.8

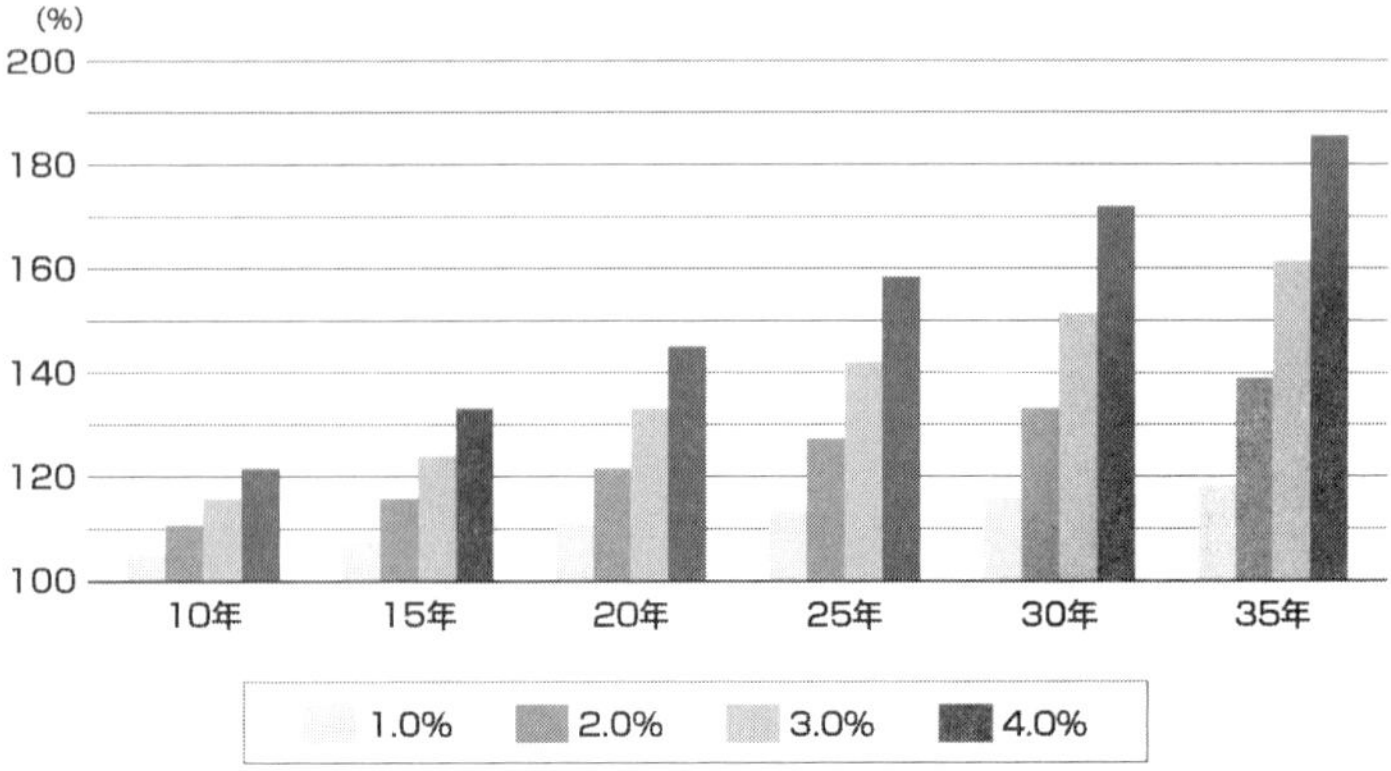

借入期間が長ければ長いほど、銀行の「儲け」は多くなりますが、それを上回るキャッシュフロー（利益）が出るのであれば、ひとまず投資判断としては「良し」ということになります。ただし、元利金均返済の場合、最初は返済額内の金利割合が多いため、なかなか元金が減りにくいことを認識しておかなければなりません。物件を購入して数年後、物件を売却しようと思ったのに、売却額では融資の元金を支払い切れない……といった事態にもなりかねないからです。

「資産価値の最大化」の決め手とは？

ここまでお金の調達コストとキャッシュフローについて学んできましたが、ローン定数が低くなるよう「より低い金利で、より長く借りる」ことができれば、よりキャッシュフローが出やすくなることが理解いただけたかと思います。

しかし、ローン定数は低いほど良い……、そうは言っても、「金利1％・35年」という条件の融資を誰もが受けられるでしょうか？　口で言うのは簡単ですが、「低い金利で長く借りる」を実現するのは決して簡単なことではないのです。

特に、これから不動産投資を目指すサラリーマンの方には大問題です。

融資の条件を左右するのは、借りる個人の「属性」です。医者や公務員のような金融機関から「高属性」と判断される人々は、融資の額だけでなく、特に「金利」や「融資割合」で優遇されます。また、地域の大地主や成功している不動産投資家なども同様です。

金利が低いということは、ローン定数も小さく、元金の減りも早くなるのです。返済の滞るリスクが小さい人々、あるいは「もっと貸したい」と判断できる人々には、金融機関は特別な条件でお金を貸し出してくれるのです。

しかし、一般的なサラリーマンには、そのような「特別な条件」は用意されません。限られた条件の中で、どうにかイールドギャップが出るような物件を探し出すしかないのです。とはいえ、「お宝物件ピラミッドの法則」の通り、良い物件の情報は、繰り返し買える人に集中的に集まるものなのです。

お金を持っている人ほどお金持ちになっていくという、資本主義における貧富の二極化がよく分かる話ですね。買える財力のある人ほど融資が出やすく、また物件情報も良いものが集まるのです。

しかし、一般的な融資しか引けない属性だからといって、不動産投資自体を諦めてしまうのも早計です。レバレッジを効かせるには、確かにローン定数を下げることが重要ではあるのですが、正のレバレッジをもたらす可能性はもうひとつあります。

そう、ネット利回りを上げることです。

ネット利回りがローン定数を下回らなければ、レバレッジは効き続けます。そのネット利回りを決定づけるのはネット家賃収入（ＮＯＩ）です。不動産購入時にはどうしても「利回り」や「価値」という数字に引っ張られがちですが、想定しているキャッシュを得るには、ネット家賃収入を安定させなければなりません。

逆に言えば、どれだけ好条件で、どれだけ低いローン定数で融資を引くことができたとしても、ネット家賃収入が想定を下回ってしまえば、経営はあっという間に「赤字」に転落してしまうのです。

ですがまだ、ネット家賃収入を改善し、ネット利回りを増大させるという手段が残されています。つまり、購入後の「経営」によって、正のレバレッジを維持・拡大していくという手法です。ここまで家賃設定と空室率、運営経費によってネット家賃収入が変化することを学んできました。そしてその事実は、次のことを示唆しているはずです。

適切な家賃設定を行ない、空室期間を短縮し、運営経費を見直せば、ネット家賃収入は増大し、物件の価値が高まる

物件をどう管理するか、どのように経営するかで、ネット家賃収入は大きく変わります。それは単純な収入の多寡だけを意味するのではなく、正のレバレッジの維持や、皆さんの「不動産投資によって叶えたい目標」を達成するまでの時間をも左右する、重要な事実です。

そして、そのカギを握るのは間違いなく「管理会社」です。なぜなら、皆さんの手足となって細かな業務を行ない、経営改善提案をできるのは、管理を委託する「管理会社」以外にいないのです。

入居者募集の得意な管理会社に委託すれば、空室期間は短縮され、空室率は改善するでしょう。入居者対応がきちんとできている管理会社に委託すれば、そもそもの退去率を低下させることも期待できます。また、同じ「管理料5％」であっても、提供されるサービスは会社によってさまざまで、場合によっては運営経費を下げられるかもしれません。

管理会社のスキル次第で状況は変えられるのです。

それにもかかわらず、物件購入時に「管理会社選び」をすることもなく、購入した不動産会社や、物件近隣の管理会社に「なんとなく」任せてしまうことが、どれほど経営に影響をもたらすのかということを皆さんに知っていただきたいのです。私自身もそれで痛い体験をしているので、単純に同じ過ちを繰り返して欲しくないのです。

一旦任せてしまうと面倒なものではありますが、自身の投資、自身の目標利回りを達成したいと考えるなら、「管理会社を選ぶ」という選択肢も真剣に検討すべきではないでしょうか。

「自己資金ゼロ」は本当にお得なのか？

ここで「自己資金」についても確認しておきましょう。

数年前までは諸費用のみ自己資金を払い、物件価格１００％の融資がつくことがザラにありました。しかし、最近では諸費用のみならず、物件価格に対して自己資金を入れることがほぼ必須で、融資（借入）割合は年々下がる一方です。

ちなみに、ひとつ確認しておきますが、自己資金を多く投入したからといってレバレッジが効くようになるわけではありません。あくまでレバレッジは、物件の真の力を示すネット利回りと、資金調達コストとも言えるローン定数（Ｋ％）との関係によってのみ変化することは、既に学んだとおりです。

自己資金の投入によって有利な（＝ローン定数（Ｋ％）の低い）融資条件を引ける可能性は高まりますが、融資条件が変わらないのならレバレッジも良くはならないし、むしろ多く自己資金を投入するぶん自己資金利回りは悪化することになります。

今一度「メゾン・サクセス」で検証してみましょう。

○ネット家賃収入：720万円×95％－720万円×20％＝540万円
○ネット利回り：540万円÷1億円＝5・4％
○ローン定数（K％）：金利2％・25年＝5・09％（ローン定数表より）
○イールドギャップ：5・40％－5・09％＝0・31＝正のレバレッジ

条件A 自己資金：2000万円　融資：8000万円（金利2％、期間25年）

○ローン返済：407万円
○税引き前キャッシュフロー：540万円－407万円＝133万円
●自己資金利回り：133万円÷自己資金2000万円＝6・7％

条件B 自己資金：4000万円　融資：6000万円（金利2％、期間25年）

○ローン返済：305万円
○税引き前キャッシュフロー：540万円－305万円＝235万円
●自己資金利回り：235万円÷自己資金4000万円＝5・9％

このように、正のレバレッジの場合、自己資金を多く入れれば入れるほど、自己資金利回りは低下してしまうことが分かります。全額自己資金の際の自己資金利回り（＝ネット利回り5・4％）に比べれば、きちんとレバレッジはかかっている状態ですが、数値だけ見ていると「なるべく自己資金は入れたくない」と考えてしまうのも無理はありませんね。

投入する自己資金が少なければ少ないほどレバレッジがかかり、自己資金利回りは改善する。かつて多くの人が「自己資金ゼロ」の魅力に取り憑かれたのも、この事実によるものでしょう。しかし、自己資金利回りが上がってもキャッシュフローの額は減ることになります。自己資金をゼロにした場合も検証してみましょう。

条件C　自己資金：0万円　融資10000万円（金利：2％、期間：25年）

○ローン返済：508万円
○税引き前キャッシュフロー：540万円－508万円＝32万円
●自己資金利回り：32万円÷自己資金0円＝∞％（無限大⁉）

自己資金をゼロにすることで、キャッシュフローの額が極端に減ってしまいました。自己資金を出さないことで投資効率は上がりますが、その分、当然のことですが、この無限大の夢に

図表3-10 自己資金と返済カバー率との関係

	A	B	C
自己資金	2,000万円	4,000万円	0円
ネット家賃収入(NOI)	540万円	540万円	540万円
ローン返済(ADS)	407万円	305万円	508万円
キャッシュフロー(CF)	133万円	235万円	32万円
返済カバー率(DSCR)	**1.33**	**1.77**	**1.06**
安全性	**比較的安全**	**安全**	**危険**

は「リスク」がついて回ります。

リスクとリターンの関係はシビアです。「ローリスク・ハイリターン」の投資など、掘り出し物を見つけない限りあり得ません。大きなリターンを得るためには、そのぶんリスクを取らねばならないのが世の定めというもの。皆さんの学んだリスク指標、返済カバー率（DSCR）を見ておきましょう。【図3-10】

返済カバー率（DSCR）の解説で、1・0よりどれだけ大きいかで安全度が計れる、居住用賃貸住宅なら1・3以上あると比較的安全と判断される、と書きました。そのうえで〈A〉〜〈C〉の返済カバー率を見てみると、いかに「自己資金ゼロ」が危ういかがよく分かると思います。

試しに、条件AとCにおける10年間のシミュレーションを作成し、「1年ごとに1%の家賃下落」という、「一般的なストレス」をかけてみましょう。【図3-11】

結果は一目瞭然です。自己資金ゼロの〈C〉のシミュレーションは、たった7年でネット家賃収入とローン返済が逆転

図表3-11　条件A・Cにおける10年シミュレーション

条件A：自己資金 2,000万円

（万円）

年数	1	2	3	4	5	6	7	8	9	10
グロス家賃収入（GPI）	720	713	706	699	692	685	678	671	664	658
ネット家賃収入（NOI）	540	535	529	524	519	514	508	503	498	493
ローン返済（ADS）	407	407	407	407	407	407	407	407	407	407
税引前CF（BTCF）	133	128	122	117	112	107	101	96	91	86

条件C：自己資金 0円

（万円）

年数	1	2	3	4	5	6	7	8	9	10
グロス家賃収入（GPI）	720	713	706	699	692	685	678	671	664	658
ネット家賃収入（NOI）	540	535	529	524	519	514	508	503	498	493
ローン返済（ADS）	508	508	508	508	508	508	508	508	508	508
税引前CF（BTCF）	32	27	21	16	11	6	0	**-5**	**-10**	**-15**

し、「赤字」の状態になってしまいました。一方で、返済カバー率が1・33ある〈A〉は、表外になってしまいますが、このまま25年シミュレーションを続けても――その時には6万円の家賃が4万7000円になっているのに――キャッシュフローをプラスで維持することができています。〈A〉の自己資金利回りは6・7%、つまり自己資金回収に約15年の計算であることを考えれば、ある程度の安全性が確保された投資であると言えるでしょう。

もうひとつ言えることは、金融機関はこのような「安全度の高い投資」に融資をしたがっている、ということです。皆さんの投資計画が安全であればあるほど、金融機関はお金を貸したがります。結果として、金融機関は投資家に「自己資金を入れる」という手段（利回りがどうあれ返済カバー率を高める手段）を求めるわけです。

COLUMN

金融機関からどのように融資を引き出すか問題

ここでは、「どのように金融機関の融資を引き出すか」という、現実的な問題について考えましょう。

先述の通り、金融機関はまず「属性」によって融資の可否を判断します。お金をきちんと返済してくれそうな人、つまり「たくさんお金を持っている人」から優先的にお金を貸すのが金融機関というものなのです。地主、医者、公務員、一流企業の正社員……、そんな属性であればいいのですが、そんな人は一握りです。今のご時世、金融資産を持たない年収3～400万円のサラリーマンにはまず貸してくれないでしょう。

そうなると、まずは貯蓄です。少しずつでも貯金をして、金融機関に求められるだけの自己資金を用意しなければなりません。現状では購入価格の2～3割＋諸費用は必要と言われます。求める投資規模によっては非常に高いハードルですが、金融機関も「お金を貯められない人」にはお金を貸さない以上、どうにかして乗り越えなければならないでしょう。

また、融資をどの金融機関にお願いするかも重要です。当たり前ですが、金融機関にもそれぞれに経営方針があり、「不動産投資に対して積極的に融資をする」金融機関と、そうでない金融機関が存在します。不動産投資に融資しないところにアタックをかけても無駄ですので、まずは「貸してくれそうなところ」を探すことから始めましょう。

一般論にはなりますが、地元で購入する場合には、地域密着型の経営を行なっている信金や地銀は、相談に乗ってくれることが多いでしょう。なぜなら、地域の事業者に融資を行ない、地域経済に貢献することは、彼ら地銀・信金の経営上のミッションでもあるからです。また、エリアの市場に詳しい彼らは、皆さんの持ち込む投資計画の実現性についてリアルな判断を下すことができます。自身の知見でリスク判断ができるぶん、融資についても前向きに検討してくれることが多いのです。

相談にあたっては、いきなり話を持ち込むよりも、事前に取引があったほうがスムーズと言われます。給与振込口座を作ったり、投資信託商品を購入するなどして「顧客」のリストに入っておくことで、相談の際の「とっかかり」を作っておくのです。

それから、日本政策金融公庫は国100％出資の「国民のための金融機関」ですので、事業に対しての融資には多少意欲的な姿勢を持ってくれています。以前は支店や担当者によって融資条件が変わるケースもあり、15年、20年など、融資の出にくい地方物件を好条件で受けられる可能性もそれなりにありました。

とはいえ、最近ではこちらの審査も以前より厳しいものとなっています。私も実際に物件購入で公庫を利用し、「引き締め」を体感しました。

購入を予定していたとある物件が売主都合でキャンセルとなってしまったのですが、その際の公庫の融資条件は物件価格の１００％・期間20年・金利１・55％、Ｋ％＝５・８％というものでした。それを見て、ちょうど売りに出ていたほぼ同スペックの物件を審査に出したところ、間の悪いことに年度を超えたタイミングで公庫のスタンスが厳しくなってしまい、いきなり物件価格の80％・期間10年・金利１・01％、Ｋ％＝10・５％という条件でしか融資が引けなくなってしまったのです。

その物件は表面利回りで20％弱だったので、その融資条件でも十分にキャッシュフローが出るため購入はしたのですが、以前の条件よりも厳しいものになりました。普通ならキャンセルした案件です。

それでも私が購入を決めた理由はただ一点、キャッシュフローが減ってしまったとしても、「残債がハイスピードで減る」という点で見れば、次の融資を申し込んだときに銀行の評価が高くなるというメリットが見込めるからです。いくら黒字経営をしていたとしても、借金が大きすぎると金融機関は融資を行なってくれません。

次の物件へと買い進めるのであれば、手元のキャッシュフローだけでなく、債務残高がどうなっているのかも同時に考えていく必要があるのです。

33
成功の法則

成功大家さんは…

13 グロス利回り、ネット利回り、自己資金利回り、3つの利回りを理解している。

14 返済カバー率（DSCR）で投資の安全性を確保できる。

15 運営経費の見極めが成功と失敗の分かれ目と知っている。

16 ネット利回りとローン定数を比較して、レバレッジの正負を見極められる。

17 3つの空室率を目的によって使い分けられる。

18 イールドギャップの真の意味を理解できる。

19 自己資金ゼロの投資は、リスクが高いと心得ている。

第4章

不動産投資のリスクと対処法

リスクの全貌を知り、失敗から身を守る

ここまで見てきたように、各種の投資指標を使って数字に落とし込んで考えることで、投資リスクをある程度把握することが可能になります。

「成功大家さん」になるためには、リスクについて常に意識していなければなりません。いくら購入前にネット利回りや自己資金利回りを検証したとしても、それらはあくまで「その時点」における「瞬間的な利回り」でしかありません。

先述の通り、日本の賃貸住宅の家賃は何もしなくとも築年数と共に下がっていく傾向にありますし、想定していない事態だってあり得ます。5年後、10年後も同様の収入が得られるとは考えず、家賃収入が減るリスクを予め計画に組み込んでおくべきです。

今、世界は交通網だけでなく、インフラやテクノロジーの進化、複雑に組み込まれた金融商品などにより、どこかで何かが起こるとすぐに連鎖して経済にも影響が起こります。国と国とが、市場と市場とがものすごく近くなり、何かが起きれば、もはや対岸の火事とは言えないような状況にあるのです。

日本国内だけを見ても、今後の賃貸市場に影響を与えそうな要素やリスクを挙げ始めればきりがありません。**【図表4-1】**

ではどのように対策を立てればいいのでしょうか。

図表4-1　不動産投資のリスク

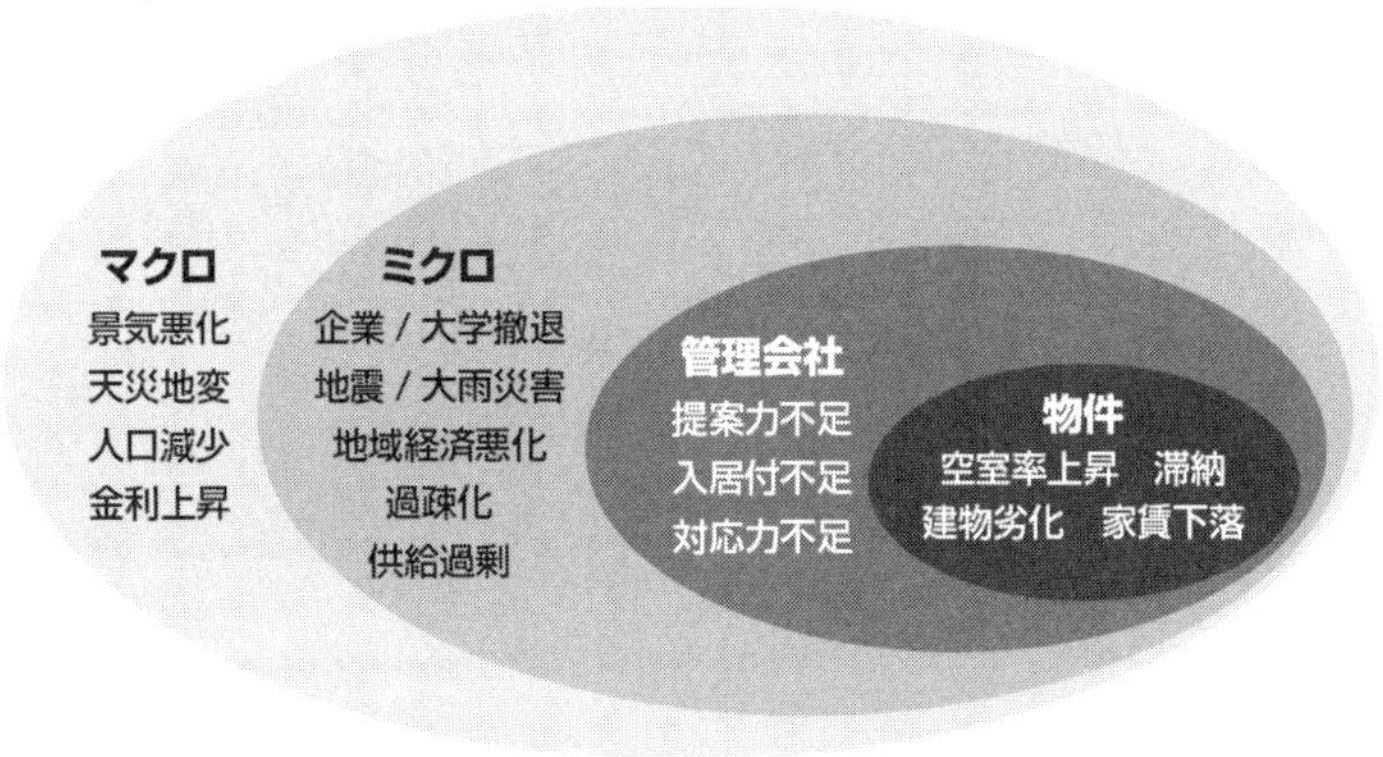

たとえば、日本は世界有数の地震国ですが、特に近年、「大地震が来る」といった話がほとんどなかった地域でも発生し、もはや日本のどこで大地震が発生するかは見当もつきません。その状況下で不動産投資を行ない、「地震リスク」に対策を取るとしたら、リスク軽減の観点から「少なくとも新耐震基準の物件を買う」、リスク移転の観点から「地震保険に加入する」などの対策が考えられるでしょう。

しかし、リスク対策を実施すれば必ずコストが発生します。リスクを考慮するのであれば、保険料などは必要経費の一部として組み込んだうえで、シミュレーションを立てなければならないということです。

また、こうしたリスク要因の実現によって発生する実際的なダメージについても考慮が必要です。具体的には、家賃下落や稼働率悪化の想定です。かなりのストレスをかけても返済カバー率（ＤＳＣＲ）を１・０以上に保てるかどうかを購入時に確認しておくのです。

たとえば、購入から10年間のシミュレーションを作るとして、そこには必ず家賃下落率が含まれているべきです。一般には1年ごとに1％ずつ家賃が下落していくと言われますが、購入を決める前にその下落率に「ストレス」をかけてみましょう。下落率が2％、3％となっても、物件の将来的な収益率はあなたの「想定の範囲内」に収まるでしょうか？　想定している所有期間を、どうにかプラスで乗り切れるでしょうか？

リスクを数値に置き換え、投資のデッドラインを数値として見極めておけば、そのリスクにうまく対処できる可能性も高まります。ここまで説明してきた購入後の「経営」による収益改善・リスク対処も、購入時にきちんとリスクを見込んであればこそ。利益の追求は重要ですが、その利益をどう守るかを考えておくことは、さらに重要でしょう。

「波乗り投資」で、資産を増やしてリスクを減らす

どんな投資であっても「リスクの分散」という考え方は重要です。よく耳にする「玉子は一つのカゴに盛るな」という考え方です。株式であれば、機械・食品・小売り・エネルギーなど、様々な業界に投資することで、ひとつの業界が不況を迎えた際のリスクに備えることが可能です。それと同様に様々なリスクに備えて、東京・福岡・札幌・ハワイなど地域を分けて物件を

図表4-2　波乗り投資で資産を増やす

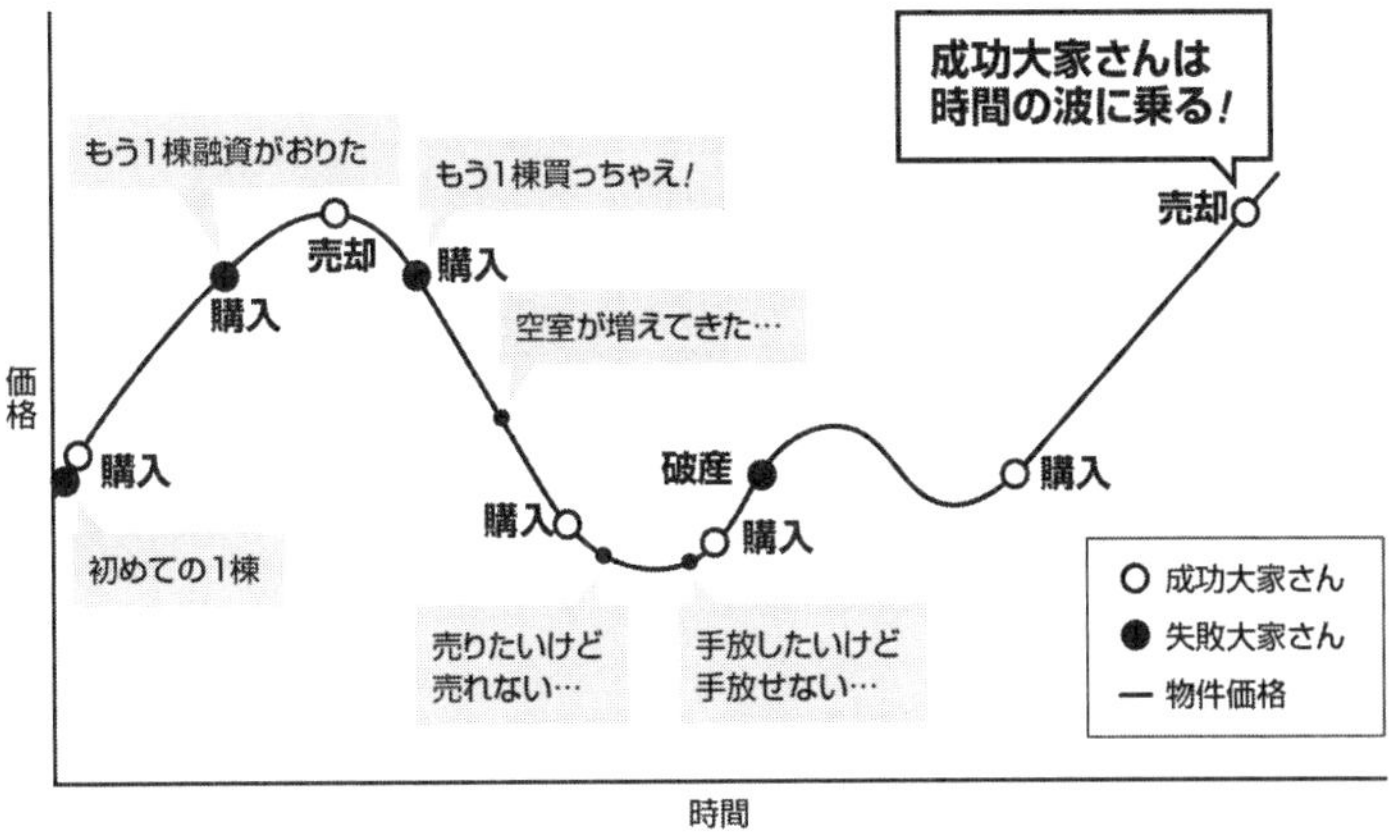

保有する、といったリスク分散も考えられます。

もうひとつは、時間の経過に伴う「不動産価格の変動リスク」があります。

株価と同様、不動産にも価値の変動があります。そしてその景気の波のリスクは、唯一「時間」でしか分散できないのです。【図表4-2】

景気の波は予測できません。あなたが不動産を買った直後に、かつてのリーマンショックのような急激な景気の落ち込みがやってこないとは限らないのです。であるならば、別々の場所に物件を買って地震リスクに備えたいと考えるのと同じように、別々のタイミングで物件を買って景気リスクに備えたい、と考えるべきではないでしょうか。一時期に集中して物件を購入することは、この景気の波のリスクに目を瞑っているのと同じです。

不動産収入のベースはインカムゲイン（家賃

収入）ですが、安い時に買って、高い時に売り抜けることができればキャピタルゲイン（売却益）を得ることもできます。成功大家さんは、必ず相場の波を乗りこなして、両方の収益を手に入れつつ蓄えを増やしていきます。それはつまり、物件ごとに訪れる最適の「買い時（割安時）」をじっくりと見極め、波が来れば必ずキャピタルゲインを得られるように投資をしているということです。彼らは、融資が出る・出ないではなく、あくまで「波」を前提にしたバランスの良い投資を行なっているのです。

融資を得られるからと言って、短期間に高値（＝低い利回り）の不動産を大量に購入したら、キャピタルゲインを得ることも難しくなりますし、金利が上昇した時には一体どうなってしまうのか……少し考えれば分かるのではないでしょうか。あのお祭りのような3年間に、あたかもスマホゲームでポケモンを競い合って集めるように、無理して低利回り物件を次から次へと買い進めていった人たちは、景気は変動するという事実が見えていたのでしょうか。

何度も繰り返しになりますが、不動産は融資がつけば買えてしまう点が恐ろしいのです。

「リスク移転」を徹底解剖——保険を最大限に活用する

現在、日本における不動産投資は、ある程度長い期間保有して確実なインカムゲインを獲得

図表4-3　リスク対策4つの考え方

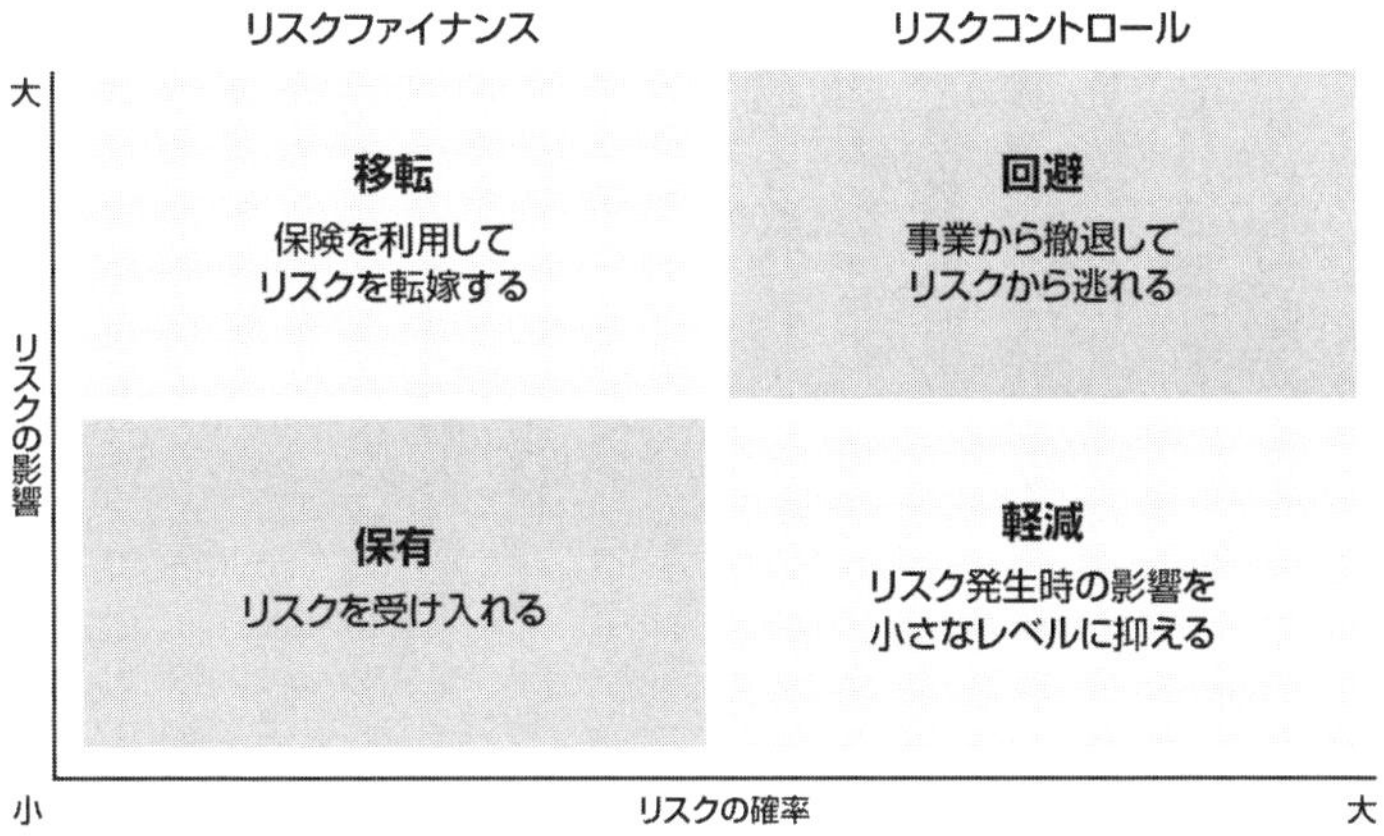

する目的の投資がスタンダードで、短期でのキャピタルゲインは狙いにくいのが実情です。

割安で物件が買えたとか、たまたま20年前から高輪ゲートウェイ駅のそばに物件を持っていたとか、北海道のニセコや沖縄県の宮古島のように、毎年地価が数十パーセント上がっているようなところで土地を持っていたのであれば、キャピタルゲインを狙いやすいでしょう。こうした特殊なケースでない限り、多くの方にとってはいかにして収益を守るかが目的達成のための近道となります。

そうなると、やはり手を抜けないのがリスクへの対応でしょう。想定される脅威の大きさや自身の投資スタンスに合わせて、私たちは「回避」「軽減」「移転」「保有」の4つから手段を選択し、収益をリスクから守らなければなりません。**【図表4-3】**

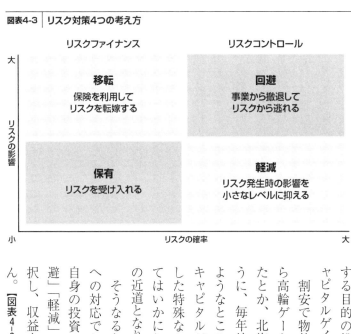

中でも多く採用することになるのが、リスクの「移転」と「軽減」。特に、リスクを移転できる「保険」の活用は、万一の損失に備えて絶対に検討しておきたい選択肢です。具体的に見ていきましょう。

1. 火災保険

アパート用の火災保険も、基本メニューは一般住宅の火災保険と大差ありません。火災、落雷、破損・爆発等の保険に、オプションで風災・水災・飛来物などに対する補償をプラスしていきます。

時々、「保険料なんて払い損だ。もったいない」といって火災保険をケチるオーナーを見かけますが、非常に危ういと感じます。何か起こってから慌てても、保険は後付けできないことを肝に銘じておきましょう。

特に水災補償の付帯については、外すにしても立地や地域のハザードマップをよく確認したほうが賢明でしょう。ご承知の通り、ここ数年は全国的に豪雨災害続きで、「まさか浸水するなんて考えてもみなかったのに……」というケースも多発しています。水災補償なしで床上浸水などした日には目も当てられません。川からの洪水だけでなく都市型水害（埋設された下水管や雨水管の処理能力を超える大雨によって起こる洪水。2019年の武蔵小杉の被害などが有名）も考慮したうえで保険の選択を行ないましょう。

昨今は台風も強大化の傾向にあり、屋根瓦が飛ばされた、看板が吹き飛んだなどの衝撃映像を見かけることも増えました。自身のアパートが風で壊れるのも怖いのですが、そうした飛来物が激突するのも恐ろしいものです。周辺環境とよく相談したうえで慎重に補償内容を決めていきましょう。

ちなみに保険とは、原則「突発・偶然・外来」の事故を補償するために存在します。つまり、メンテナンス不足や老朽化が原因の事故は「偶然ではなく、いずれ起きたであろう必然の事故」と判断され、保険が適用されません。補償メニューを厚くしたからといって、賃貸経営におけるすべての損害が補填されるわけではないこと、保険をアテにしすぎてはいけない点には注意しましょう。

代表的な保険適用外の損害としては、老朽化等によって水漏れ事故を起こした給排水設備の修理費用があります（水漏れによる賃借人の家財被害などはオプションでカバー可能）。

2. 地震保険

巨大地震がいつどこで発生するか分からない地震大国・日本に住む以上、備えの候補から外せないのが地震保険です。火災保険は特約を含めると実に広範な損害をカバーしてくれる保険ですが、それでも「地震・津波・噴火」を原因とした火災・倒壊等の損害は対象外。これらに対応できるのは、地震保険のほかにありません。

しかし、地震保険はちょっとクセの強い特徴を持っています。

まず、単体での加入ができません。必ず火災保険に付帯する形でしか契約できず、そして支払われる保険金の額も付帯する火災保険に左右されます。地震保険で支払われる保険金は、付帯する火災保険の30～50％、かつ建物は５０００万円まで、家財は１０００万円までと決められています。

仮に８０００万円の物件であれば50％の４０００万円までの補償となり、また1億５０００万円の物件であれば、満額の火災保険をかけたとしても上限の５０００万円までしか保険金が払われないのです。

そうなると、つい頭をもたげるのが「もったいない」の意識。満額支払われないのなら保険料など払いたくない、そう考える方も少なくないでしょう。

事実、２０１9年時点での世帯加入率は33・１％と、未だ普及状況は低水準にあると言えます。毎年の付帯契約率こそ66％程度あるものの、言い換えれば毎年３人に1人は無保険を選択している状態なのです。

もちろん地震の発生率やリスクの高さは地域によって異なりますし、加入しないという選択もあり得るでしょう。火災保険の目的が「失われた建物・財産」の再調達や補塡であるとするならば、地震保険の目的は「生活の再建」にあります。被災後、支援なしで事業や生活を立て直すのと、保険金を半額でも受け取って立て直すのとでは、かかるコストも心労も大きく違うはずです。

3. 施設賠償責任保険

火災保険の保険料とあわせて検討したいのが、施設賠償責任保険への加入です。これは「建物が他人に与えた損害」をカバーする保険で、通常は火災保険の特約として付保します。

「工作物責任」という聞きなれない言葉があります。これは、民法第７１７条に規定されている建物（工作物）が発生させた損害に関する賠償責任のことで、万一の際はその建物の占有者または所有者が責任を負うとされています。

気を付けたいのは、占有者（借主など）は損害が発生しないよう一定の注意を払っていれば免責されるのに対して、所有者は一切免責されない「無過失責任」を負っている点です。建物が第三者自身やその財産に損害を与えたならば、所有者はその損害の責任をすべて負わなければならないのです。

この損害の責任を担保できるのが施設賠償責任保険です。

代表的な事故としては、メンテナンス不足によってアパートの外壁が剝落して人や車に損害を与えた場合や、給排水設備からの漏水で借主の家財に損害を与えた場合などがあります。特に後者はどんな物件でも起こり得る事故であり、また火災保険でもカバーできないため、加入しておいたほうが得策でしょう。保険料も一般的なアパート１棟で年間わずか数千円～２万円程度です。

アパートは自宅と違って多数の人間が出入りする建物です。何が起こってもおかしくないと考え、十分な備えをしておきましょう。

4. 家賃収入特約（火災保険）

アパート用の火災保険が一般住宅と違うのは、施設賠償責任も含めた特約の部分です。中でも、火災によって家賃収入が得られなくなった際に家賃を補償してくれる家賃収入特約は、ローンの支払いなどを考えると検討する意味のある特約です。

たとえ建物が火事で燃え、消火で水浸しになろうとも、金融機関はローンの支払いを待ってくれたりしないものです（もちろん一定レベルの猶予はあるかもしれませんが）。一方で、喜ばしいことではあるのですが、住宅用火災警報器の設置義務化によって建物が全焼する率は大きく低下しています。あくまで賃貸経営を継続しなければならない状況を想定し、特約の有無を決定しましょう。

5. 事故対応特約（火災保険）

後述する「孤独死保険」とも内容が被るのですが、昨今は貸室内での自殺や事件、孤独死などの増加に伴い、これらのリスクに対応する事故対応特約を備えた火災保険も増えてきました。

商品によって補償額は異なるものの、多くは事故発生に伴う家賃収入の低下分、および室内の特殊清掃費用・原状回復費用などを補償する内容となっています。

一般社団法人日本少額短期保険協会　孤独死対策委員会が２０２０年に発表した「第５回孤独死現状レポート」によれば、孤独死の平均年齢は男性が61・６歳、女性が61・７歳で、全体の52％は65歳未満。実は「孤独死するのは高齢者ばかりではない」ことが分かります。年齢に関係なく孤独死の可能性があること、また今回のコロナ騒動など、一時的な社会不安によって自殺の発生率も高まることなどを加味すると、こちらも検討すべき特約と言えるでしょう。

なお、知り合いの管理会社に新型コロナの影響をヒアリングしたところ、どの会社も口を揃えて自殺者と孤独死の割合が増えており、平均すると例年の数倍程度も室内でお亡くなりになっている人がいるようです。しかも、その多くが若年者層だと言うのです。非常に厳しいお話なのですが、このような真実から目を背けることはできません。

6．孤独死保険（独立型）

今後さらに少子高齢化が進む日本の賃貸経営において、高齢者の受け入れは採用率の高い空室対策ですが、その際はやはり孤独死対策を十分に行なっておきたいものです。

先述の「孤独死現状レポート」によれば、孤独死に伴う残置物処理費用の平均は22万円程度、原状回復費用は38万円程度、家賃損失は32万円程度となっており、１事故あたり約90万円の損失が発生していることが分かります。これらはあくまで平均金額であり、発見の遅れなどによって遺体の損傷が進んだ場合には、さらに多くの費用が必要となります（同レポートでは原状回復費用の最大額は416万円）。

加えて、遺体の損傷がひどい場合や死因が自殺・他殺などであった場合には、重要事項説明で心理的瑕疵を説明しなければならない、いわゆる「事故物件」となってしまい、その後の集客や家賃設定にも大きな損害が発生します。

こうした損害を低減するには、やはり保険が有効です。

昨今は先述の事故対応特約を含め、多くの保険会社が孤独死保険の取り扱いを始めています。たとえば、アイアル少額短期保険株式会社の「無縁社会のお守り」は、一室あたり月額280〜390円の保険料の支払いによって、残置物処理や原状回復費用として100万円、家賃保証200万円の保証を受けられる孤独死保険。見守りサービスと併用すれば、高齢者を受け入れるに十分なリスクヘッジが叶うはずです。

ちなみに、「孤独死が起こっても相続人や連帯保証人に支払ってもらえばいい」というオーナーも見かけますが、この考え方には賛同できません。

なぜなら、相続人には「相続放棄」という選択肢がありますし、連帯保証人は民法改正によって、賃借人死亡後の損害（遺体の損傷による損害やその後の家賃低下など）について保証しなくてよいことになったからです。

加えて言えば、その孤独死が「病死」であったならば、借主は「故意・過失」によって部屋を汚損したことになりません。つまり、病死した借主に対しては原状回復費用や特殊清掃費を請求すること自体が不可能ということです（自殺は故意・過失の扱いとなる）。となると、やはりオーナーは孤独死保険などで防衛策を講じておく必要があります。

7．借家人賠償責任保険

借家人賠償《しゃっかにんばいしょう》責任保険とは、借主が借りている部屋に損害を与えてしまった際に補償してくれる保険のことです。

これは借主の側で契約する保険で、賃貸契約時に加入を条件とします。不注意からの小火や、洗濯機のホース外れによる漏水などを起こした場合、借主は自身の責任において部屋の原状回復をしなければなりませんが、同保険はその原状回復費用を補償します。

問題は、保険料の支払いを嫌がって、賃貸契約の更新をしても保険を更新しない借主が出ることです。保険の契約を部屋の契約条件としておくことで、新規契約時は１００％保険加入が叶うのですが、更新時に勝手に保険契約を解除してしまう借主が出てきます。

借家人賠償責任保険はあくまで借主のための保険であり、もし無保険の借主が物件を全焼させるような火事を起こしたとしても、オーナーは自分の火災保険から補償を受け取ることが可能なため、自分には関係ないと思いがちです（無保険の借主は保険会社から数百～数千万円の補償費用を請求〈求償〉される)。

しかし、借主の不注意による階下漏水など、オーナーの火災保険を適用できない事故の補修費は、借主に実費を請求しなければなりません。借主が無保険だと、その人の経済状況によっては、いつまでも補修ができない・立て替えたとしても回収に手こずる、といった可能性が高まります。

特に気をつけなければならないのが、管理会社を変更したような場合です。借主の保険加入状況は、大抵は管理会社で把握しているものですが、管理会社をあてにして「全室加入済みだろう」と思っていたら一部無保険だった、といったことが発生します。

また、賃貸借契約の更新時に書面を取り交わさず自動更新するのが一般的なエリアでは、管理会社が保険加入の確認をする機会そのものが生まれません。結果、「いつの間にか無保険」が高い確率で発生し、長期入居者が事故を起こして初めて無保険が判明した、といった事態も頻発しがちです。

あくまで保険は当人の責任で加入するものとはいえ、その当人の無責任による損害をオーナーが負担させられたのではたまったものではありません。このあたりまで気を配って適切に借主とコンタクトを取り、未加入者をゼロに近づけてくれる管理会社だと、オーナーとしては非常に助かります。

今こそ、滞納リスクに備えよ

ところで、管理の中でも未だにアナログな対応が重要なのが「滞納」の問題です。お金がないという滞納者に、どうにかしてお金を払ってもらえるよう働きかけなければならないわけで、これはばっかりは「督促ＡＩ（人工知能）」などが誕生しない限り、しばらくは人の領域の仕事として扱われることが続きそうです。

滞納督促において、成否を決めるのは「初動の早さ」と「機転・応用力」です。特に初動の早さが重要なのは言うまでもありません。

家賃すら払えなくなった人は、家賃だけが払えないのではなく、クレジットカードや車のローン、スマホ代や公共料金など、あらゆる支払いが滞っている可能性があります。私たちはそうした様々な請求に先んじて家賃を支払ってもらう必要があるのです。

言い方は悪いかもしれませんが、滞納というのは虫歯と同じです。「抜くしかない」という状況に陥る前にきちんと処置できるかどうか。処置を始める早さがそのまま管理会社の腕前を表すと言っても過言ではないでしょう。

ちなみに、財団法人日本賃貸住宅管理協会の公表している「日管協短観」によれば、**滞納発生率の平均は６〜７％**です。これは口座振替を利用していたのに残高が足りなかった、振り込み忘れた、などの「うっかり滞納」を含めた数字であり、それこそ初動が早ければあっさり解決するものがほとんどです。

そして、1か月滞納の発生率が2・5%程度。これは「毎月1か月遅れになってしまって、元のペースに戻せずにいる人」の数字です。入金のペースが守られているうちは大きな問題となりませんが、滞納が2か月目に突入しないよう注意深く見守る必要があります。

問題はそれ以上の滞納ですが、こちらの発生率が1・5%程度です。

実感値ですが、やはり滞納が2か月を超えてくると、契約期間中に元の状態に戻せる人のほうが少数です。考え方も、どう払ってもらうかよりも、どのように平和的に退去してもらうか、にシフトしていく必要があります。

オーナーとしては、滞納者が提示した長期的な返済計画に同意したり、法的手段が必要そうであれば内容証明郵便の作成に協力したりと、実務に携わる場面も出てきますので、その際はスピードを念頭に置いて対処していきましょう。

ただし、素早く行動を起こせるかどうかは、やはり管理会社次第です。

滞納が発生しているのに何もしない、中には滞納の報告すらしてくれない管理会社も存在するのです。自社で空室保証・滞納保証をしていない物件で「滞納を報告しない」のは、オーナーに対する裏切りにも等しい行為です。滞納への対応力は、管理を預ける前に見抜くのが難しい部分だけに、初めての滞納発生時には管理会社の動きをしっかり観察しておくべきです。

コロナ騒動で露呈した、管理会社の対応力

滞納に対する管理会社の能力がはっきり表れるのが、新型コロナ騒動のような緊急時です。2020年2月以降、急激な経済の停滞によって多くの店舗テナントで滞納が発生したほか、一般住宅においても解雇されたりしたことで減収となった従業員や倒産・休廃業に追い込まれた企業の従業員による滞納が多数発生し、全国の管理会社が対応に追われました。

そしてその家賃回収時、管理会社や不動産オーナーを戸惑わせたのは、多数の借主から寄せられた「家賃減額」や「支払い猶予」のリクエストです。

全世界的に新型コロナウイルスが蔓延し、多くの国が経済的な打撃を受け、日本でも行政から休業要請などが発せられる中、借主側が「多少は配慮してくれ」と言いたくなる気持ちはよく分かります。しかし、経済的な不安を抱えているのは貸し手側も同じです。不動産オーナーがみんな余裕のある大金持ちというわけでもなく、当然ながら金融機関への債務支払いを滞らせるわけにはいきません。そもそも賃貸借契約に、緊急時は家賃を支払わなくてよい、などという条項は含まれていない以上、その要望に応えるのもおかしな話です。

にもかかわらず、意外と多くの管理会社が、ただ右から左へとオーナーの元にそのリクエス

トを渡したようです。確かに、誰もがコロナによる混乱の最中にあったのは事実ですが、「管理会社」であるならば、ただのメッセンジャーになるのではなく、何らかの提案・交渉をオーナーに代わって行なってもらいたいものです。

たとえば、交渉の前段階で、給付金・助成金等の行政支援を案内すること。

コロナ禍においては「住居確保給付金」や「持続化給付金」といった行政支援がありました。前者は、もともとは生活保護に至る手前や生活保護を脱却する段階での自立を支援する「生活困窮者自立支援法」に基づく制度で、２０２０年4月の要件緩和によって、コロナの影響を受けた人も活用できるようになった家賃支払い用の給付金。また後者は、売上がコロナによって前年同月比で50％以上減少した事業者を対象とする給付金で、飲食店・中小企業の経営継続を大きく援ける制度でした。

管理会社は、あくまでオーナーの賃貸経営の味方であるべきであって、やはり「どうにかして払ってもらう」という視点で対応するのが筋でしょう。そして、そのために役立ちそうな情報は積極的に収集し、家賃回収にきちんと役立てていくべきでしょう。

とある管理会社は、今回の騒動で家賃に関する交渉を持ち掛けてきたテナントはもちろんのこと、**滞納の有無に関係なく「管理物件の全契約者」に給付金・助成金の存在を知らせる通知を行なった**そうです。

滞納が発生してから動くのではなく、管理会社側から先手を打つ形で案内を行ない、そもそ

5月の新刊　●12日発売　ちくま学芸文庫

甘さと権力 ■砂糖が語る近代史

シドニー・W・ミンツ　川北稔／和田光弘 訳

砂糖は産業革命の原動力となり、その甘さは人々のアイデンティティや社会構造をも変えていった。モノから見る世界史の名著をついに文庫化。（川北稔）

51048-8
1650円

増補　女性解放という思想

江原由美子

「女性解放」はなぜ難しいのか。リブ運動への揶揄を論じた「からかいの政治学」など、運動・理論における対立や批判から、その困難さを示す論考集。

51042-6
1320円

古事談 上

源顕兼 編　伊東玉美 校訂・訳

鎌倉時代前期に成立した説話集の傑作。空海、道長、西行、小野小町など、奈良時代から鎌倉時代にかけての歴史、文学、文化史上の著名人の逸話集成。

51051-8
1650円

古事談 下

源顕兼 編　伊東玉美 校訂・訳

代々の知識人が、歴史の副読本として活用してきた名著。各話の妙を、当時の価値観を復元して読み解く。現代語訳、注、評、人名索引を付した決定版。

51052-5
1650円

宋詩選

小川環樹 編訳

唐詩より数多いと言われる宋詩から、偉大なる詩人達の名作を厳選訳出して解釈する。親しみやすい漢詩論としても読める、選者解説も収録。（佐藤保）

51047-1
1430円

6桁の数字はISBNコードです。頭に978-4-480をつけてご利用下さい。
内容紹介の末尾のカッコ内は解説者です。

5月の新刊 ●12日発売 ちくま文庫

終わりよければすべてよし

松岡和子 訳

●シェイクスピア全集33

全巻ここに完結！

二十五年間にわたる個人訳の最終巻は、善と悪とが縒り合わされた人物たちが、とめどなく刺激的な言葉を繰り出す問題劇。（前沢浩子）

04533-1
1045円

野に咲く花の生態図鑑【春夏篇】

多田多恵子

野山の植物に学ぶ生存戦略

野に生きる植物たちの美しさとしたたかさに満ちた生存戦略の数々。植物への愛をこめて綴られる珠玉のネイチャー・エッセイ。カラー写真満載。

43740-2
990円

妖精悪女解剖図 増補版

都筑道夫 日下三蔵 訳

鬼才・都筑道夫の隠れた名作を増補し文庫化。〈女性〉をメインに据えた予測不能のサスペンス小説集。日下三蔵による詳細な解説も収録した決定版。

43743-3
1100円

読書からはじまる

長田弘

自分のために、次世代のために――。「本を読む」意味をいまだからこそ考えたい。人間の世界への愛に溢れた珠玉の読書エッセイ！（池澤春菜）

43742-6
792円

石ノ森章太郎コレクション

石ノ森章太郎 ●ファンタジー傑作選

天才・石ノ森章太郎のファンタジー作品を収録。現実と幻想が共存する世界を、先駆的なタッチ、大胆なカット割りを駆使して描いた傑作選。（竹宮惠子）

43726-6
880円

6桁の数字はISBNコードです。頭に978-4-480をつけてご利用下さい。
内容紹介の末尾のカッコ内は解説者です。

chikuma primer shinsho ★ ちくまプリマー新書《さいしょのしんしょ》

★5月の新刊　●8日発売

374 「自分らしさ」と日本語

関東学院大学教授 **中村桃子**

なぜ小中学生女子は「わたし」ではなく「うち」と言うのか？　社会言語学の知見から、ことばと社会とわたしたちの一筋縄ではいかない関係をひもとく。

68400-4　946円

375 16歳からの相対性理論 ▼アインシュタインに挑む夏休み

サイエンスライター **佐宮圭**　**松浦壮** 監修

なぜ光の速さは変わらないの？　どうして重力は物を落とすの？　時間は絶対的なもの？　物理学者の父親にヒントをもらって思考実験を繰り返す高校生の物語。

68399-1　968円

好評の既刊　＊印は4月の新刊

- **伊藤若冲**【よみがえる天才1】 辻惟雄　ファンタジーと写実が織りなす美の世界へ！　68374-8　1100円
- **レオナルド・ダ・ヴィンチ**【よみがえる天才2】 池上英洋　その人はコンプレックスだらけの青年だった　68377-9　1078円
- **モーツァルト**【よみがえる天才3】 岡田暁生　子どもの無垢と美の残酷——天才の真実とは　68383-0　1012円
- **アレクサンドロス大王**【よみがえる天才4】 澤田典子　英雄か、暴君か——偉大なる王の実像に迫る　68386-1　946円
- **コペルニクス**【よみがえる天才5】 高橋憲一　どのように太陽中心説にたどりついたのか　68389-2　946円
- **ガウディ**【よみがえる天才6】 鳥居徳敏　独自の建築様式はどのように生まれたのか　68396-0　1078円
- **社会を知るためには** 筒井淳也　社会がわかりにくいのには理由がある　68382-3　924円
- **紛争解決ってなんだろう** 篠田英朗　国際政治の基本がわかる世界水準の講義　68393-9　902円
- **地方を生きる** 小松理虔　これからのローカルな生き方を教えます　68392-2　946円
- **値段がわかれば社会がわかる**——はじめての経済学 徳田賢二　経済はこんなふうに動いている！　68391-5　902円
- **高校生からの韓国語入門** 稲川右樹　ハングル、文法、単語…まずはこの1冊で！　68394-6　880円
- **はじめてのニュース・リテラシー** 白戸圭一　〈事実〉は、なぜ歪む／偏るのか？　68398-4　924円
- ＊**問う方法・考える方法**——「探究型の学習」のために 河野哲也　変わる世界で、変わる学びを身につける　68395-3　924円
- ＊**勉強する気はなぜ起こらないのか** 外山美樹　勉強以外にも効果的！ やる気のトリセツ　68397-7　880円

6桁の数字はISBNコードです。頭に978-4-480をつけてご利用下さい。

5月の新刊 ●8日発売

ちくま新書

1569
9条の戦後史
加藤典洋（文芸評論家・早稲田大学名誉教授）

憲法9条をどのように使うことが、私たちにとって必要なのか。日米同盟と9条をめぐる「せめぎあい」の歴史をたどり、ゼロから問いなおす。著者、さいごの戦後論。

07402-7
1430円

1570
持統天皇と男系継承の起源
武澤秀一（建築家・著述家）
▼古代王朝の謎を解く

自らアマテラスとなり、タテの天皇継承システムを創出した女性天皇の時代の後、なぜ男系継承の慣例が生じたのか？　平城京を三次元的に考察して謎を解く。

07398-3
1012円

1571
デジタルで変わる子どもたち
バトラー後藤裕子（ペンシルバニア大学教授）
▼学習・言語能力の現在と未来

スマホ、SNS、動画、ICT教育……デジタル技術の発展で急速に変化する子どもの学習環境。最新研究をもとにデジタル時代の学びと言語能力について考察する。

07396-9
1034円

1572
現代ロシアの軍事戦略
小泉悠（東京大学先端科学技術研究センター特任助教）

冷戦後、弱小国となったロシアはなぜ世界的な大国であり続けられるのか。メディアでも活躍する異能の研究者が戦争の最前線を読み解き、未来の世界情勢を占う。

07395-2
1034円

1573
日本の農村
細谷昂（東北大学・岩手県立大学名誉教授）
▼農村社会学に見る東西南北

二十世紀初頭以来の農村社会学者の記録から、日本各地域の農村のあり方、家と村の歴史を再構成する。日本人が忘れ去ってしまいそうな列島の農村の原風景を探る。

07397-6
1034円

1574
悪魔の証明
谷岡一郎（大阪商業大学学長）
▼なかったことを「なかった」と説明できるか

理不尽な「悪魔の証明」の追及は、建設的な議論や問題点の抽出を妨げる。では説明の無限ループを避けるにはどうするか。犯罪学、統計学、宗教学の知見から迫る。

07400-3
880円

1575
コロナ対策禍の国と自治体
金井利之（東京大学教授）
▼災害行政の迷走と閉塞

なぜコロナウイルス対策で、国対自治体の構図に象徴される非難応酬が起きるのか。民衆にとって行政のコロナ対策自体が災禍となっている苛政の現状を分析する。

07403-4
1034円

6桁の数字はISBNコードです。頭に978-4-480をつけてご利用下さい。

も滞納が発生しにくい状況を作ったのです。お金のない人にただ「払って欲しい」と言ったところで、家賃が回収できるわけではありません。このあたりが管理会社に求めたい「機転・応用力」でしょう。

また、同時に管理会社に行なってもらいたいのは、「本当に減免が必要かの判断」です。こういう混乱が発生すると、たいして困っていないのにリクエストをしてくる「フリーライダー（便乗者）」が出てくるのが世の常です（そういえば、新型コロナ禍では某大手コンビニチェーンが、店舗の土地の所有者数千人に地代の減額を求めた、なんてニュースもありました）。

管理会社は案件をオーナーに報告する前に、店舗であれば売り上げが減少した証拠書類を、住居であれば収入減少や失業の証明を出させるなどして「ふるい」にかけるべきでしょう。借主は面倒と言うかもしれませんが、管理会社が甘い対応をしたばかりに、家賃を支払うことの意義を軽く見られてしまっては、オーナーはたまりません。

そして最後に、交渉内容の選定と書類化です。

一般オーナーの許容できる範囲は「猶予」が限界でしょう。管理会社には、1年後や退去時にまとめて支払うことを条件に3か月間は家賃を支払わなくていい、あるいは、3か月間支払いをしない代わりに、その後は○万円ずつ上乗せして家賃を支払う（分割払い）といった内容で交渉をまとめてほしいものです。交渉がまとまったら、しっかりと書類を作って約束を実行させます。

その際、特に重要なのは期限です。「コロナによる混乱がおさまるまで」なんて書かれた日には、いつまで減額を要求されるか分かりません。覚書ひとつとっても管理会社の実力は現れるものです。大変なときこそ、管理会社が何を言ったか・どう動いたかをしっかり観察しておきましょう。

民法改正で「連帯保証人」の立場はどう変わった？

連帯保証人といえば、気を付けておきたいのが2020年4月に施行された改正民法の影響です。滞納に対して「連帯保証人さえ押さえておけば大丈夫」といった感覚を持っている方もいらっしゃるかもしれませんが、今回の民法大改正に伴って連帯保証人の在り方についても大きく変更されました。

1．「極度額」の設定が義務化

個人が連帯保証人となる場合、法改正前の賃貸借契約の連帯保証人は、その保証額が言ってみれば「無限」でした。どれだけ借主が滞納を続けようと、連帯保証人は連帯保証人であるが故に、賃貸借契約が終了するまでたとえ10か月分でも20か月分でも際限なく家賃を肩代わりしなければならなかったのです（借主側に悪意・怠慢があった場合は例外）。

なればこそ、貸主側は「連帯保証人さえいれば」という思考になったわけですが、今回の改正でこの在り方に待ったがかかりました。無限の責任はあまりに重すぎるということで、保証人が保証する限度の額＝「極度額」を契約時に設定することが義務付けられたのです（設定のない保証契約は「無効」となります）。

結果、現在は連帯保証人と交わす保証契約書に「家賃24か月分」「２００万円」など、極度額が明記されるようになっています。

しかし、「家賃6万円の保証人」と「２００万円の保証人」では、保証人を引き受ける側の抵抗感がだいぶ違いますよね。今後は「連帯保証人必須」として貸し出すことで「連帯保証人が見つけられないので借りられません」という機会損失も起こり得ます。

2. 借主の死亡で保証額確定

極度額の設定によって連帯保証人の保証する限度が定まったのですが、今回の改正では元本（実際に支払う額）の確定のタイミングについても定義がされており、特に「借主の死亡したとき」で元本が確定される点には注意が必要です。

具体的には、孤独死や自殺があった場合です。前述したように、借主が亡くなるまでの滞納はさておき、「亡くなったあとの部屋の汚損」については、法改正後の連帯保証人は責任を負いません。遺体の発見が遅れて特殊清掃費が発生しようと、事故物件となったために家賃が3割下がろうと、連帯保証人に請求はできません。「借主が死亡した時点」で元本が確定されてしまうからです。

また、契約者が亡くなり、同居の配偶者がそのまま住み続けるといったケースは珍しくありませんが、この場合も要注意です。

繰り返しになりますが、借主（たとえば夫）が亡くなった時点で連帯保証人の元本は確定されてしまいます。つまり、夫の亡くなった後、たとえ妻が滞納を始めようとも、連帯保証人にはもう家賃を肩代わりする義務がなくなっているのです。言ってみれば、借主の死亡と同時に連帯保証人がいなくなったようなものです。こうした際はすぐに新しい連帯保証人を立てる手続きが必要です。

3. 旧法下の保証契約は、署名で新法扱いに

もうひとつ注意したいのが、旧法下で交わされた連帯保証契約の更新時の取り扱いです。賃貸借契約の更新の際、連帯保証人の資力や意思を確認するべく、保証人に確認書や覚書への署名を求めるケースは多いのですが、実はこの行為、厳密にはひとつの契約行為と見なされます。つまり、ここで署名捺印をもらってしまうと、新法下で契約行為がされたと見なされ、旧法下

での保証人から新法下での保証人へと扱いが変わってしまうのです。

新法下の保証人ということは、先に述べた通り保証の「極度額」の設定が必要です。ということは、確認書や覚書に「極度額」の設定欄が存在しないと、これまでずっと有効だった保証契約がいきなり「無効」になってしまうのです。保証人としての有効性を確認するために署名してもらったのに、その署名のせいで保証契約が無効になってしまったのでは本末転倒です。

中古物件を購入し、借主の更新を迎えた際は、保証人の署名・捺印をとらないかたちでの有効性確認、あるいは、極度額をきちんと設定したうえでの保証契約再締結、どちらの形で連帯保証人にアプローチするのか、管理会社によく確認しておきましょう。


このように旧法とはずいぶん変わった新・連帯保証人ですが、おそらく皆さんも「面倒くさくなった」と感じていることでしょう。そう、面倒くさいのです。借主にとっても、貸主にとっても、連帯保証人は非常に扱いにくいものとなりました。

そうなると、やはり滞納対策として頼りになるのは保証会社です。先述の「日管協短観」によれば、今や「保証会社必須」で募集される部屋の数は、全募集物件の85％にも達するとのこと。一昔前と比べて普及率は飛躍的に上昇しており、借主側の抵抗感もずいぶん低くなってきました。今後、保証会社の活用はさらに広がっていくものと思われます。

ただ、次項で詳しく見ていきますが、保証会社を利用すれば絶対に安心というわけでもありません。保証の内容や会社としての安全度などを総合的に判断し、管理会社とよく相談したうえで、利用する保証会社を決定したいものです。

滞納保証会社選び、4つのポイント

1．倒産しないか？

正直、私たちには判断ができないのですが、倒産は保証会社利用の上で最大のリスクです。2008年にリプラスという東証マザーズ上場の大手保証会社が倒産した際は、阿鼻叫喚の地獄絵図でした。

滞納者の増加＝保証会社の財政圧迫ですので、今回のコロナ騒動などは保証会社の体力がもっとも試される瞬間と言えます。審査の甘い会社は客づけ時に助かりますが、審査が甘いということは滞納者を抱えやすい（＝倒産リスクが高い？）ということ。一長一短だと言えるでしょう。

2. 保証料が高すぎないか？／審査が厳しすぎないか？

保証会社が倒産リスクを下げようとする場合、それは当然、保証料の高さや審査の厳しさに跳ね返ってきます。「保証料が高すぎる」「審査が通過できない」といった理由で入居が決まらない場合に備え、いくつか保証会社を選べるようにしておくといいでしょう。

3. 保証の範囲は？

保証料は保証範囲に比例します。一般的には滞納家賃、滞納者に対する明け渡し訴訟の裁判費用、原状回復費用などが保証されますが、短期解約違約金や事故発生時の特殊清掃費用など、特別な費用を求めていくと保証料も高くなっていきます。保証料が高いと入居付けにも影響しますので「過不足なく」の範囲を求めましょう。

ちなみに、保証対象外（免責）の条項に含まれることが多いのが、借主が逮捕・拘留された場合の滞納。貸し出す部屋のターゲット層によっては気を付けたいポイントです。

4. 管理会社の家賃保証の有効範囲は？

最近では、管理会社自体が家賃保証会社を兼ねていることも少なくありません。一定の滞納を保証できる体力が管理会社にあるという意味でもありますが、一方で、専門の保証会社ではない以上、新型コロナ禍のような不測の事態に対応できるかは未知数です。

また、あくまで自社の管理物件に対してのみ保証をする、というケースが少なくありません。後から別の保証会社と契約し直してもらうこともできるとはいえ、管理替えによって管理会社が変更になった場合、一時的にでも全室が保証なしとなってしまうリスクがあるのです。

滞納を防ぐちょっとしたコツ

ここまで滞納について語ってきましたが、管理会社の対応の良し悪しを見極めるうえでも、一般的な滞納への対処の流れを知っておきましょう。この流れよりも「遅い」という場合は、管理会社に積極的なアプローチを求めるべきです。【図表4-4】

ところで、滞納そのものを防ぐ方法はないのでしょうか。連帯保証人を確保する、保証会社を利用する、あるいは管理会社に滞納保証をしてもらう、などの方法は滞納の予防策ではなく、あくまで事後の対処策に過ぎません。

滞納を起こさないための予防策としてお勧めなのが、「督促手数料を取る」という方法です。あらかじめ賃貸借契約書に滞納をした時の「滞納督促手数料」の記載をしておき、借主の滞納への意識を高め、発生率自体を下げるのです。

たとえば、ＳＭＳでの督促５００円／回、電話での督促１０００円／回、書面による督促３

図表4-4　滞納への対処の流れ

月末	滞納発生
滞納1か月目 （支払い期限よりカウント）	●1～5日 滞納の事実を通知。 郵便・電話・メール・SMS・書類投函など。 ●6～10日 ファーストアクションの反応を見つつ、 主に電話による追加の督促。交渉開始。 ●11～20日 連絡のとれない部屋を訪問。 不在であれば督促状の投函。 ●21～月末 入金約束が果たされたかを確認しつつ最後の回収 追い込み。 一方で、連帯保証人への連絡・相談・請求を開始。
滞納2か月目	支払いの交渉を継続／必要に応じて訪問し、覚書を締結。
滞納3か月目	内容証明郵便による滞納家賃支払い催告。
滞納4か月目	内容証明郵便による滞納家賃支払い催告 および賃貸借契約解除の通知。 賃貸借契約の解除には「当事者間の信頼関係の破壊」が 認められる必要があり、滞納における信頼関係の破壊は 「3か月分の滞納」が目安とされる。 催告書の期日までに支払いがなければ契約解除。 建物明け渡し訴訟を提起。
滞納5～8か月目	簡易裁判所にて裁判。大抵は被告不在で勝訴し、明け渡し命令 が下る。明け渡しが実行されない場合、強制執行の手続き。
滞納9～12か月目	強制執行。明け渡し完了。

000円／回、訪問による督促5000円／回など、しっかりと金額を明記して契約時に説明します。これによって、滞納発生率を下げるだけでなく、ごく稀に存在する「最初から滞納するつもりの借主」も排除しやすくなります。

滞納は、本来得られるべき家賃が得られないだけでなく、わざわざ手間とコストをかけなければならなくなる不毛な問題です。投資効率を高めるためにも、なるべく発生数そのものを下げられるよう工夫しましょう。なお、手数料請求については、独自に進める前に、まず管理会社に相談を。

COLUMN 問題の核心に迫るための「なぜなぜ分析」

「成功大家さん」になるためには「空室リスク」を排除する必要があります。その空室対策の第一歩は原因の解明、いわゆる「空室要因分析」から始まります。空室要因は様々ですが、大きくは「内部環境（物件自体の問題）」、「外部環境（物件を取り巻く市場）」、「管理会社」、「大家さん」の４つのカテゴリーに分類できます。たとえば、「物件の共用部が汚い」という問題があったとすると、これは「内部環境（物件自体の問題）」にカテゴライズされます。しかし、本当の分析はここからです。

トヨタのカイゼンでも有名な「なぜなぜ分析」は、問題の原因を探って、抽出した問題点を「なぜ?」の視点からひとつひとつ掘り下げていくことで根本治療を行なう方法です。そうした掘り下げをすることで、問題の原因と対策が可視化されることになるのです。

たとえば、先ほどの「物件の共用部が汚い」という問題について、「それはなぜか?」という問いを繰り返していきます。物件の共用部が汚い→なぜか?　以前から汚れているから→なぜか?　定期清掃をしていないから→なぜか?　オーナーが費用を出してくれないから→なぜか?　共用部の美観が成約率に影響を与えることをオーナーが理解していないから……、こんな具合です。

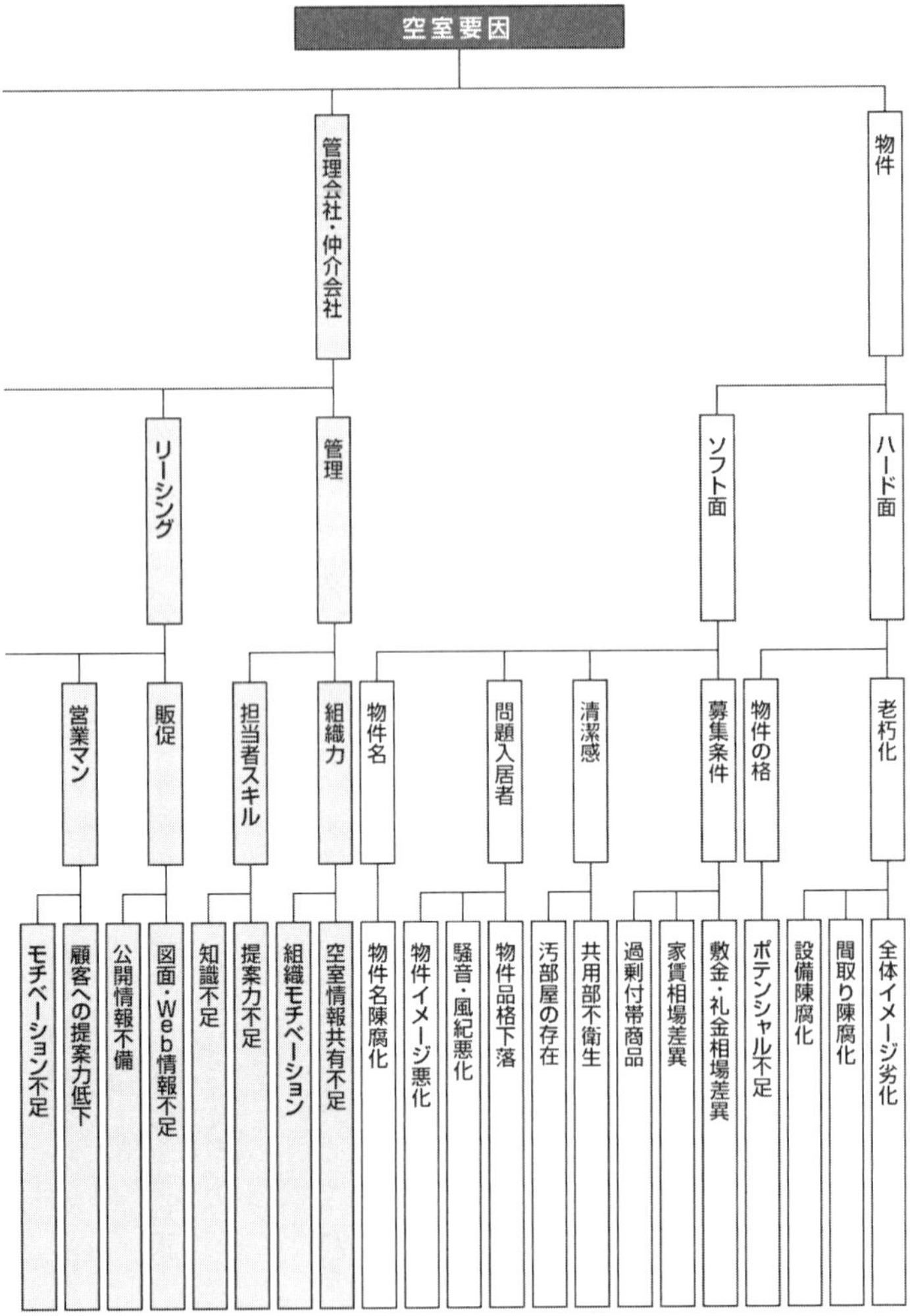
空室要因
管理会社・仲介会社
物件
リーシング
管理
ソフト面
ハード面
営業マン
販促
担当者スキル
組織力
物件名
問題入居者
清潔感
募集条件
物件の格
老朽化
モチベーション不足
顧客への提案力低下
公開情報不備
図面・Web情報不足
知識不足
提案力不足
組織モチベーション
空室情報共有不足
物件名陳腐化
物件イメージ悪化
騒音・風紀悪化
物件品格下落
汚部屋の存在
共用部不衛生
過剰付帯商品
家賃相場差異
敷金・礼金相場差異
ポテンシャル不足
設備陳腐化
間取り陳腐化
全体イメージ劣化

図表4-5　空室要因分析体系図

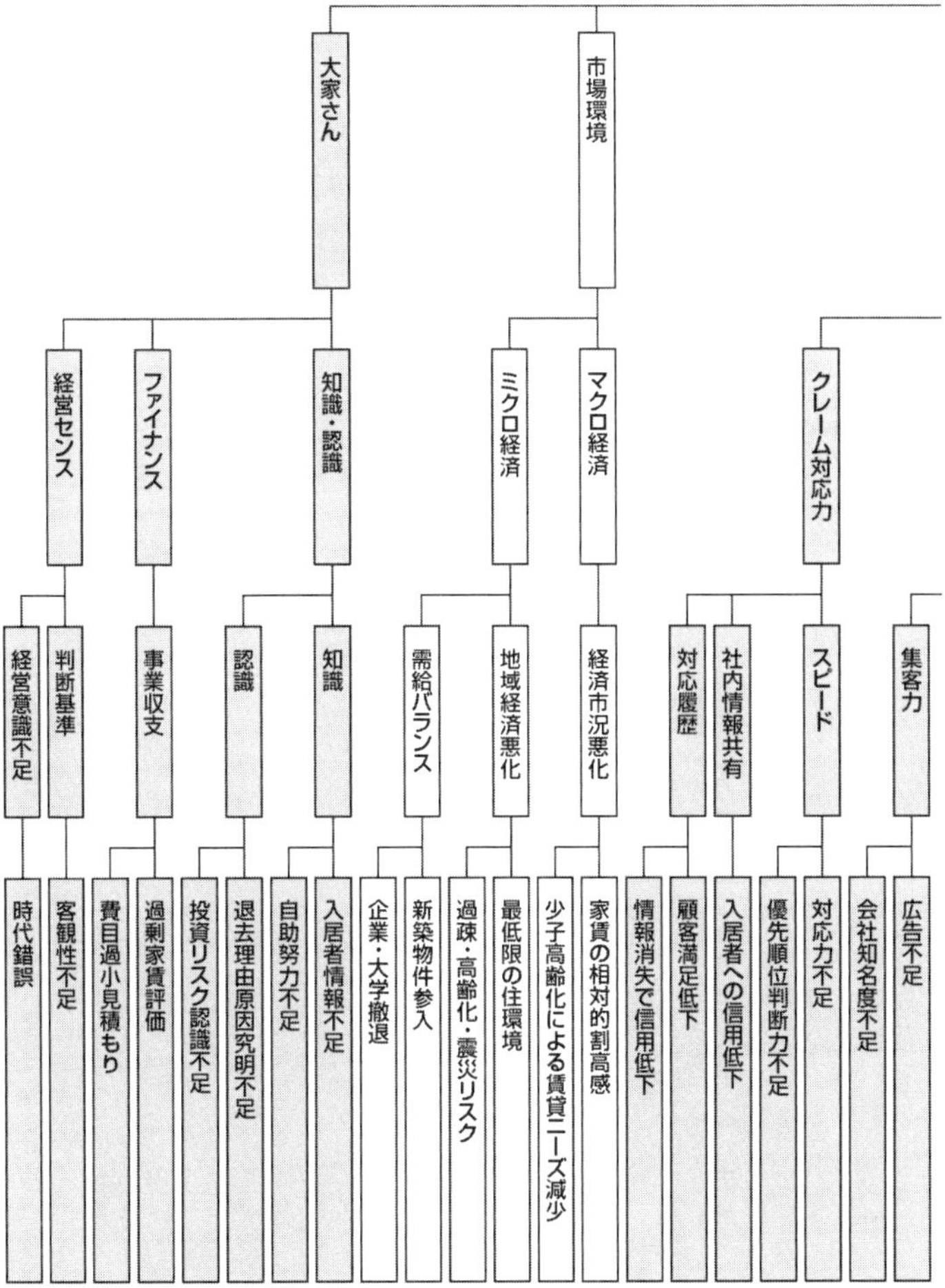

もちろん、大抵の場合、複数の要因が相互に関係しあって「空室」という結果を生み出しています。それぞれの要因の根本を突き詰めなければ問題解決に至らない以上、管理会社から提案があった際は、その妥当性を計るためにも自分なりに要因分析を行なってみましょう。【図表4-5】

COLUMN

入居審査のウソ？ホント？

空室を埋める際に、オーナーや管理会社が「一日も早く埋めたいけれど、問題のある人を入れるくらいなら空室のままのほうがマシ」と考える一方で、仲介は「入居者を決めさえすればそれでいい、あとは管理会社さんよろしく！」と考える、というスタンスの違いがあります（極端な言い回しになりますが）。

「アリバイ会社（在籍会社）」という言葉をご存知でしょうか？

私が全国の不動産屋さんと話した感覚からすると、こうした会社が暗躍しているのは東京圏・大阪圏などの大都市がほとんどで、他のエリアではあまり知られていないかもしれません。彼らの仕事は「架空の審査情報」の提供です。

お部屋を探す人々の中には、水商売や風俗、日雇い、フリーターなど、部屋を借りたくても「入居審査の通りにくい職業」の方が必ずいます。アリバイ会社は、そうした人々が「架空の会社に在籍」しているように見せかけ、入居審査の通過を手伝うのです。

管理会社はオーナーのために「問題のない人を入居させること」が仕事ですから、入居申込書の内容が本当かどうか審査を行ないます。特に収入面、本当に仕事をしているか、家賃を払えるだけの資力があるかは重要事項です。入居審査として勤務先（または本人確認）に連絡するのは基本中の基本です。

アリバイ会社は、こうした電話に「はい、○○商事です。○○さんですか？　いま席を外していますが、どのようなご用件でしょう？」とさらりと対応して、実際には嘘の勤務先にもかかわらず、あたかも入居申込者が在籍しているかのようなアリバイを作ります。そればかりか、必要に応じて源泉徴収票、在籍証明書、社員証、名刺などの証明書を発行して、依頼者の審査通過をサポートするのです。

これは不動産オーナーや管理会社からしてみれば、審査を通過させるための明らかな虚偽報告と言えます。

私が管理会社で入居審査を担当していた時のある出来事をお話ししましょう。

ある日、仲介会社からいつものように申込みを入れたいと電話が入り、ＦＡＸで申込書が届きました。申込先は私の担当していた新築物件だったのですが、その内容をチェックしていると、不思議なことに10分後くらいにもう一枚、先ほどと似た内容のＦＡＸが届いたのです。確認してみて驚きました。２通目には、入居申込者の名前とともに、アリバイ会社への依頼内容が書かれていたのです。

しかし問題は、それがどこから送られてきたのか、という点です。

入居希望者本人からのＦＡＸであれば、虚偽の申込みということで審査を通過させなければ良いだけなのですが、送ってきたのはあろうことか、今回入居者を仲介してきた、そのエリアでは老舗の「賃貸仲介会社」でした。仲介会社が入居審査を通過させるために、入居希望者に入れ知恵して、虚偽の内容で申込みをしてきたのです。

アリバイ会社は通常、入居審査の通過しにくい人々に向けて、繁華街の電信柱やホームページ、ネットの掲示板などで「入居審査ご相談ください」と広告して集客しています。ですが、彼らにとってのもうひとつの営業先が、仲介手数料が欲しい仲介会社なのです。そしておそらくこの会社（あるいは担当者）は、「管理会社の審査の目をごまかしてでも仲介手数料が欲しかった」のでしょう。非常に情けなく、また腹立たしいことです。

その仲介会社は知らぬ・存ぜぬで押し通そうとしましたが、私の手元には虚偽の申込書が残っています。これ以上のエビデンスはありません。最終的には白状したので、改めて正確な申込書を提出させましたが、内容を確認してみると到底審査を通過させることはできない属性でした。

このエピソードから分かるのは、どれだけ歴史のある名の通った会社であっても、仲介会社にとっての顧客は入居者であり、大事なのは自社の売り上げであるということ。つまり、その目的達成のためであれば、オーナーや管理会社にとっては非常に厄介なアリバイ会社さえ使用する仲介会社が存在しているということです。

そしてもうひとつ認識していただきたいのは、管理会社はこうしたアリバイ会社のような存在とも日々闘っているということです。緻密な審査によって嘘を見抜き、時には疑わしい申込み内容をチェックするために、その会社まで存在を確かめにいくこともあります。そのような手間ひまが、共同住宅における良質な住環境を形成することになるのです。

管理会社と契約せず、入居付けだけ仲介会社に任せて「運営費削減」を目指すのもオーナーとしてのひとつのスタイルですが、管理会社という防波堤があるのとないのとでは入居者の質に大きな違いが出てしまいます。

33

成功の法則

成功大家さんは…

20 短期集中で買い焦らず、
相場の波に乗り資産を増やす。

21 賃貸経営に関わる保険の種類を知っている。

22 滞納は必ず起こることを前提に、
リスク対策できる。

第5章
「ラクラク管理会社」と「ダメダメ管理会社」

成功の切り札は、管理会社にあり！

いくら理想的な利回りの物件を購入できたとしても、その後の経営に問題があれば、その利回りは「机上の空論」となり、「良い投資」という結果にはなりません。反対に、経営が順調であれば購入条件が飛び抜けて良いものでなかったとしても、ほぼ想定通りの利回りが叶うために「良い投資」と評価されるでしょう。

ここからわかるのは、**物件の良し悪しは「購入段階の利回り」だけで決まるのではなく、「経営まで含めることで正しく判断できる」ということ**です。購入や建築した物件の運営を実際に担うことになる賃貸管理会社は、「利回りのカギ」を握っているのです。

私が実際に保有する物件においても、実際にそうした評価の逆転が起きています。「ラクラク管理会社」に任せている物件は、優秀で機転のきく対応のおかげで経営するうえでストレスが全くかかりません。グロス利回りはさほど高くないのですが、空室損失はほぼ無く、稼働率はほぼ１００％近くとなるため、ネット家賃収入（ＮＯＩ）は自ずと高くなります。

すべての事案に対して、管理会社が能動的に動いてくれることで、私自身は毎月増えていく通帳の預金額だけ見ていれば良いため、ストレスフリーでラクして稼ぐことが可能となるのです。

一方で、「ダメダメ管理会社」は驚くほどレベルが低いために、正直、毎日ストレスだらけです。これは、高い利回りや厳しくなりそうな融資の動向に気を取られて、管理会社を選ばずに買い急いでしまった、私の失敗事例なのです。

長らく管理会社に身を置き、管理が重要なことなど重々承知していたはずの私でさえ、物件を買うことにばかり気を取られ、「普通の管理くらいできるだろう」とたかを括ってしまったのです。

もともとの利回りが高いため、万が一、半分空室になったとしてもキャッシュフローはプラスを維持できますし、損をしているわけではありません。ただ、「精神的運営経費（ストレス）」が異常値であるため、キャッシュフローはプラスでも、どことなく損した気分になってしまいます。そもそも管理会社のレベルを考えると、そのエリアでは投資をしてはいけなかったのかもしれません。

故に、私は自身の経験から得た教訓として、また自戒の念を込めて、「物件選びの前に、まず管理会社選びを！」とお伝えしているのです。

私たちが目指す「成功大家さん」になるには、「良い物件を購入すること」だけでは十分ではありません。確かに、利回りの高い良い物件を購入できればその成功率は高まりますが、**「ラクして稼ぐ成功大家さん」になるためには、「ラクラク管理会社」による「優れた運営力」が何よりも重要**なのです。

自主管理できるほどの時間的余裕とノウハウを持っている方は別として、多くの方は管理会社と委託契約を結び、管理を任せることになります。しかしその際、「物件を預けた管理会社によってネット利回りが決まる」という意識を持っている方はほとんどいないのではないかと感じています。

実際には、「ラクラク管理会社」に預ければ利回りは想定利回りに近づき、「ダメダメ管理会社」に預ければ利回りは想定から遠ざかるというのに、「仲介してくれた会社だから」「建ててくれた会社だから」といった程度の理由で管理会社を決定している人が大半です。

では、管理会社の実力は、具体的にはどのように計ればいいでしょうか。

物件の経営、ひいては投資の成否にまで直結する以上、管理は少しでも能力の高い会社に任せたいところです。しかし、多くの会社や人がそうであるように、すべての項目においてパーフェクト、という会社は存在しません。得意どころとそうでないところがあって当然ですので、自身の投資目標や経営方針に合わせて、相性のいい管理会社を探していきましょう。そのためには、管理会社が何をしているのかをよく知っておかなければなりません。

管理会社の業務は多岐にわたりますが、大きなミッションとしては次の4つがあります。次項以下で順に見ていきましょう。

1. 入居者募集（マーケティング／リーシング）

2. 家賃の集送金／月次報告（出納業務）

3．入居者対応
4．メンテナンス

「毛筆の広告」は効果バツグン!?——入居者募集活動

管理会社のミッションの中で最も重点を置かれるのは、やはり「入居者募集活動＝空室を埋めること」です。空室を早期に解消できればネット家賃収入（ＮＯＩ）は改善されますから、１日でも早く空室を埋められるよう募集活動にどれだけ力を入れているか、工夫を凝らしているかは、管理会社の実力を計るうえで大切な判断材料でしょう。

一口に募集といっても、その実務は多岐にわたります。

地域の客付け仲介業者に営業をかけるのはもちろんのこと、募集図面の制作や契約書の用意も行ない、募集情報を広告としてSUUMOやHOME'S、at homeといったポータルサイトに掲載するのも昨今では当たり前です（しかし、いまだに情報を囲い込みしている業者もいます）。

まずは皆さんの物件情報が、しっかり「情報拡散」がされているかを確認しましょう。情報を発信したら「反響対応」が必要です。

仲介業者からの連絡は内見や契約の申込みに限らず、広告の転載許諾から設備の質問、細かい契約条件の交渉まで様々。また、申込みがあれば自社・他社の募集を一時停止し、二番手以降との調整も必要です。加えて、募集はスピードが命、ここでモタモタしないように、反響対応用に常に一定レベルの社内体制が構築されている必要があります。

つまり、情報拡散も反響対応も、手間とコストがかかるということです。

また、募集の手間は賃貸管理ソフトによって大幅に節減されつつありますが、一方で、ネットで部屋探しをする人々が360度ビューの画像（VR）や部屋紹介動画などのリッチコンテンツを求める傾向にあり、広告制作費用も含めて1件の反響獲得に要するコストは増加しています。

このような反響コスト増の状況から、管理料とは別に「募集管理料」「募集広告費」の名目で広告宣伝費を請求する会社も増えてきています。

オーナーとしては「管理料の中で何とかしてよ」と言いたいところですが、ポータルサイトへの掲載にも、賃貸管理ソフトの導入にも、お部屋探しの人々の目を引く写真・動画・VRの用意にもコストがかかる時代なので、一定の成果を求めるならばそうした費用の支払いも必要でしょう。

なお、集客力については、一昔前は「駅前に店舗があるか」「地域に何店舗の仲介店があるか」「大手フランチャイズに加盟しているか」などの基準で計っていましたが、今は誰もが自分のスマホやパソコンで部屋探しをする時代。実店舗の力よりも、ＷＥＢでどれだけ情報を露出・拡散できるかが集客のカギとなっています（もちろん店舗の存在も重要！）。

その点、ＷＥＢで多様なメディアを使いこなすなど、高いマーケティング能力を持っている会社は期待大。市場内は情報量が多くなりすぎて、エンドユーザーからすると混乱しやすくなっているのも事実ですので、このあたりを上手に整理し集客をコントロールできている会社であれば、今の時代においては非常に「強い」と言えます。

また、あまり目にすることはないのですが、物件専用のホームページなどがあれば、エンドユーザーとオーナー／管理会社とが直接やりとりできるようになります。

今やお部屋探しの過程で物件名検索をする人が7割を超えています。その時に、物件専用のホームページが存在すれば、Google 検索から、ダイレクトに集客をすることさえできるようになるのです。これが可能となれば、多額の募集広告費を支払う必要もなくなります。明確なコンセプトのもとにマーケティング活動を展開できている管理会社は、空室率だけでなく運営経費率の低減にも貢献してくれる頼もしい味方となるでしょう。

【ラクラク管理会社】

ラクラク管理会社は、管理物件の「高稼働率」を維持することを最大の目標とします。首都圏であれば96・5％（60日以内で成約）、地方都市でも95％（90日以内で成約）を維持できていることが「優良」の目安と言えるでしょう。

私が任せているラクラク管理会社は、募集から2週間もあれば客づけをしてもらえます。新家賃を2000円アップして募集する提案もあるため、非常にラクして稼ぐことができます。入居審査に関しても事前に申込書が送られてきて、メールを通じてキチッと報告されます。


【ダメダメ管理会社】


一方、ダメダメ管理会社は入居者募集が非常に弱いのです。

ポータルサイトなどの掲載はなく、良くても自社のホームページにある物件紹介コーナーのみで集客をしているため、反響が著しく少ないのです（そもそも入居希望者がホームページにたどり着かない）。募集の経過に関しては全く報告が来ることもありません。

空室になって数か月、こちらが何度も「部屋を決めるための提案をして欲しい」旨をメールで伝えても、ことごとく無視。電話をしても、その場しのぎの言い訳で言い逃れられます。たとえば、和室の部屋があり、以前は事前に畳を表替えしておいたら、「カビが出てしまうので直前でいいです」と言っていたものが、「畳の表替えを事前にやっていないと決まりません」という感じ。

ようやく出てきた管理会社の提案をもとに50万円をかけてリフォームをしたものの、結局1年間入居者を決めてきません。その間、もちろん募集活動や状況などの報告も一切ありません。

以前より、管理会社に表敬訪問をすると物件を決めてくれるというナゾの法則がありました。遠方の物件はどう考えても地元の大家さんには敵いません。スーパーに行けば顔を合わせてしまうような距離感に住んでいる大家さんと、私のようにたった1棟しか管理を委託されていない東京のオーナーとでは、地元大家さんが優遇されるに決まっています。とにかく決めてもらえるような募集提案をして欲しいとメールをしてもなしのつぶて状態が続き、空室期間があまりに続いていたため、こちらも痺れを切らしていました。

ある日、いよいよ管理会社に表敬訪問をしようと連絡したら、「コロナで東京の人が来ると、街の人が騒ぐからお断りします」という回答でした。こうなるともう、なす術がありません。

そんな中で、あきらめかけていた頃、ようやく入居者を決めてくれました。「２０１号室を今回、３０００円下げて決めておきましたので、よろしくお願いします」と、**審査の結果もなければ報告もなし。挙げ句の果てには勝手に家賃を下げて入居者を入れてしまう**のです。

ちなみに、以前、ＩＫＥＡで簡易的な家具を購入して、自らモデルルームを作ったことがあります。設置後、管理会社にその旨を伝えたところ、10日後には申込みが入ったのです。しかしその電話を受けた時、「家具が邪魔なので撤去してください」と言われてしまいました。何度も言いますが、私の家から２５０㎞も離れているのです（笑）。

もうひとつ例をあげましょう。

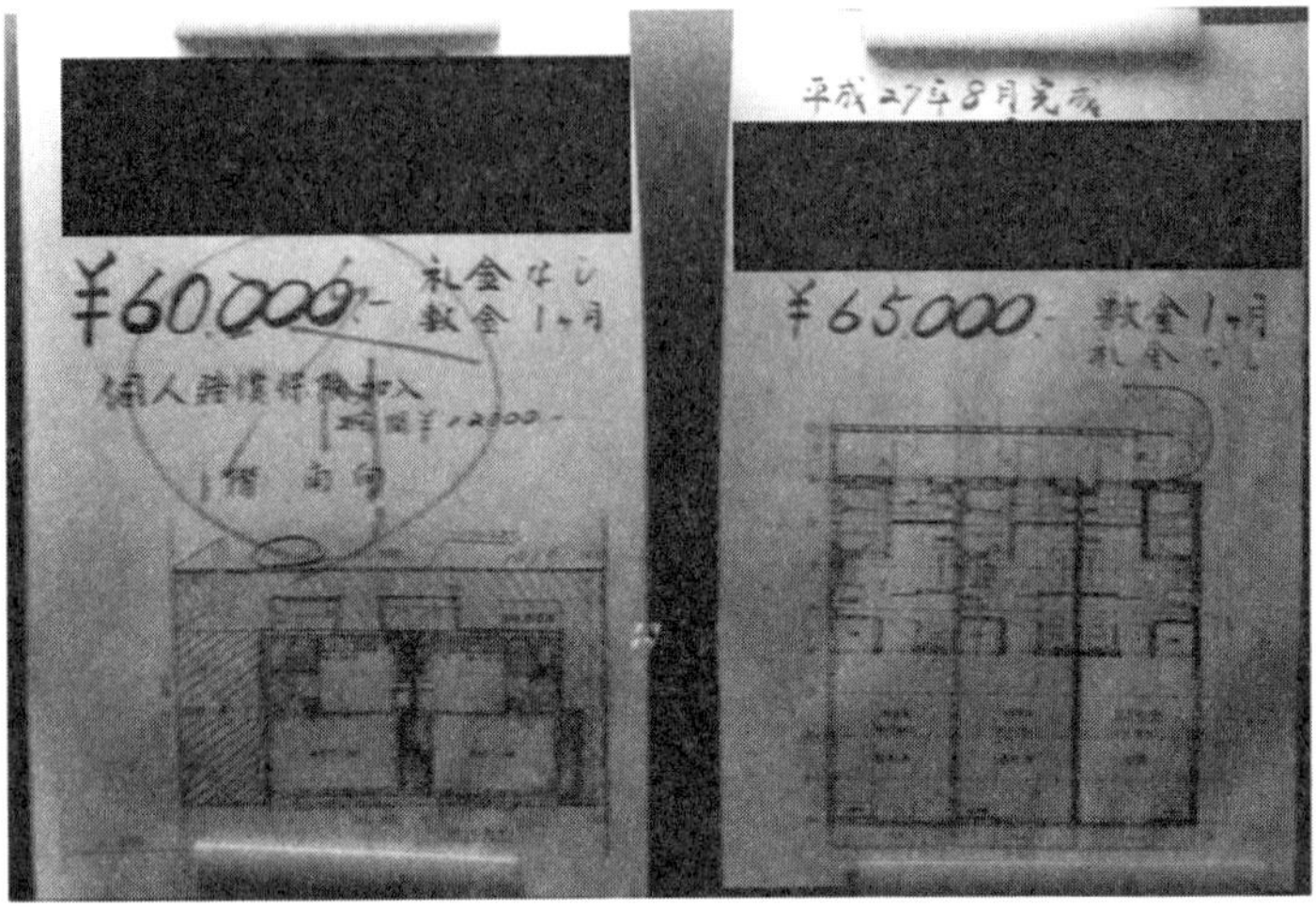

21世紀になり20年が経ちましたが、東京においても店舗前の掲示板に「〝毛筆〞で書いた募集広告を貼り付けるだけ」という、昔ながらの集客方法を貫く不動産屋さんが営業しています。この時代にまさかの毛筆と貼り紙、しかもすごい達筆なのです（笑）。

先日も新築のワンルームの募集が「毛筆広告」でされていたのですが、**ワンルームを借りるような若い世代が、その募集広告を見て内見しようとするでしょうか。**借りてくれるユーザーの心理を全く考えず、一方的に広告を出したところで、ターゲットにリーチすることは確実にないでしょう。

時代の流れにきちんと追従し、部屋探しのニーズに見合ったマーケティングができるかどうか、これがまず管理会社を採点するうえでの第一基準でしょう。**【図表5-1】**

図表5-1 入居者募集のラクダメチェック

	ラクラク管理会社	ダメダメ管理会社
利用媒体	あらゆる媒体を利用	限られた媒体のみ
マーケティング	ITとWEB戦略	FAXと毛筆と切り貼り
マーケティング・レポート	数値を用いてレポーティング	報告が口頭（それもないことがある）
賃貸市況の報告	市況の動きを報告	なし
募集目標	明確な日程目標あり	なし
募集期間	短期で成約	長期間を要する
空室対策提案	お金がかかること、かからないことをそれぞれ	お金がかかる提案のみ
入居審査	本人、在籍確認などをきっちり	ほぼなし
家賃設定	近隣の市況をもとに算出	その場のノリで決める（下げる）

後手に回って回収に2年⁉——家賃の集送金と月次報告

次に管理会社に求めたいのは、お金の管理と報告の能力です。お金の流れと現場の状況をきちんと報告できるかどうかは、事業を任せるうえで絶対に押さえておきたい部分です。

入居者から家賃を集金して、経費を差し引き、オーナーに送金する。管理会社として当たり前の機能ですが、この品質や効率について確認しておきましょう。

まず入居者にとっての家賃支払いの利便性です。手数料の高いカード決済や電子マネーまでは求めないにしても、せめて口座自動振替程度のサービスは用意しておいてほしいものです。支払いのしにくい状況は、時として滞納につながります。

また、管理会社では契約時の敷金を代理で預かってくれる会社が少なくありませんが、その敷金をどのように管理しているかは確認しておきましょう（本来であれば敷金は貸主が管理すべきですが、退去精算などでお金のやりとりが煩雑になるため、管理会社が全部または一部を預かることがあります）。

当然ながら、管理会社の運転資金と同じ口座で敷金を管理している会社は要注意。意図せずとも、オーナーの敷金が運転資金に回ってしまうことだって考えられます。

先日成立した「賃貸住宅の管理業務等の適正化に関する法律（以下、賃貸住宅管理適正化法）」では、「賃貸住宅管理業者は、（中略）受領する家賃、敷金、共益費その他の金銭を（中略）自己の固有財産（中略）と分別して管理しなければならない」と定められましたが、わざわざ法律で定めたということは、会社の運転資金と敷金や家賃などのオーナーのお金とを分別管理できていない会社がたくさんある、ということの裏返しです。

加えて、こんな思いもよらないリスクもあります。

昔の話ですが、私が仕事で関わったある管理会社の社長が、ずっと業績が悪かったため会社を売却しました。そして、その管理会社を買い請けた人は、社長となってすぐの月末、入居者から預かった家賃をオーナーへ送金せず、会社を計画倒産させてしまったのです。

オーナーがさらなる損害を被ると分かっていながら、このような詐害行為（計画倒産）を行なう人に会社を売り逃げしたことは卑劣極まりない行為です。

一方で、前社長のもとで働いていたスタッフは日々真面目に業務をしていましたし、人柄も良い方ばかりでしたので、日ごろスタッフとしか話をしないオーナーには、社長の卑劣さや会社の経営状態を見抜くことは難しかったでしょう。毎月家賃が振り込まれれば、安心と信頼を感じてしまうのですが、そんな事例もあることを知っておいても損はありません。

管理会社はオーナーと入居者からの「多額のお金」を預かる立場である以上、今回の法規制は当然の措置とも言えます。むしろ、倒産する管理会社とオーナーの経営が一蓮托生にならないよう、可能ならば分別管理だけでなく、財団法人日本賃貸住宅管理協会の「日管協預り金保証制度」など、一定のリスクヘッジをしている会社に管理を預けたいものです。

なお、このような「大きな話」に限らず、お金の日常的な取り扱い方に問題のある会社は、管理を預けていてストレスが溜まります。オーナーとしては1円だってミスしてほしくないものですが、業務の仕組みやスタンスが未熟だと計算間違いや送金漏れのようなミスも起こりがちです。

よくあるミスは左記のような内容です。

・日割り家賃の計算間違い
・控除費目や金額の間違い
・先月控除されている内容が、今月また控除された
・報告されていない修繕費等が控除されている
・更新料の未入金がそのまま放置されていた
・月次明細の計算が間違っている（明細書がエクセルで作成され、計算式が間違っている）
・滞納家賃額が間違っている

最近では賃貸管理ソフトからそのまま集金・送金のデータを出力できるため、以前のような人的ミスは減っているのかもしれませんが、人の手を経ている以上はミスがつきまといます。

それから、月次の報告については、事前に報告書のサンプルをもらっておきましょう。できれば「滞納」が発生している物件の明細書も見ておきたいところです。

中には、滞納督促まで手が回らないがゆえに、明細上に滞納金額を載せなかったり、あるいはすぐに入金があるからと、滞納の事実を隠すような会社も存在します。毎月の集金の流れの分かりやすさだけでなく、滞納等のトラブルが発生した際の状況の分かりやすさについても確認しておきましょう。

いずれにせよ、滞納は迅速かつ冷静な対応によってしか解決できない問題です。ふだんの集送金であれば、集金して明細書を作り送金するだけの「簡単なこと」であるはずが、いざ滞納が起こると、本人や連帯保証人に督促を行ない、時には訪問して念書を書かせ、場合によっては内容証明の送付から明け渡し訴訟まで実行することになります。これらをスムーズに行なえる体制・仕組みがあるかどうかはきちんとチェックしておきましょう。

【ラクラク管理会社】

どんなに優秀な管理会社であっても、送金ミスが今まで一度もなかったという会社は存在しないでしょう。ラクラク管理会社は、アナログ対応から管理システムへの移行も早いため、人的ミスは最小限に抑えられており、基本的に信頼をすることができます。ミスがあったとしても、その後のリカバリーが優れているため、安心感があります。

最近では、大家さんの専用ページやアプリの利用によって、郵送での送金明細報告がなくなりつつあります。

【ダメダメ管理会社】

旧態依然としたやり方に固執して、ＩＴの導入などが遅れています。アナログがダメだということを言っているのではなく、アナログに固執するために業務が非効率的になり、最も肝心な「オーナーに対する改善提案」ができない体制となっていることが問題なのです。

たとえば、管理にあたって「通帳を預かります」という管理会社。さすがにだいぶ減りましたが、大家さんから通帳を預かって入出金業務を行なっているような旧態依然とした管理会社は要注意です。

今の感覚からすれば、赤の他人に預金通帳を預けるなど「信じられない」の一言ですが、過去にはそれが業界の常識であり、むしろ通帳を預かることが管理の「業務効率化」の方法でもあったのです。しかし、それを現在も続けている会社は進化できていない、ＮＧな会社でしょう。

ただでさえ管理はお金のトラブルが多いため、管理会社は可能な限り最新の方法でお金を管理し、様々なリスクを遠ざける運営をして然るべきです。

なお、こういったアナログ管理の大半は、別段「悪意」によって引き起こされているわけではありません。単にその会社の中において、業務を進化させるための思考や思想が停止してしまったことが原因です。昔はこれが一番の方法だった、だから今もこれでいいんだ、という思い込みと、現状維持から抜け出すことのできない保守層の存在が、多くの会社の管理をアナログに縛り付けているのです。

ちなみに、私の場合は、滞納トラブルで酷い目に遭いました。そもそも「滞納する人などこの地域ではほとんどいません」と言っていたのに、ダメダメ管理会社の担当者が自分で客づけをした入居者が滞納をし始めたのです。

始まりはある月の送金明細の「２０２号室　○月分滞納」の記載からでした。それを見た私はすぐに管理会社に連絡したのですが、回答は「まだ何もしていません」の一言。こちらは滞納における初動の重要性を分かっています。早く動いてほしいと要望したのですが、翌月の送金明細には再び「２０２号室　○月分、○月分滞納」の文字。なんと、家賃の回収どころか逆に滞納額が増えていたのです。

その後も滞納額は増え続けます。

しかし「早急に内容証明郵便を入居者と連帯保証人に送ってほしい」と伝えても、管理会社

図表5-2　出納業務のラクダメチェック

	ラクラク管理会社	ダメダメ管理会社
お金の管理	管理システム	通帳
月次送金	システム利用でミスがない	人の手で行うため、送金額に間違いがある
記載ミス	すぐに対応して改善案を出す	言い訳をして、またミスを再発して言い訳
送金明細	WEBかアプリへ移行	紙で郵送
滞納処理	初動が早い	初動が遅い
控除費目	間違いがない	度々間違える

は「そのような手続きは管理料に含まれていないので、ご自身でやってください」と言う始末。入居者もさることながら、管理会社の対応に関しても、これは危ないな……と思っていたところ、案の定、管理会社から「夜逃げされたかもしれません」の報告が入り、明け渡しの手続きに入ることになりました。

滞納家賃ほか債務については連帯保証人に請求することとなりましたが、管理会社に交渉を任せたところ「毎月1万円なら払えると言っています」とのこと。毎月1万円じゃあ、回収にどれだけかかるのか……。でも確かに、連帯保証人は契約者の親御さんで、年金暮らしの高齢者です。収入が少ないのは明らかなので、仕方なくその条件でOKを出しましたが、約束は約束ですから、念のため管理会社には「その条件で覚書を作成して、署名してもらってください」と依頼しました。

了承してもらったにもかかわらず、待てど暮らせど、管理会社から覚書が届くことはありませんでした。覚書を催促すると「もう裁判でもなんでも起こしてください」と、いわゆる逆ギレで突っぱねられました。

それでも先日、約2年の歳月をかけて連帯保証人からの全債権回収が終わりましたが、入金は数か月に1回のペースで、「毎月1万円」の約束はぜんぜん守られませんでした。滞納の残高も送金明細書に書いて欲しいと言ったことも、全く守られず……管理会社の役目って何なのでしょうか。せめて状況だけでも報告してくれれば良いのですが、こちらから催促しない限り先方からは連絡もなく、オーナーとしては本当にストレスがたまります。【図表5-2】

入居者満足度が安定経営を決める――入居者対応

管理会社の実力チェックとして、できる限り事前に確認しておきたいのが、その会社の入居者対応力です。管理会社の仕事は、日々寄せられる入居者からの問い合わせやクレームなどの各種リクエストに追われており、このあたりの労働集約型業務にどのように対処できているのかで、実力と姿勢がよくわかります。

しかし、その対応品質が安定して高い会社というのは、実は少数です。

試しにGoogleの検索ボックスに「アパート　管理会社」と入力してみましょう。きっとその検索候補《サジェスト》には、「対応してくれない」「連絡が取れない」といったネガティブワードが含まれているはずです。つまり、それだけ多くの会社が、入居者にとって不満の残る対応をしてしまっているということです。

とはいえ、常に満足度の高い対応ができないのも仕方のないことではあるのです。なぜなら、管理会社には非常に広い範囲の、本当に様々な種類の問い合わせが寄せられるからです。

「隣の部屋がうるさい」「ゴミ集積所が汚れている」「ベランダで鳩が糞をする」「不審な人が物件に出入りしているのを見た」「鍵をなくしてしまって部屋に入れない」「給湯器からお湯が出ない」「車庫証明をもらえないか」「家賃の振込先が分からない」「名義変更をしたい」「家賃を下げてくれないか」「空き巣に入られました」「町会費を払っているのに回覧板が届きません」「向かいの一軒家の犬が早朝から吠えて困る」……。

ちなみに、私が聞いた中で**いちばん印象深いのは、「隣の部屋の人が駐車場にマヨネーズをまいて困っています」という事案**です。何のためですか？　と聞いてみたところ、「結界をつくっている」という意味不明な答えが返ってきたそうです（笑）。駐車場にタイヤ跡があり（それを「ブラックマーク」と呼んでいた）、それに対応して結界を張ったという説明だったのですが……どうでしょう、こんな予期できないようなことに「完璧な対応」ができますか？　入居者からの問い合わせとは、これほどまでにカオスな要望の集合体なのです。

よって、高品質な入居者対応に欠かせないのが「マニュアル整備」と「情報共有」です。ノウハウが何らかのカタチで蓄積され、スタッフの中で共有されている管理会社は、どんな突拍子もない案件であれ一定レベルの品質で対応できます。加えて、対応が迅速です。何をすべきかが明確であるため、自社の対応も他社への発注もスムーズに行なうことができるのです。この「迅速さ」は、トラブル時の入居者の満足度を大きく左右する要素です。

案件をもっとも炎上させるのは、大抵は「いつまで経っても連絡がこない」「事態が進展しない」といったケースであることは覚えておきましょう。

多くの管理会社が、個々のスタッフの裁量で入居者からのサービスリクエストを処理しがちです。しかし、それはスタッフ個人の経験に頼るということであり、担当者によって対応品質にバラつきが出てしまうのは当然です。

また、その経験・ノウハウを形にせず「暗黙知」のまま放置している「非効率」な会社からは、スタッフの退職のたびに貴重な情報が失われていきます。社員の蓄えた経験や頭の中に持っている知識は本来、管理会社の情報的経営資源なのです。社員の頭の中の「暗黙知」を引っ張り出し、全員で共有できる「形式知」に変えられているかどうかは、腕の立つ管理会社を見極める際のひとつの基準となるはずです。

こうした「非効率」な対応を見抜くためにも、管理を預ける相談の際には、入居者対応マニュアルの有無を尋ねるようにしましょう。

マニュアルと聞くと「通り一遍のことしかしてくれない」といった悪いイメージを持たれる

かもしれませんが、マニュアルすらない・土台のしっかりしていない会社には工夫も機転も期待できないものです。「〇〇が起こったらどうしますか」「〇〇な時はどう対応されるのですか」という質問に、「私ならこのように対応をします」ではなく、「当社はこういうルールで対応しています」と「対応の軸」を示せる会社は信頼できます。次の「連絡・問い合わせ例」を参考に、リアルなトラブル解決の実例を聞いてみるのもいいでしょう。【図表5-3】

【ラクラク管理会社】

物件内で発生したトラブルをすべて、逐一報告してくれる管理会社は、実はそれほど多くありません。

ラクラク管理会社は、文字情報や写真での報告が明確でわかりやすいのが特徴です。入居者対応は24時間いつ飛び込んでくるかわからず、その緊急度もバラバラなうえ、常に物件担当者が対応できるとも限りません。それ故に、「些細な問い合わせは記録しない」「記録・報告の判断はすべて担当者任せ」といったルールで運用している会社も珍しくないのです。

しかし、記録をしなければ、オーナーのみならず社内においても情報が共有されません。つまり、担当者不在や退職で過去の記録が分からなくなり、設備故障やクレーム・トラブルが深刻化してしまうリスクを孕んでいます。

自社スタッフだけで24時間対応を実現できる会社はごく少数（深夜に動ける人材を抱え込む

図表5-3　こんなにある！ 入居者からの連絡・問い合わせ

家賃関連	家賃口座を確認したい／いくら振り込めばいいか知りたい／支払方法を変更したい／家賃を下げてほしい／支払いが遅れます／今月は支払えません
契約内容関連	契約名義を変更したい／同居人が増え（減り）ました／苗字が変わりました／ペットは飼えますか／連帯保証人を変更したい／ほかの部屋に移動したい
駐車場関連	追加で駐車場を契約したい／車庫証明がほしい／契約区画に迷惑駐車がある／車（自転車）の停め方が悪い人がいる／車に傷をつけられました／駐車場で子供が遊んでいるので注意してほしい
部屋・設備関連	鍵をなくしました／電気・ガス・水道が使えません／ネット回線の工事をしてもいいですか／〇〇が故障しました／〇〇を新しいものに交換してほしい／自費で〇〇を取りつけてもいいですか／害虫・害獣が発生します／雨漏りがしています
マナー関連	隣の部屋がうるさい／上階の人の足音がうるさい／ゴミの分別をしない人がいる／ペットのしつけが甘い人がいる／共用部に私物を置いている人がいる／ベランダでタバコを吸う人がいる／夜の営みの音がうるさい／夜中にどこかの部屋で誰か熱唱している／隣の部屋がゴミ屋敷になっている
更新・退去関連	退去したい／退去日を変更（キャンセル）したい／退去・更新の手続きについて確認したい／更新料が払えません（払いたくありません）／退去・更新の書類をなくしました
共用部関連	共用灯が切れています／オートロックが開き（閉まり）ません／共用部が汚れています／エレベーターが動きません／テレビが映りません（共用アンテナ）／この建物だけ停電（断水）しています／除草・植栽剪定をしてください／火災報知器が鳴りやみません／敷地内にゴミが放置されています／敷地内に害虫・害獣が発生します
事件・事故関連	不審者がいます／空き巣に入られました／隣室にやくざが出入りしています／隣室から異臭がします／安否確認がしたい／隣室で虐待が起こっている疑いがあります／入居者同士がけんかしています／小火を起こしました／入居者が逮捕されました
その他	マヨネーズをまく人がいます／盗聴器が仕掛けられているはずなので調べたい／次の選挙では〇〇党に投票してほしい／コンビニATMの使い方を教えてほしい／隣の部屋がオレオレ詐欺の犯人かもしれません／隣の部屋で大麻が栽培されています／この部屋には悪霊が出ます

には、それなりの会社の規模が必要）ですが、夜間対応のアウトソーシングやコールセンターを利用・構築するなどして体制を整えている会社は、入居者の安心感や満足度にも期待が持てます。

ほとんどのコールセンターは緊急時（水漏れ、鍵紛失等）の現地対応を売りにしており、主に入居者の故意・過失のサポートが中心となっています。

一方で、同じように入居者のサポートを行ないながらも、「管理会社のサポート」に重点を置いて入居者対応をするコールセンターも存在します。多くの管理会社は、その忙しさから本来の業務である「オーナーの資産の最大化」に力を注げていないのが現実ですが、管理会社サポート型のコールセンターは、その本来的な業務を実現することを目的にサービスが設計されています。

つまり、利用しているコールセンターの種類によっても、募集戦略や空室対策を提案する「攻めの賃貸管理」の土壌があるかどうかを判断できるということです。

【ダメダメ管理会社】

入居者からの要望にすぐに対応できるのかが、顧客満足度の決め手となります。

第1章で、物件の管理を委託しているダメダメ管理会社が「共用灯が切れているのに交換に行ってくれず、さらに業者への依頼すらしてくれずに私自身で発注をかけた」というエピソー

図表5-4　入居者対応のラクダメチェック

	ラクラク管理会社	ダメダメ管理会社
入居者対応	組織または外注を活用して、情報を一元管理	その場その場で対応
対応マニュアル	存在している	その時のノリ
報告	書面またはメール	なし
連絡	定期的にある	一切なし
相談	事前に連絡あり	なし（勝手に行う）
入居者満足度調査	あり	なし

ドをお伝えしました。基本的に定期巡回や定期清掃なども入ってくれないため、入居者がリクエストを出していることにも敏感に反応してくれません。

ある時、共用灯が再び切れたことがありました。ちょうど私が海外出張で数日間連絡が取れなかったため、管理会社がある業者に蛍光灯交換の依頼を出してくれていました。その業者とは私が一度内装工事をお願いした業者なのですが、なんと物件から50km も離れた街で内装業をしているおじちゃんです。蛍光灯の交換であれば、車で5分のダメダメ管理会社（または管理会社の指定業者）が行ってくれればいいのに、わざわざ蛍光灯の交換のためにはるばる高速道路で交通費をかけて物件に行ってもらったそうです。当然、蛍光灯よりもはるかに高額な交通費を請求されたことは、言うまでもありません。**【図表5－4】**

究極の空室対策は「空室を出さない」こと

「賃貸管理会社に物件を預ける＝入居者対応を任せる」と考えて重視するのは当然でしょう。しかし、その対応力の差が収益に影響を与える、というところまで考えている方は少ないでしょう。どちらかといえば、収益アップ策というよりも事業維持の手段として、あるいは「私の物件で変な問題を起こさせないでほしい」「私の物件に不満など感じさせないでほしい」といった〝自尊心〟から、まともな入居者対応のできる会社を求められる方もいらっしゃるように感じます。

　思いはどうであれ、入居者対応に秀でた管理会社を選ぶことは、オーナーにとってメリットの多い選択です。第一に、収益性が高まる可能性があります。第二に、訴訟リスクを下げられる可能性があります。

　まず収益性についてですが、「テナント・リテンション」という考え方をご存じでしょうか。テナント・リテンションとは、直訳すれば「借主《テナント》を保持《リテンション》する」ことで、要するに、入居者にいかに長く入居（契約）してもらうかを考え、施策を実行することを指します。

　かつて市場の需要に賃貸住宅の供給が追い付いていなかった頃は、敷金2か月・礼金2か月といった募集も普通に行われていましたし、契約条件の交渉もなく契約に至っていました。そしてこの時代は、原状回復に関するルールもほとんど無い状態で、借主に退去後のリフォーム代を負担させて原状回復し、再び敷礼２か月で募集をする、といったことも十分に可能――、言うなれば「早々に退去されても儲かる時代」でありました。

しかし、時代と共に賃貸住宅が乱立し、需給関係が逆転してしまうと事情は大きく変わります。敷・礼ゼロでの募集も当たり前となり、それどころか募集ごとに仲介業者に広告宣伝費（ＡＤ）を支払わなければ、客づけしてもらえないようなことが常態化しています。一時期、あるエリアでは、２か月程度のフリーレントをつけたうえで、３か月程度のＡＤを支払わなければ入居を決めてもらえない、という自らの首を締める状況もあったほどです。

加えて、国交省による「ガイドライン」の登場によって、オーナーの原状回復費用の負担割合は増大しました。そのガイドラインも民法改正によって２０２０年からは法律へと変わり、今や「早々に解約されては儲からない時代」を突き進んでいるのです。

こうした背景から重視され始めたのが「テナント・リテンション」という考え方です。募集するほどコストがかかるのなら空室を作らなければいい、つまり**「退去を出さない」ことが究極の空室対策**というわけです。このテナント・リテンションの考え方を持っている管理会社は、当然、入居者対応にも一定の信用ができます。雑な対応でクレームを発生させて解約につなげてしまうなど、テナント・リテンションの考えとは真逆の行動だからです。

実際に入居者を保持することで、キャッシュフローは大きく変わります。**【図表5-5】**

私も以前、賃貸アパートに9年近く住んでいたことがあります。4年目の更新の直前、そろそろ引越そうとしていた矢先に、大家さんから3000円減額のお知らせが届きました。こちらからは減額の話など何も言っていないのに。20代中盤の3000円は大きな金額で非常に心象が良かったため、引越しをやめたのですが、その結果さらに5年近く住み続けることになったのです。

完全に大家さんの勝ちですね（笑）。退去されれば結局経年劣化により3000円程度家賃が下がってしまうのですから、先手を打ったわけです。これにより5年近くも空室がなかったのですから、その大家さんがどれだけ得をしたのかはお分かりでしょう。

ちなみに、借主の解約理由の大半は「卒業」「転勤」「結婚」「家の購入」「実家に戻る」など、防ぎようのないものです。しかし、過去に行ったある独自調査では、約10％が「気分転換」「更新時期のため」「物件に不満」「管理会社に不満」といった改善の余地がありそうな理由での退去となっていました。こうした退去を、トラブル時の迅速な対応や満足度の高い対応によって少しでも減らすことができれば、それは募集コストの削減＝収益の向上につながります。逆に、その10％を増やすような雑な対応をする会社に任せておくと、最終的に物件の利回り低下にもつながってしまうということです。

そして2番目の訴訟リスクについては、その「雑な対応」の引き起こす最悪のケースでしょう。サブリース（一括借り上げ）を代表とする「転貸借方式」での管理であれば、管理会社が

図表5-5　退去時の実効家賃比較表

（円）

費目	入居者保持	再募集
新家賃	48,000	48,000
4年間で得られる家賃	**2,304,000**	**2,304,000**
退去リフォーム	0	220,000
募集広告料	0	52,800
空室損失	0	144,000
更新時設備清掃サービス（エアコン、換気扇）	27,500	0
支出合計	**27,500**	**416,800**
実効家賃	**47,400**	**39,300**

- 40㎡、2DKを想定
- 前入居者がおおよそ6年間住んで、クロスの全面張り替えと簡易補修が必要
- 双方とも、4年居住するものとする
- 入居者保持のため、更新時に家賃を5万円から2,000円値引き、かつ設備清掃をサービス
- 再募集家賃も結局2,000円下落
- 再募集の空室期間は3か月
- **実効家賃 ＝ 4年間で得られる新家賃 － 一時的支出合計 ÷ 48か月**

貸主となっているため訴訟時も管理会社が法廷に立ちますが、そうでなければいざというとき法廷に立たされるのはオーナー自身です。

賃貸経営における裁判沙汰は、大抵は原状回復に関するものですが、中には管理会社の不手際が起因となる訴訟もあります。うっかり「被告」にされないためにも、管理会社の入居者対応力はきちんと見極めておきましょう。

有事のときこそ、真価がわかる！——メンテナンス対応

第3章の「運営経費」の部分でも少し触れましたが、建物は時間の経過とともに確実に劣化していきます。その劣化のスピードを緩める方法は、「適切なメンテナンス」を措いて他にありません。

「何か起こっても保険があるじゃないか」という方もいらっしゃいますが、保険は原則「突発・偶然・外来」のものだけが補償対象です。つまり、経年劣化を原因としたトラブルはすべてオーナーの自己負担となり、事故発生の際には収支を大きく圧迫する結果となってしまうのです。

そこで、期待したいのが管理会社のメンテナンス能力です。特に、自宅から遠く離れた物件

を購入する場合には、もはや管理会社の眼だけが頼りといっても過言ではありません。万一の事故を未然に防ぐためにも、どの程度のレベルで建物を管理できるか把握しておきましょう。

とりわけ建物の外壁関連は管理会社に見てほしいところ。未チェックで放っておくと雨水の浸入などが見逃され、鉄部の腐食や壁面の爆裂、最終的には慢性的な雨漏りやタイルの剝落といった重大事故にもつながりかねません。

また、建物以外でも、植栽が見苦しい状態になっていたり、ゴミ置き場や駐輪場が乱雑な状況になっていたりといった「内見者の印象を悪化させる状況」も要注意です。建物維持、入居者満足度維持、物件訴求力維持の観点から、品質を求めたいサービスのひとつです。

１．定期巡回／定期清掃の頻度

管理会社のスタッフが一定の頻度で物件に足を運び巡回や清掃をしてくれたら、遠方の物件でも安心ができます。一般的に定期清掃費用は「管理料」の中に含まれないことが多いのですが、エントランスや廊下・階段等の共用部、敷地内は人が出入りしていれば必ず汚れていきます。よって別途費用がかかったとしてもできる限り実施したいところです。

特に郊外の物件は夏場になると蜘蛛の巣や虫の死骸で汚れがちですし、一回につき数千円程度でできるのであれば月２回程度の定期清掃をお勧めします。

私の場合は、シルバー人材センターなどに委託して安い費用で清掃をしてもらっていますが、清掃前・清掃後の写真などを送ってもらうことはできないため、成果が確認できない点がデメリットです。

夏場には植栽剪定にも気を使わなければなりません。

入居者は清潔さに関しては、非常にシビアな人が多く、実際、独自のアンケート調査の結果からも、長期間住む条件として「清潔性」が求められていることが分かっています。空室対策の観点からも、物件の美観に気を使うことは非常に重要な要素といえるでしょう。

私の物件でも以前、清掃費用を払っているのに、数か月間清掃に入った形跡がなかったということがありましたが、これらを防ぐためには報告書は必ず受け取るようにしましょう。ちなみに、報告書が出せる会社は、（社員数にもよりますが）社内に記録が残る会社＝情報共有ができている会社である可能性が高いと言えます。

また、定期巡回も重要です。ゴミ出しのマナーや退去者の放置自転車など、ひとつひとつは些細な問題であったとしても、それらが放置されていれば「割れ窓理論」のように、他の入居者も無意識に物件を汚し始めます。廊下等の共用部に物を置く行為も同様で、灯油のポリタンクや冬用タイヤなど、季節性のあるものが勝手に置かれてしまい、安全上の問題にもなります。

さらに、目視の範囲で構いませんが、外壁の破損やクラックの有無、タイルの浮き、防水の状態など、大きな事故の予兆となる部分を報告してもらえるとなお良いでしょう。

2. 工事部隊の有無

建物のメンテナンスという意味でも、やはり社内やグループ会社に工事部門を持っている会社は頼りになります。大工さんがいればさらに心強いです。修繕が発生した時の対応スピードが早く、入居者に迷惑がかかりにくくなるからです。

一方で、外部に依頼するよりも管理会社の方が高い見積もりが上がってくる（利益が上乗せされている）、しかも外部での工事が管理契約で禁じられている、といったケースもあるので、管理委託契約時はよく確認しましょう。

3. 長期修繕計画の立案

5～7年で鉄部塗装、10～15年で外壁塗装など、建物は一定周期で大規模修繕が必要となります。その修繕を確実に実施するために、また、その資金を確保する意味でも、修繕計画を立案してくれる会社は頼りになります。しかし、小規模なアパートを中心に管理をしている管理会社では、なかなかこの辺りの提案まで期待するのは難しいでしょう。世帯数の多いマンションなどの管理が得意な会社であれば、提案をしてくれる可能性は高まります。

長期保有を考えるのであれば、キャッシュフローから長期修繕費用を積み立てていくことをお勧めします。特に、アパートメーカーのサブリース物件に関しては、10年を経過した段階で建物の外壁塗装を求められることがあるため、資金の確保に注意が必要です。

ラクラク管理会社からメールで届く写真付きの定期巡回報告書

点検／実施内容一覧1

点検／実施内容と実績に関して以下の通り、ご報告いたします。

各ランクの見分け方	A	良好	B	緊急ではないが速やかな対処が必要
	C	要改善	なし	

対象項目		状況	備考
敷地内	ゴミ集積所の清掃並びにゴミの整頓	A	掃き掃除、内部水洗い（汚れ目立つ場合）、ゴミ分別/整頓
	植栽	−	
	駐車場	A	掃き掃除、ゴミ拾い
	駐輪場	A	掃き掃除、ゴミ拾い
	管理看板	A	拭き掃除
	建物内くもの巣	A	蜘蛛の巣なし
エントランス	床部	A	掃き掃除、拭き掃除
	入り口ドア	A	拭き掃除
	共用ポスト	A	拭き掃除、周辺のゴミ拾い
共用部内	各階廊下	A	掃き掃除、拭き掃除
	各室玄関ドア外面	A	拭き掃除
	インターフォン	A	拭き掃除
	階段	A	掃き掃除、拭き掃除
	手摺り	A	拭き掃除
	各階廊下目隠し通路部分	A	拭き掃除

建物状況写真一覧1

外観

館銘板

駐輪場

入り口（エントランス部分）水拭き　清掃前

入り口（エントランス部分）水拭き　清掃後

1F共用通路　清掃前

4. 有資格者の有無

管理会社のスタッフが巡回してくれるだけでなく、「建築士」「ホームインスペクター（住宅診断士）」といった建物系の有資格者がいて適切な判断を下してくれる会社だと、さらに心強いでしょう。

【ラクラク管理会社】

有事のときこそ、その本領を発揮します。

たとえば、東日本に大きな被害をもたらした2019年の台風19号の翌日には、こちらから何も言わなくても写真付きの現地確認報告書が上げられてきました。また、東日本大震災の余震が起こった際にも、一両日中に写真付きの報告書が何も言わなくても送られてきます。オーナーとしては、想定外の災害の発生は肝を冷やすところですが、「管理会社」がこうした対応を迅速にしてくれるので、自分は安心して本業に専念できます。

【ダメダメ管理会社】

一方、ダメダメ管理会社からは何の連絡もありません。

大雪に見舞われたり、台風が通過した時なども、当然こちらからアクションをしなければ連

今井様

いつもお世話になっております。

今回の台風１９号の上陸に伴いご所有の物件の被害状況及び入居者様の安全など、
大変ご不安になられていると思いましたのでご報告のご連絡をさせて頂きました。

今のところ幸い弊社の管理物件では停電や浸水などの被害の報告は入っておりませんが、
スタッフ全員で手分けをして全物件の調査も行っているところでございます。

今井様ご所有の[redacted]に関しましては本日遅い時間でしたが、
物件の現地確認が終わりましたのでご報告させていただきます。

調査は外観の目視にて行いましたが、
被害を受けやすいゴミ庫やアンテナ、雨どい、外壁のチェックを終えております。
いずれも被害は見受けられずご安心いただけるのではないかと思います。
※駐輪場に原付以外のバイクが駐輪されていましたので今後停めないように注意を促しておきます。
写真も添付させていただいておりますので、
ご覧くださいませ。

もしも何か入居者様からのご連絡が入りましたら改めてご連絡させていただきます。

今後とも何卒よろしくお願いいたします。

昨晩、東北地方から関東地方にかけて大きな地震がありましたが、
当該エリアにお住いのオーナー様方におかれましては、お被害などはございませんでしたでしょうか。
皆さまがご無事であることを心よりお祈りいたしております。

お預かりしております物件に関しましては、
今のところご入居者様からは建物の破損や設備の不具合といった連絡は入っておりませんが、
本日全ご入居者様に対し、お見舞いのご連絡と併せて、
建物の破損や設備の故障などが無いかをヒアリングするSMSを送信いたしました。
また、
巡回清掃や点検時には建物に被害が出ていないかを目視点検してもらう様、
協力業者にも声掛けをさせて頂きます。

もしもご入居者様からの連絡があった際には、保険会社への連絡など迅速に対応させて頂きます。

ご心配のところかと思いますが、
少しでもご不安を解消できるようにスタッフ一同尽力して参ります。

今後ともよろしくお願いいたします。

絡が来ることもありません。

基本的に管理というのは名ばかりで、定期巡回も定期清掃の提案も皆無です。夏場に現地に行けば、蜘蛛の巣や虫の死骸で物件が汚れており、それを大家自らで清掃に入っている状況です。毎月家賃をお支払いいただいている入居者さんを思えば、大家として掃除をするくらいどうってことはありませんが、何せ時間がない中で片道250kmかけて現地に行き、清掃と草むしりに専念するのがどうしても効率が悪く感じてしまうのです。

些細な提案でも良いので、入居者の方達が快適に生活できるような提案を積極的にして欲しいものです。【図表5-6】

まだまだ膨大にある、管理の仕事

これまで管理会社における4大業務と、ラクラク管理会社とダメダメ管理会社の比較をしてみました。同じように管理料を支払っているのに、何が正しくて、何が間違っているのかも分からなくなりますよね。4大業務は、あくまで基本的な業務となるものですから、それ以外にも付随する細かなことがたくさんあるのです。

図表5-6　メンテナンスのラクダメチェック

	ラクラク管理会社	ダメダメ管理会社
定期巡回	問題点を発見	巡回しない
定期清掃	実施報告書あり	提案も何もなし
業者手配	確認の上報告	勝手に依頼
有事の際	主体的に報告	連絡なし

地震発生後、ラクラク管理会社が巡回で見つけてくれたクラック

1．室内設備や鍵の保管と管理

入居者に対し、家賃に見合った居住空間を提供するのが家主の義務です。そのためにはセキュリティの確保も必要ですし、室内設備の把握と管理も欠かせません。また、スムーズな内見や事故時の迅速な対応を考えると、鍵の管理は一定レベルで管理会社に任せたいところ。ただ、昨今は逆にセキュリティの面から「鍵は管理しない（社員の管理物件への不法入室リスクを排除する）」というスタンスの管理会社も増えてきています。スマートキーの普及により、物理鍵を持たずに管理できるようにもなっているからです。そもそも鍵を管理するとなれば、管理室数分の膨大な管理が必要となるため、保管場所の確保と鍵庫のセキュリティ管理にも気を使わなければならないのです。

2．入居者／オーナー情報管理

管理会社は入居者とオーナーの個人情報を取り扱うことになりますが、膨大なその情報管理にも気を配らなければなりません。通常は、基幹システムにて管理を行いますが、管理戸数がまだ多くない規模の場合は、スプレッドシート等を利用して顧客管理を行います。昨今、個人情報の流出もニュースで耳にすることがありますが、個人情報がどのように安全に管理されているのかをも考える必要があります。

３．収支報告・経営分析

管理会社によってはサービスの範囲内で、現状での経営分析や、購入予定物件の投資分析などを実施してくれる場合があります。それができる管理会社を選べば、不動産投資の成功確率は高くなります。管理会社は、オーナーから預かった物件を長く管理し、オーナーと良好な関係を築くことを最大の目的としていますから、分析結果にも信頼が置けます。買い増しや買い替えの案件こそ、皆さんが実力を信じて任せた管理会社を積極的に頼るべきでしょう。

ここで紹介したのは、４大業務以外のほんの一部ですが、このように関わる顧客が増えるたびに、付随する管理業務も増えます。管理会社出身者として一つ言えるのは、「物件の管理には、本当に手間もコストもかかる」という点です。

管理会社は実に様々な業務を「５％の管理料」で提供しますが、それは決してサブスクリプションのように「一定額を支払えば使い放題」というものではありません。これはあくまで一部の管理会社が、サービスの範囲を可視化せず、あたかも「管理料５％でなんでもやる」かのように言って営業拡大したために、そうした印象を与えてしまっただけです。

本当にサブスク感覚で、「金は払っているのだから何でもやれ」と横暴に振る舞うオーナーがいたとしたら、当然ながら管理会社から疎まれ、敬遠されてしまうでしょう。場合によっては、管理会社のほうから「要求がコストに見合わないので管理契約を解除させてほしい」と言われることだってありえます。

せっかく優秀な管理会社を見つけても、このような結末になっては双方にメリットがありません。ラクラク管理会社が見つかった場合には、細かなことには口出しをせずに「運営は任せる」くらいのつもりで乗っかってしまった方がうまくいくこともあるのです。誤解しないで欲しいのは、私は何も「管理会社に気を遣ってほしい」と言っているのではなく、前述したように、「いくらで、何を、どこまでやるか」をお互いに明確にしておきましょう、と言いたいのです。

管理会社は賃貸経営における重要なビジネスパートナーです。であるならば、双方の役目と報酬についてはきちんと定義しておくべきでしょう。定義さえしっかりされていれば、あとは互いにパフォーマンスの最大化を求めるだけです。

結局、「管理料」は高いのか？　安いのか？

様々な形態の会社が賃貸管理という事業にかかわっていますが、管理料は「家賃の5％」というのが全国的な相場といったところです。大阪や福岡のような大都市圏では、管理会社の競争が激しく、2％台やそれ以下で請け負っている会社もあるようです。その中で、可能な限り

「コスパの良い管理」を探し出さなくてはなりません。

しかし「コスパの良い管理」とはいったい何を指すのでしょうか。

仮に5万円の部屋を預けた場合、管理料率が5％なら毎月の支払は2500円（消費税別）です。基本的にはこの金額で、入居者の募集から契約の締結、集金管理、入居中の問い合わせ対応や退去の対応を行なっていきます。これが10万円のお部屋であったとしても、「管理会社が実施する管理業務」が増えるわけではありません。預かる部屋の家賃が10万円なら、その5％の5000円で、管理会社は同じように集客から退去まで管理を行ないます。

提供される業務の種類が同じなら、料金が安い方がお得になるわけですから、預ける部屋の家賃が安いほどコスパが良い、ということになるのでしょうか。

もし家賃が3万円なら、管理料5％は1500円となります。ひと月たった1500円、アルバイトの時給で考えても2時間を切るこの金額で、管理会社は管理を引き受け、まっとうな仕事をしてくれるのでしょうか。

実は、家賃帯が3万円を切るようなエリアでは、管理料を定額制にしている会社も少なくありません。1戸あたり1500円など最低限の管理料を設定し、ここに募集管理料やリフォーム管理料の請求、更新事務手数料の取得などを乗せていき、ようやく「割に合う管理」を行なっています。

そうでなければ立ち行かないし、「オーナーの望む管理」を提供できないのです。

オーナーとしては安い管理料で十分な管理サービスが受けられるなら願ったり叶ったりですが、もし「満足な管理サービス」を求めるなら、時として管理会社の立場に立ったコスト計算もしてみるべきです。自分にできない業務を任せるからこそ、そうしたシミュレーションは私たちの求める「コスパ」のヒントにもつながるはずです。**【図表5-7】**

オーナー自ら、営業エリア内の仲介会社をしらみつぶしに回り、手製の募集図面を渡して「お願いします」と頭を下げる。あるいは、毎月、銀行口座をチェックしては家賃の入金を確認し、きちんと帳簿を作る。滞納者にしつこく電話をし、さらには連帯保証人に支払いを迫る。**こうした仕事をすべて自分でやることを想定すると、「満足な管理」を求めるなら、管理料5%は決して高くない数字と分かる**と思います。というよりも、むしろ安いのではないでしょうか。

ちなみに、私の委託している「ダメダメ管理会社」は、管理料が1戸あたり1500円の定額（3・5%相当）です。当然、入居している部屋のみが料金の発生対象ですが、管理の実態は相当ずさんです。

そこで「管理料5%」の別の管理会社への変更を検討したことがあります。その会社は「管理料は5%です。ただし空室の部屋にも5%かかります。さらに家賃回収をする場合には、追加で3%いただきます」という料金体系でした。

「ダメダメ管理会社」の対応がひどく、これ以上ストレスを抱えるのであれば、たとえ8%で

図表5-7 委託管理業務の内訳ごと費用対効果

業務内容	内訳	詳細	ケース1	ケース2	ケース3
		管理料	3%	5%	7%
		入居率	85%	90%	95%
募集	マーケティング（広報活動）	○募集図面作成 ○空室の写真撮影 ○各種ポータルサイト・ホームページ・REINSへの掲載 ○店頭広告 ○物件ごとのアクセス解析	6,375円	6,750円	6,650円
	リーシング	○客付け不動産会社への営業 ○申込み対応 ○入居審査 ○契約書作成 ○賃貸借契約締結	50%	30%	20%
入居者対応	クレーム処理	○設備不具合 ○共用部の不具合 ○騒音等の人的トラブル ○違法駐車			
	お問い合わせ	○家賃遅滞相談 ○家賃振込口座の確認 ○各種手続きの相談	3,825円	6,750円	9,975円
	退去時処理	○退去受付 ○退去立会い ○敷金精算 ○原状回復工事手配	30%	30%	30%
出納	集送金	○月次家賃集金とマッチング処理 ○送金明細書作成	2,550円	4,500円	6,650円
	滞納処理	○家賃滞納者への連絡と督促 ○長期滞納者への訪問および面談	20%	20%	20%
メンテナンス	修繕	○共用部の不具合箇所修繕 ○入居時不具合の現地対応	-	2,250円	3,325円
	巡回	○空室物件の室内確認・換気 ○定期清掃 ○植栽剪定 ○屋外の除草	0%	10%	10%
コンサルティング	募集	○空室対策課題抽出 ○入居促進のための戦略立案 ○改善提案	-	2.250円	6,650円
	経営	○税務相談 ○ファイナンス相談 ○物件購入のアドバイス ○投資分析	0%	10%	20%

満室月額家賃	500,000円

	ケース1	ケース2	ケース3
支払い管理料（月額）	12,750円	22,500円	33,250円
支払い管理料（年額）	153,000円	270,000円	399,000円
稼働家賃収入（年額）	5,100,000円	5,400,000円	5,700,000円

●5万円／戸×10室と仮定
●厳密に言えば、入居率が上がるたびに募集労力は下がり入居者対応が増える
●業務別管理料＝総潜在家賃（月額）×入居率×管理料×リソース割合
●リソース割合＝管理会社のその業務にかける時間の割合
●業務におけるそれぞれの割合は、入居率に応じて変えている

あっても管理会社を変えたかったのが本音です。コストパフォーマンスが及第点であるなら、8％でも「高い」とは思いません。しかし私は最終的に、管理変更を踏みとどまりました。なぜ、私がその会社に管理を切り替えなかったのかというと、実はその会社が、自社でサブリースを行ない、自社所有物件も多数抱えていることが分かったからです。

次項で詳しく解説しますが、「自社所有」「自社保証」の物件を持つ管理会社では、一般管理物件の客づけ優先順位が下がる可能性があります。つまり、物件の管理を頼んでも、最優先で客づけをしてもらえないことが頭をよぎったのです。そうなると、空室に対しても8％の管理料を払い続ける状態が長引くことが想定されます。結果、管理替えを断念するに至りました。

しかし、再び管理替えを検討してようやく新しい管理会社に決まったのですが、ここの管理料は清掃料を含めると10％近くになります。今までに比べればかなりの増額になりますが、積極的な提案や、ストレスのない対応をしてくれれば、決して高いとは思いません。

管理料の高い・安いは一概には言えませんが、まずはやってもらえる業務内容をしっかりと把握することが最優先です。それが満足できるものであれば、しっかりとフィーを支払ってお任せすることをお勧めします。

自主管理がオススメできない本当の理由

最近は、一部のオーナーさんの間で「賃貸管理は自分たちでできる！」という自主管理ブームが広がってきているようです。確かにアパート経営は、必ずしも管理会社の手を借りる必要はありません。時間的余裕とノウハウを持っている方であれば、雑多な管理業務も自らでこなせるでしょう。

もし問題があるとしたら、それはやはり「コストパフォーマンス」と「入居者募集」です。

管理委託のコストは、既に述べた通り毎月5％の管理料に加えて、多くの場合は契約時に管理会社が募集手数料（広告宣伝費）を取得します。それに加え、更新料及び更新事務手数料や運営中の修繕や退去時の原状回復には、管理会社の取り分が上乗せされていることもあります。自主管理ができれば、こうした管理会社取得費用が節減され、オーナーのキャッシュフローはその分改善されることになります。

6万円×10室のアパートを5％の料率で委託するなら、毎月の管理料は3万円（満室時・税別）、年間で36万円の支出です。それ以外に上記の広告宣伝費12万円（年間退去率20％、2室を募集）などがかかってくるため、キャッシュフローに余裕がない人にとっては、これらを節約できればうれしい、となるのです。

しかし、ここでコスパに関する問題が2点発生します。

ひとつは、「自分の人件費の問題」です。故意でない滞納は全戸のうち毎月7％程度発生し、入居者からのクレーム・問い合わせは毎月20％程度、退去は年間15～25％程度発生します。48万円（ひと月4万円）を削減するために、オーナー自らが毎日入金確認の仕事をし、2週に1度はクレーム処理を行ない、半年に1件は部屋の退去対応（業者選定・発注・退去精算）を行なうのでしょうか。もちろん、さらにここに日々の物件巡回や軽微な修繕といった業務も加わります。果たしてそこに費やす皆さんの人件費、時間と手間は、それに見合うものでしょうか。

もうひとつは、たとえそれだけ頑張っても「48万円すべてを節減できるとは限らない」という点です。管理会社が「上乗せ」している案件があるなら、反対に管理会社が無料で「サービス」として動いていたような案件も少なからずあるでしょう。また、管理会社がまとめて発注するからこそ割安になっていた工事や商品もあるはずです。自主管理ならアイミツ（相見積もり）し放題、安い業者に投げ放題、と思われがちですが、モノによっては割高となる設備・部材・工事も珍しくないのです。それ以上に工程や進捗管理の手間がとても面倒です。

そして何より、明確な差を生むのが入居者募集です。

皆さんは管理料と引き換えに、自力で、かつ低コスト・短期で、空室を埋められるでしょうか。地域の仲介会社に情報を送り、直接営業訪問し、どうか早期に決めてほしいと頭を下げて回れるでしょうか。加えて、入居者募集においては、「自主管理オーナーの物件」に対する不動産会社の対応はシビアです。なぜなら、どんな会社もまずは自社の利益のために行動するのが当然だからです。よって、客づけの優先順位は多少前後しますが、次のようになりがちです。

●不動産会社が「客づけ」する際の物件の優先順位

1. 「自社で所有」している物件
2. 「自社で保証」しているサブリース物件
3. 「自社で管理」している物件
4. 「他社で管理」している物件だが「広告宣伝費(AD)が高額」な物件
5. 「他社で管理 or 自主管理」している物件だが「決めブツ」と呼べる良質な物件
6. 「自社で管理」している、決めにくい物件
7. 「その他の他社管理物件」および「自主管理オーナーの物件」

あまり表立って言われることはありませんが、自社所有の物件があるなら、不動産会社がまず埋めるのはその所有物件の空室でしょう。利益に直結するのですから当たり前です。そして、それとほぼ並行して優先されるのが、自社で空室保証しているサブリース物件です。なぜなら、自社で行うサブリース物件は、稼働率が落ちれば不動産会社が身銭を切るハメになるからです。

その次が、自社の管理物件です。管理物件の稼働率はオーナーの信頼を左右しますし、稼働率が高まる=管理料収入が増えるということですから、同じような条件の自社管理物件と他社

管理物件があれば、間違いなく自社管理物件を優先します（するのは当然ですが）。

しかし、「この自社管理物件では決まらない」となれば話は変わります。せっかく来店していただいたお客様に、「決まらない自社管理物件」よりは「決められる他社管理物件」を勧めよう、と考え直すのです。管理物件は決められないが、とりあえず仲介手数料だけは獲得できるというわけです。故に、ポテンシャルの高い物件であれば、たとえ他社管理であっても優遇します。客付けすると取得できる広告宣伝費（以降ＡＤ）が高額であれば、その傾向はなおさら強くなるでしょう。

一方、**ポテンシャルもそれほど高くない、ＡＤも一般的な額の自主管理オーナーの物件は、いちばん最後に回されます。**不動産会社も自社の利益を追求している以上、自社管理物件を優先的に紹介します。この事実があるゆえに、自主管理では入居者募集が最もボトルネックとなりやすいのです。

管理会社に預けているのと同じくらいの短期間・低コストで空室が決められるかどうか＝稼働率を低下させずにいられるかどうかが、自主管理のコストパフォーマンスを決定づけます。なお、「管理会社に預けていないせいで、空室期間が倍に延び（2か月→4か月）、ＡＤも家賃の2か月分必要になる」としたら、最終的な収支はどうなるでしょう。第3章で出てきた「メゾン・サクセス」をベースに考えてみましょう。

●「メゾン・サクセス」（家賃６万円×10室）が、退去率20％で運営されている場合

例 自主管理（空室４か月、客付の優位性を保つために客付仲介会社へのＡＤ２か月）

○年間空室発生２戸、空室４か月＝２×４＝８か月

○稼働率＝｛（12か月×10室）－８か月｝÷（12か月×10室）＝93・33％

●年間空室発生２戸、ＡＤ２か月＝６万円×２部屋×ＡＤ２か月＝24万円

例 管理委託（空室２か月、客付仲介会社へのＡＤ０か月、管理会社への募集管理料１か月。この場合、管理会社への募集管理料をＡＤとして仲介会社にパススルーする可能性あり）

○年間空室発生２戸、空室２か月＝２×２＝４か月

○稼働率＝｛（12か月×10室）－４か月｝÷（12か月×10室）＝96・66％

○募集管理料＝１か月

●年間空室発生２戸、募集管理料１か月＝６万円×２部屋×募集管理料１か月＝12万円

図表5-8　自主管理と管理委託のネット家賃収入比較

	自主管理 稼働率93.33%	管理委託 稼働率96.66%
グロス家賃収入	720万円	720万円
管理料	0円	34.8万円
運営経費	144万円	144万円
広告宣伝費/ 募集管理料	24万円 （2か月）	12万円 （1か月）
ネット家賃収入	**504万円**	**505.2万円**

数字はあくまでシミュレーションですが、ほぼ自主管理と委託管理の数字は変わりません。物件が「自社管理物件よりも優先される決めブツ」となれるくらい優秀で、空室期間も2か月で抑えられるのなら、収支の軍配はもちろん自主管理に上がります。しかし、物件力は相対評価である以上、購入する物件すべてが「優秀」ということはありえません。自主管理によって管理料を節約するつもりが、逆に収支を悪化させてしまうことも十分に考えられます。

【図表5-8】

さらに言えば、管理料0％と引き換えに、自ら管理業務を引き受けなければなりません。入居者から入る一定数のクレームやリクエストの電話に応対し、水漏れ等のトラブルが起これば現場に行き、たとえ深夜でも自分または業者に依頼して対処しなければならないのです。

そこまで考えたとき、果たして5％の管理料は、どうしても削らねばならない費用でしょうか。必要経費として計上できるこの36万円を節減するがために、皆さんの貴重な時間と労力を注ぎ込んで自主管理をするというのは、合理的でしょうか？

個人的な意見を言えば、雑多なことに時間を使うよりも、管理会社に完全アウトソーシングをして、もっと自らの生産性を高めることに時間を使った方が効率的だと思うのです。委託する先がしっかりしていれば、年額36万円の支払いによってそれ以上のリターンも期待できるはずです。きちんと管理料を支払って、管理会社に責任を持ってもらう。そのほうが間違いなく「得」であると考えられるはずです。

自主管理か管理委託のどっちがラクして稼げるのでしょうか。それを決めるのは、「あなた次第」です（笑）。

正味管理料という考え方――結局、いくら払っているのか？

ところで、ここまで「管理料の相場は5％である」「しかし提供内容は管理会社によってバラバラ」と述べてきましたが、市場や地域の商習慣、あるいは管理会社独自の管理ルールによっては、名目こそ「任意」ではあるものの実質「強制・必須」となっている、管理料とは別枠のコストも存在する点には注意が必要です。

たとえば私が保有している物件は、月次管理料に加えて、毎月の定期清掃費を支払っています。これは管理委託とセットになっているため、外すことはできないのです。入居率が高い低いに関わらず発生するものですから、入居者が少ない場合でも費用が必ず発生します。また、エリアが厳しい場合には仲介手数料も貸主側から払い出しています。これは「払わない」という選択もできますが、払わない＝決まらないであるため、実質的には「払わなければならないコスト」なのです。

一方で、沖縄という市場では、たいていは5％の管理料の中に定期清掃（月1〜2回）が含まれるうえ、募集管理料や広告宣伝費を支払う文化もまだないそうです。こうなると、同じ「管理料5％」であったとしても、正味支払っている管理料については、エリアによってかなりのばらつきが生じていることが分かります。

どこまでの業務を管理料に含むかで結果は変わってきますが、仮に定期清掃費と募集管理料および広告宣伝費までを組み込んだものを、実際に払い出す管理料（正味管理料）とするのであれば、地域によっては毎月の正味管理料が9％程度まで膨らみます**【図表5-9】**。5％の想定が倍になるわけですから、きちんと備えていないと投資計画や返済計画にも支障を来たしかねません。

また、これら「支払わざるを得ない追加費用」は、主に賃貸住宅の需給バランスによって引き起こされます。先ほどの私の例のように、市場によっては「払わなければ決まらない」ので

図表5-9　正味管理料（ひと月あたりの管理料平均）

満室月額家賃	60万円

	物件A（管理料+1か月）		物件B（管理料+2か月）		物件C（管理料+1か月）	
管理料（5%）	3万円	5.0%	3万円	5.0%	3万円	5.0%
募集管理料	1万円	1.7%	1万円	1.7%	1万円	1.7%
広告宣伝費（AD）	-	-	1万円	1.7%	-	-
定期清掃費（月1回）	0.7万円	1.2%	-	-	1.2万円	2.0%
トータル支払額	4.7万円		5万円		5.2万円	
正味管理料	**7.8%**		**8.3%**		**8.7%**	

●6万円、10室、満室としての想定
●退去率20%を想定
●募集管理料 = 年間2室退去 × 6万円 ÷12か月
●広告宣伝費 = 年間2室退去 × 6万円 ÷12か月
●募集管理料は、管理会社にて取得する募集時経費であるが、募集を急ぐ場合は、
管理会社がADとして客付けに払い出すケースもある。
●募集管理料が1か月増えるたびに、退去率20%の場合で正味管理料が1.7%増加する

す。その代表が募集管理料、広告宣伝費（ＡＤ）です。正味管理料の中で大きな割合を占めるわりに、こうした追加費用の必要性は市場次第・地域次第のところがあります。**買う前、建てる前には、入居者募集コストとして家賃の何か月程度が必要になるのか、必ず確認するようにしましょう。**

それにしても、管理料は入居率（入金家賃）に応じて増減するぶん、ある意味で実績主義のコストと言えますが、毎月の清掃料など、稼働率と関係なく固定でかかる「管理料相当費用」は、稼働が悪化すると一気に収益を圧迫することになるので注意が必要です。

こうしたコストについて思い悩み始めると、思わず「沖縄は良いなあ」なんて思ってしまいますが……（笑）、しかし沖縄が、毎年いくつもの強烈な台風の直撃を受ける過酷な環境であることを忘れてはなりません。建築コストが高いことや、建物・設備の損傷によるコストまで正味管理料に加味したなら、もしかすると同じくらいかも？　結局は一長一短の市場環境の中で、能力の高い管理会社を見つけていくしかないのです。

ただ言えることは、5％よりも高い管理料を支払うことになったとしても、しっかりとオーナーのために動いてくれる管理会社であれば、私は高いとは思いません。むしろ安い管理料で低レベルなことをされる方が余程ストレスがかかります。

正味管理料という概念をしっかり把握して、管理会社がどれくらいのパフォーマンスを出してくれているのかを、判断してください。そう考えれば主体的に動いているラクラク管理会社が、どれだけハイパフォーマンスなのかが分かるでしょう。

管理会社を変えるのは、悪なのか？

前項でも述べましたが、過剰であるなら管理料の安いサービスを選択し、足りないと感じるなら多少管理料を上乗せしてでも、充実したサービスを受けられるのが理想です。

既に管理会社への委託経験がある方は実感されているかもしれませんが、オーナーにとって「管理会社を変更する」というのは、意外と面倒なものだったりします。毎月きちんとお金の管理をしてくれて、不測の事態には報告を入れてくれる。そうした基本業務の繰り返しが何か月・何年と積み重なると、そこには自然と「信頼感」が生まれ、醸成された信頼関係を「切る」ことが億劫に感じられるのです。

第一章で述べたオーナーイベントのエピソードで、大多数の参加者が「今の管理会社に不満がある」と挙手したのは、**多くのオーナーが「不満があるけど、なんだかんだで管理会社は変えていない」ことを意味しています。**不満があっても、会社のダメさを示す決定的な出来事が起こらない限り、管理会社を変更する気にはなれないでしょう。そして同時に、「他の会社に任せたところで大差ないのでは」という諦観も持つでしょう。

しかし、管理会社に不満がある、提供されるサービスに不足を感じる、この会社に預けていては目的達成まで遠回りだ、そう感じるなら新しい管理会社を選ぶべきです。

私は日本の管理会社・賃貸管理業界には、もっと競争があっていいと思っています。競争がなければ良いサービスは生まれず、顧客の満足度も高まらないでしょう。

実際、不動産会社から独立した社員が近隣で同じような不動産会社を創業して、それと同時にオーナーが新しい会社に流れていくことはよくあります。業界では「(顧客を)抜いた・抜かれた」などと言いますが、よりサービスレベルが高く信頼できる会社に依頼をするのは、自然なことです。もちろん強引なやり方はよくありませんが、進化をしない会社に任せ続ける方が不自然ではないでしょうか。

とはいえ、私も以前、昔から営業をしている「ダメダメ管理会社」から、新興勢力で管理を増やしている「ラクラク管理会社」に自分の物件を移行しようとしたときに経験しましたが、ラクラク管理会社は、昔から営業をしているダメダメ管理会社につい「忖度」してしまうのです。管理を奪ったと思われると、横のつながりが崩れてしまうためです。このような業者間の横のつながりは、オーナーの目的達成の障壁になりかねません。

いずれにしても、いくつか提示された選択肢の中から、準管理で十分というオーナーもいれば、全部お任せのサブリースを望むオーナーもいる以上、より多くのオーナーを満足させられるサービスを管理会社が持っているといいのですが。逆に言えば、複数の管理メニューを用意できている管理会社は、オーナーの多様な要望に応える用意がある——少なくとも「応えたい」という思いがある——会社だとも判断できそうです。

大家さんの選択肢「管理メニュー」とは？

賃貸管理の歴史を繙《ひもと》くと、昭和50年前後に現在の主要賃貸住宅管理業者が創業しており、有償管理が本格的に始まったのはその頃からと言われています（「賃貸住宅管理業の史的・実態的研究」日本大学経済学部太田秀也教授著）。加えて、その事業内容も２０２０年の「賃貸住宅管理適正化法」によってようやく法的に定義されたような状態であるため、提供されるサービスも会社によってまちまち、それどころか「どんなサービスが提供されるのかよく分からない」といった会社も少なくありません。

まずは、「何を」「どこまで」「いくらで」やってくれるのか、サービスの範囲を明確に把握する必要があります。管理料が安いからと任せてみたものの、蓋を開けてみれば募集や報告もいい加減で、入居者からのクレームすら直接大家のところに来てしまう……、そんな「ダメダメ管理会社」に引っかかってしまっては、「成功大家さん」への道は遠のくばかりです。

管理メニューを確認する

提供されるサービスが分かりにくい賃貸管理ですが、そのぶん昨今は「メニュー表」を用意して、サービスを可視化している会社が徐々に増え始めています。もちろん、メニューのない会社のサービスがダメというわけではありませんが、将来「これはサービス範囲のはずだ」「いいえ別料金です」などと押し問答することにならないよう、管理委託時に何らかの対策を講じておいた方がいいでしょう。

ところで、これはオーナー側の皆さんに対する助言というより、賃貸管理会社の方への提案になりますが、管理メニューが松・竹・梅の3種類ほど用意されていると、オーナーとしては投資の目的やスタイルに合わせてサービスを選ぶことができます。**【図表5－10】**

一通りスタンダードなサービスを提供してくれる管理料5％の「ベーシック」を基準に、たとえば、管理料が3％と安いぶん入居者募集と退去対応しかしてもらわない、残りは自分で行なう「エコノミー」などは、これまでずっと自主管理をしていて、初めて管理会社を利用するようなオーナーさんにとっては嬉しい価格帯です。また、多少のリスクを取ってでも可能な限り経費率を下げたい、キャッシュフローを増やしたい、というオーナーさんにも支持されそうです。

一方で、管理料が7％の「プレミアム」も、優先的な入居者募集やコンサルティングなど、通常の管理業務の範囲を超える積極的なサービスであれば、こちらの支持も大きそうです。管

図表5-10 管理メニュー例

		エコノミー 3%	ベーシック 5%	プレミアム 7%
マーケティングプラン	募集活動計画表	×	×	○
定期巡回	定期的な物件訪問と簡易点検・簡易清掃	×	○	○
レポーティング	送金明細	500円	○	○
	リーシングレポート（空室時の改善提案）	×	簡易報告（メール）	○（書面）
	入居者対応報告書	×	○	○
年次報告書	年間収支報告	×	○	○
入居者募集	客付け会社への営業 入居審査	○	○	○
入居者対応	騒音トラブル、設備トラブルなど	△	○	○
退去対応	退去立会い 原状回復工事手配	○	○	○
訴訟費用		有償	有償	無償

図表5-11　管理料とネット家賃収入

	ケース1	ケース2	ケース3
グロス家賃収入	600万円	600万円	600万円
管理料率	3%	5%	7%
入居率	85%	90%	95%
実効家賃	510万円	540万円	570万円
月間管理料	15万円	27万円	40万円
運営経費率	24%	22%	20%
年間管理料	144万円	132万円	120万円
ネット家賃収入	351万円	381万円	410万円

●5万円、10室と仮定

理料が仮に上がったとしても、稼働率が上がり、運営経費が下がるようなラクラク管理を実践してもらえれば、オーナーにとっては、ネット家賃収入が上がり、結果として物件の価値を最大化させることにつながるのです。

【図表5-11】

このように、最終的なキャッシュフローの逆転現象が起こることからも、管理会社選びがいかに重要か、管理メニュー選択がいかに大切か理解できるかと思います。**管理料を少しでも安くしてキャッシュフローを増やしたい気持ちはよく分かりますし、経費率を下げる努力は称賛されて然るべきですが、その選択が「安物買いの銭失い」にならないかどうか、契約前にきちんと確認しておくべきでしょう。**

ちなみに、プレミアムよりさらに上のサービスに該当するのが「サブリース」です。

毎月支払う管理料相当額は他のサービスよりも突出して高いため、キャッシュフローを得にくい特徴がありますが、空室のことを考えずに安定的に収益を獲得できる点が大きな魅力です。

空室発生のたびに不安に襲われるのが当然である賃貸経営において、「安心感」という価値が提供される意味は非常に大きく、たとえ薄利になろうとも「ラクして稼げる」ことで、全国のたくさんの地主さんが「安心」を求めてサブリースを選択してきました。

COLUMN

ポータルサイトの進化

すでに当たり前になっている「不動産ポータルサイト」は、ひと昔前に情報流通を変えた小さな「イノベーション」でありました。

インターネットが普及する前の部屋探しは「フォレント」「CHINTAI」など紙の情報誌で、当時はコンビニや書店で売られており、部屋情報が欲しい人はお金を出してそれを買っていた、今では考えられない時代でした（笑）。もちろん不動産屋さんの窓に貼られた募集広告なども頼りでした（このマーケティング手法は、昔から世界中で使われている）。それが今や、手元のスマートフォンでいつでも・どこでも・無料で情報を得られるようになりました。しかも、ポータルサイトに掲載される情報は、質量ともに進化を続けています。

日本の先を行くアメリカのポータルサイトでは、情報がさらに充実しています。物件自体の情報が3D TOURといった優れたVR内見システムなどを含めて充実していることはもちろん、暮らし全般に関する情報、たとえばその地域の犯罪発生率や学校のレベル、近くを通る主要道路の渋滞情報やハザードマップまで確認できるのです。こうしたライフ・インフォメーションは、今後、日本のポータルサイトにおいても少しずつ充実するべきでしょう。

アメリカでは居住用賃貸住宅に関しては、「仲介」という概念がないそうです。つまり、管理会社が直接募集を行い、入居者を見つけることが主流なのです。一方、日本では仲介会社が客づけをするのが慣例です。そして仲介会社は、他社との物件の重複など気にすることなく、反響を得るために次々とポータルサイトに物件情報を掲載します。

そうなると、嬉しいのはポータルサイトです。ポータルサイトは、より多くの仲介会社が情報を載せてくれた方が掲載料で儲けられるからです。しかし、いくつもの仲介会社から同じ物件の情報が重複して掲載されれば、ポータルサイト側は儲かりますが、ユーザーはどの不動産会社にアクセスしたらいいか分からない状態に陥ります。この構造は本当にユーザーのことを一番に考えられていると言えるのでしょうか。

本当にユーザーのためを考えているとしたら、「仲介会社と入居者」ではなく「管理会社と入居者」をマッチングする方が理にかなっています。仲介というフィルターを通さず、管理会社とユーザーを直接つなげたほうが、ユーザーに確かな情報が提供されることは明らかなのですが……。

いずれにしても今後のポータルサイトには、もっとユーザー目線で情報を充実させ、ユーザーにとって有益な存在へと進化していってほしいものです。かつて賃貸住宅といえば、不動産営業マンが口八丁手八丁で入居者を押し込む、というイメージがありましたが、誰しもそんな風に自分の暮らしを決められてしまうのは嫌なのです。正確で豊富な情報をもとに自分で納得して部屋を選びたい――、そんな当たり前の思いが叶う世の中になってほしいものです。

とはいえ、管理会社による直接の情報発信となると、「物件の実力」が丸裸にされた状態でユーザーに届けられますので、人気の物件のオーナーは今以上に家賃を得られる一方で、厳しい物件のオーナーはより厳しい状況になるという二極化も進んでいくでしょう。ごまかしが効かなくなるぶん、戦いはシビアになっていきそうです。

COLUMN

日本とアメリカの不動産業界の違い

さらに、もうひとつの指標としてアメリカの不動産業界を見てみると、日本よりもはるかにクリーンであることに気がつきます。おとり広告もなければ、情報の隠ぺいもありません。

しかしそれは、「アメリカには悪い奴がいない」といった理由ではなく、そもそも悪いことをしにくい仕組みができているというだけのこと。確かに、アメリカの不動産業界は「倫理」を重んじており、ＩＲＥＭ®（米国不動産管理協会）も倫理観こそを最重要視すべきとしていますが、そうした人間の曖昧な部分だけに頼らないのがアメリカです。まずは徹底的にデータ化し、市場のあらゆる部分を透明化します。

アメリカには日本のＲＥＩＮＳ（不動産流通機構）にあたるＭＬＳというデータベースが存

在すること、不動産業者でなくても詳細な情報を閲覧できることは既に第2章でも述べた通りです。売りに出ていない住宅の価格まで分かってしまうオープンさゆえに、売主と買主、貸主と借主とで持っている情報量がまったく違うといった、日本のような「情報の非対称性」が起こりにくくなっています。

むしろ、日本の不動産取引の不透明性はひどいものだと言うべきでしょう。

たとえば日本では「不動産取引の円滑化と適正化」という目的のもとに（専属）専任媒介の物件のREINSへの登録が義務づけられていますが、その一方で、一般媒介の物件には登録の義務が課されていません。

つまり、不動産業者は一般媒介を選ぶことで、他社に情報を公開することなく内々に集客をすることが可能となり、またREINSは日本を代表する情報流通媒体でありながら、かなりの数の取引情報を掲載できずにいるのです。

掲載義務についても、MLSでは未公開物件の取り扱いそのものを禁止していますが、日本のREINSへの掲載義務には、履行までに5日または7日の猶予が与えられています。日本の不動産業者はたとえ情報の公開（REINSへの掲載）の義務を負っていたとしても、その期日までは堂々と「未公開情報」を餌に集客をすることが可能なのです。

情報を公にせず自社だけで囲い込めば、賃貸売買にかかわらず、不動産業者は売主買主・貸主借主の双方から仲介手数料やＡＤ（広告宣伝費）を収受できる「両手仲介」の可能性を高められます。

しかし、情報が囲い込まれることで、どこかに存在する「取引相手」に情報が届きにくくなります。不動産業者が両手仲介を求めて情報の流通を遅らせるほど、早く取引を成立させたいと願っている売主や貸主が割を食うわけです。

日本では、不動産業者の利益獲得を優先した取引の仕組みが、不動産取引をより不透明なものとし、時に取引の当事者となる私たちに不利益を与えているのです。

では、アメリカでは両手仲介のような問題が起こらないのかというと、先ほども述べましたが、アメリカにはそもそも日本のような居住系賃貸仲介会社が存在しません。

物件情報は、基本的にオーナーに依頼された管理会社が発信します。誰もが自社の管理物件を決めるために情報を発信していますから、単なる集客を目的とした「おとり広告」が出る余地がありません。もしおとり広告を掲出したとしても、それは管理会社によってすぐに発見され、ペナルティを科されて市場から退場させられるはめになるでしょう。

さらに言えば、そもそもアメリカの不動産取引はエージェント制です。ブローカーのライセンスを取得しなければ、ビジネスとして不動産売買を行なうことができません。この点も、

「宅建士でなくても（重要事項説明を誰かに任せれば）不動産を売れてしまう日本」とは大違いですね。

自分で情報を確かめることができ、しかも取引を依頼する専門家全員が有資格者なら、取引の安全性はかなり高いラインで担保されます。こうした仕組みが、アメリカの市場をクリーンなものに保っているのです。

一方で、日本の不動産業界・不動産会社の不透明ぶりは、なかなか解消されません。開示する情報の量が反響数に大きく影響するようになった昨今の流れから見て、さすがにもう少し透明性のある市場へと成長していくのでしょうが、アメリカのレベルに至るには相当の時間と変革とが必要でしょう。

33

成功の法則

成功大家さんは…

23 高稼働率にこだわる会社に管理を任せる。

24 入居者対応履歴とレポートが完備されているか、チェックしている。

25 有事の時に積極的な対応をしてもらえることを知っている。

26 自主管理物件の客付優先順位は下がるものと心得ている。

27 自分にとって適正な管理サービスを選ぶ。

第6章
後悔しない管理会社の選び方

管理会社と「賃貸管理」というサービスの内容を知って、「管理を預けること」に対する印象は変わったでしょうか。おそらく本書を読むまで、管理会社を「ただの作業屋さん」としか捉えていなかった方も少なくないことでしょう。

もちろん、そのような管理会社も実在するのが残念なのですが、「大切な物件は優れた管理をする会社に任せたい」という強い思いで探していけば、オーナー目線に寄り添える「経営的視点」を持った「ラクラク管理会社」とも、きっと出会えるはずです。そのような積極的な管理会社が日本中にどんどん拡大していることも、安定した賃貸経営を達成しやすい背景になりつつあるのではないでしょうか。

最終章では、数多ある管理会社の中からどんなところを選べば自らの賃貸経営を思うように達成できるのか、そして「成功大家さん」になるためにどのように管理会社と接すれば良いのかを学んでいきます。

どこに任せれば安心？——管理会社の種類と傾向

皆さんは「管理会社」と聞いてどんな会社を思い浮かべるでしょうか。

駅前に佇む昔ながらの不動産屋さん？　カフェ風の内装のおしゃれな店舗？　立派なエント

ランスのオフィスビル？　働いている人は作業着のおじさん？　スーツを着た若者？　それとも、オフィスカジュアルを着こなす女性ですか？

実は、意外と「管理会社」というものをイメージできていません。同時に、管理会社の業態や特長、バックグラウンドやサービス品質などについても、把握できていない方が多いように感じます。

先ほどの質問、実は「ぜんぶ管理会社としてあり得る」というのが答えです。会社として管理にどれだけリソースを割いているか、仲介業や建設業を営んでいるかどうか、管理の中でも客づけが強いのか、空室対策がうまいのか、メンテナンスに強いのか――、一口に「管理会社」といってもその内容はバラエティに富んでいます。

皆さんにふさわしい会社を見つけるためにも、大まかな管理会社の種類について説明しておきましょう。

1．大手メーカー系

アパート建築を得意とし、その建築後の管理をサブリース形式で預かる管理会社です。管理会社というよりも、「管理部門を持った建築会社」といったほうが実態に近い感じでしょうか。代表的な企業には、大東建託、レオパレス21、積水ハウス、大和ハウス、東建コーポレーションなどが挙げられるでしょう。

特長としては、まず**建築から管理まで一貫して任せることができる**点です。大手としての信頼感があり、地主さんからは大変好評です。アパートを買った時点ですでにサブリース契約がセットで決まっていることも安心材料のひとつと言えます。サブリースに関しては次項で詳しく述べるようにします。

2. 地場建設会社系

前項の「**大手メーカー系**」と同様、**建築から管理まで一貫して任せられる点が魅力**です。また、建築コストについても大手ほど高額にならないことが大半です。長年にわたって地域に根付いた経営をしているため、地域のニーズもよく把握していて安心感があります。

建築について融通が利くほか、社内に工事部隊を擁しているため物件運営中のちょっとした修繕にも迅速に対応できます。ただし、あくまで「建設会社」であるため、管理の質がどれだけ高いかは個別に確認する必要があるでしょう。おまけのように部分的に管理業務を請け負っている会社もあります。しかし、ある程度の管理実績があれば、メンテナンスや建築にも明るい地場建設会社系の管理会社はオススメです。

3. フランチャイズ系

建物面でメリットの大きい建設会社系に対し、強力な入居者募集力（客付け）が期待できるのがアパマンショップ、エイブル、ミニミニ、センチュリー21といった全国フランチャイズ系の管理会社です。もちろん建設会社がこのようなフランチャイズに加入している場合もあります。

こうしたフランチャイズは、小さな不動産会社1社では到底実現できない強力な「広告」をフランチャイズ本部が実行してくれる点が魅力です。テレビCMやネット広告など各種広告宣伝の恩恵によって、フランチャイズ加盟店の集客力は少なくとも町場の一般業者以上である可能性が高いです。高稼働率を実現したい際には強い味方となってくれるでしょう。

注意点は、管理と入居者募集のバランスです。フランチャイズ系はあくまで「仲介」の集客を目的としているため、管理にリソースを割けていない会社も珍しくありません。入居付けは良くてもその後の管理がイマイチでは、入居者満足度が高まらないため、早期退去のリスクが上がってしまいます。

4. 地場独立系（大手）

地域にはそれぞれ、昔からずっと不動産業を営んでいる地域特化型の大手企業があるものです。こうした会社は、場合によってはフランチャイズ系よりも高いブランド力を持ち、集客力に優れていたり、入居者対応についても高品質なサービスを提供していたり、商工会や地域の各業界とも連携できていたりと、「地域内では誰もが知る企業」として頼もしい活躍をしてくれます。

長年の管理実績があれば任せて安心ですし、何十年もその会社で管理をしている門番のような人がいて、責任を持って仕事をしてくれるなら百人力です。全国の他企業のベンチマークにも経営者自らが積極的に参加し、自社に落とし込み顧客満足度を高めていくのも、地場大手独立系の特徴でしょう。地域では常に最先端にいるため、努力を怠る他の地場企業とはますます力の差が出ているのではないでしょうか。

5．地場独立系（一般）

いわゆる「まちの不動産屋さん」です。大抵は家族経営であり、従業員数も2～5名以下の小規模企業であることがほとんどでしょう。厳しい言い方ですが、こうした会社は往々にして、オーナーとの昔からの関係性や、店舗の立地の良さなどの恩恵によって食いつないでいる傾向にあります。ＶＩＰオーナーと認識してもらえればかなり融通が利くようになりますが、そうでない場合は管理品質もそれほど期待できません。

また革新性も高いとは言えないところが実情です。

特に、市場を寡占してしまって久しい老舗の中には、「従来通りやっていれば大丈夫」「私たちの考えたやり方が正しい」といった意識の保守的な社員が少なくありません。アナログなやり方に固執している場合も多く、たとえば「コールセンターを導入したい」とか、「送金明細をメールやLINEで送って欲しい」といった要望には柔軟に対応してもらえないかもしれません。物件内で「新しいこと」をしたい場合、その保守性が障害となり得ます。

一方で、かなり企業努力をして、先代から引き継いだ会社と既存の大家さんネットワークを駆使し、地場で変革を起こす会社も増えています。私の仲間にもこのような意識の高い会社が存在しているため、きめ細やかな相談を求める場合にはオススメです。

このように、全国に数ある不動産会社でも、この地場独立系の不動産会社がほとんどのシェアを占めており、なおかつスキルにもそれぞれ差があるため、一概に良し悪しは言えません。非常にバラつきが大きいのがこのカテゴリーの特徴と言えます。

6．地場独立系（新規参入）

新しい提案やエネルギッシュな管理を求めるなら、敢えて新規参入の企業に任せてみるのも手かもしれません。こうした会社の社長は「熱いハート」を持っていることが多く、きちんと不動産専門知識を身に着けて独立しているケースも多い印象です。入居者対応も募集業務も原状回復も、とにかく一生懸命に「頑張ってくれる」ので、比較的満足度の高い管理サービスが受けられる可能性があります。

ただし、その社長の「熱さ」に社員がついていけずに担当者がやめてしまい、従業員が安定しないこともあります。また、そのような組織体制から社内には情報共有の仕組みなども構築できておらず、担当者の退職のたびに管理品質の低下を実感することになるかもしれません。
まだまだ資本力も小さいため、どれだけ工夫をして体制づくりができているかというところが焦点となります。

7. 賃貸管理（ＰＭ）専門会社

大都市のように、管理と仲介が分業化されているエリアでは、賃貸管理専門（ＰＭ）の会社があります。自社での客づけ仲介を一切行なわず、自社物件の管理に特化しているところが特徴です。

客づけ仲介機能を排除している分、自社での管理物件を集中的に決めることに特化しています。そのため、ＰＭ専門会社が意識するのは「稼働率」であり、その数値を高めることに労力を集約します。客づけ店舗がなくて、稼働率を高められるのかと言う疑問もよくありますが、あらゆる客づけ仲介会社をお得意様としているため、自社での仲介に固執するよりも、スピーディーに成約をすることが可能です。

以上、様々なパターンの管理会社を見てきましたが、それぞれ強みがあれば弱みがあり、何もかも完璧な管埋会社というものは存在しません。あくまで皆さんの叶えるべき目的から「逆算」して、希望に沿う管理会社を決めていきましょう。【図表6-1】

図表6-1　管理会社の種類別ポジショニングマップ

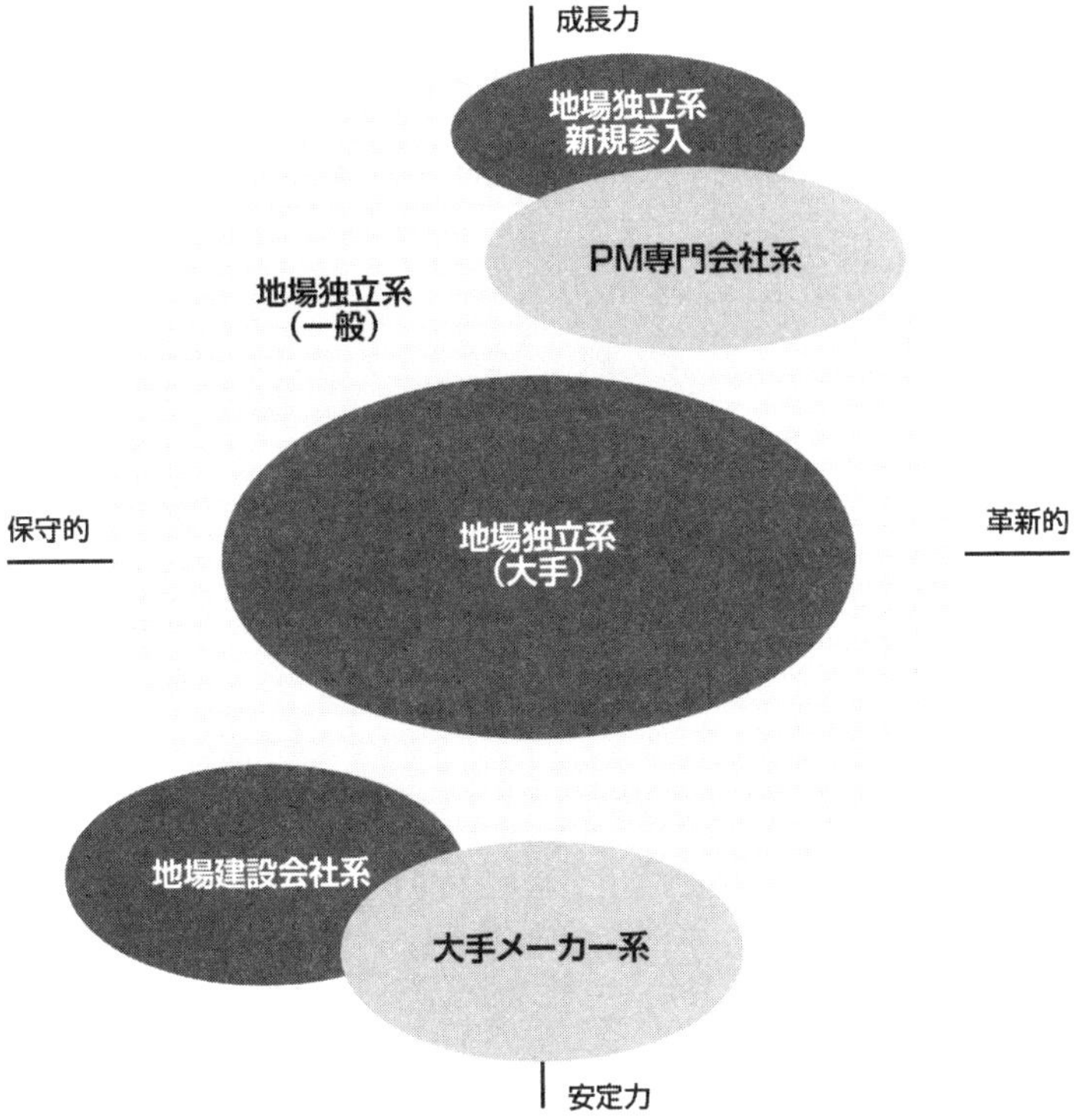

封印が解かれたサブリースの真実

賃貸経営を管理会社にまるごと任せてしまおう、というのが一括借り上げ、「サブリース」です。管理の手間は省きたい、空室の心配もしたくない、という大家さんにとってはありがたいシステムですが、一方で「かぼちゃの馬車」をはじめ様々なトラブルも耳にします。サブリースとはどんなシステムで、どう評価すればいいのか、利用するならどこに気をつければいいのか、要点を押さえておきましょう。

改めて確認すると、一般的に**サブリースとは、いわゆる「空室保証」の機能が付いた「一括借り上げ方式」の管理**を指します。

10戸のアパートがあったとしたら、管理会社が1棟まるごと、つまりアパート全室を〝一括〟で借り上げ、1棟あたりの家賃（保証家賃）を毎月支払います。空室があろうとなかろうと、1棟あたりの借り上げ家賃は毎月同じです。結果として、空室の有無に関係なく一定の家賃が約束される「空室保証」になるわけです。

空室が増えれば管理会社が身銭を切って家賃を支払うわけですから、管理料は一般的な5％では足りず、10～20％程度が要求されます（保証率90％なら満室時は管理料10％ということです）。しかしその分オーナー側は、家賃保証によって経営を安定させられるという利点があります。家賃が保証されるので、空室が出るたびに激しいストレスに襲われることも、毎月の銀行への返済に悩まされることもないということ。

最近はデメリットばかり取り上げられますが、きちんとしたサブリース契約には、オーナーにとって十分なメリットが存在するのです。

つまるところ、昨今騒がれているサブリースの問題は、サブリースという契約形態にあるのではなく、サブリースという商品をオーナーにとって不都合に変えてしまう運用のあり方にあるのです。２０２０年に制定された「賃貸住宅管理適正化法」の規制によって、そうした不誠実なサブリース契約は一掃されていくものと期待されますが、サブリースを検討される際は、特に次の点に注意しておきましょう。

1．最初の査定額は適正か

サブリースは、まずサブリース会社（管理会社）がアパート全体の家賃を査定し、その査定額の80～90％を保証家賃として決めます（査定家賃×保証率＝保証家賃＝オーナー受取家賃）。**ここで重要なポイントは、査定家賃は必ずしも相場家賃ではないところ**です。借り上げても入居が決まらないことを想定した場合、低めの家賃設定をベースに保証をしないとサブリース会社にとってリスクが高くなってしまうためです。

図表6-2 通常管理委託とサブリースの比較

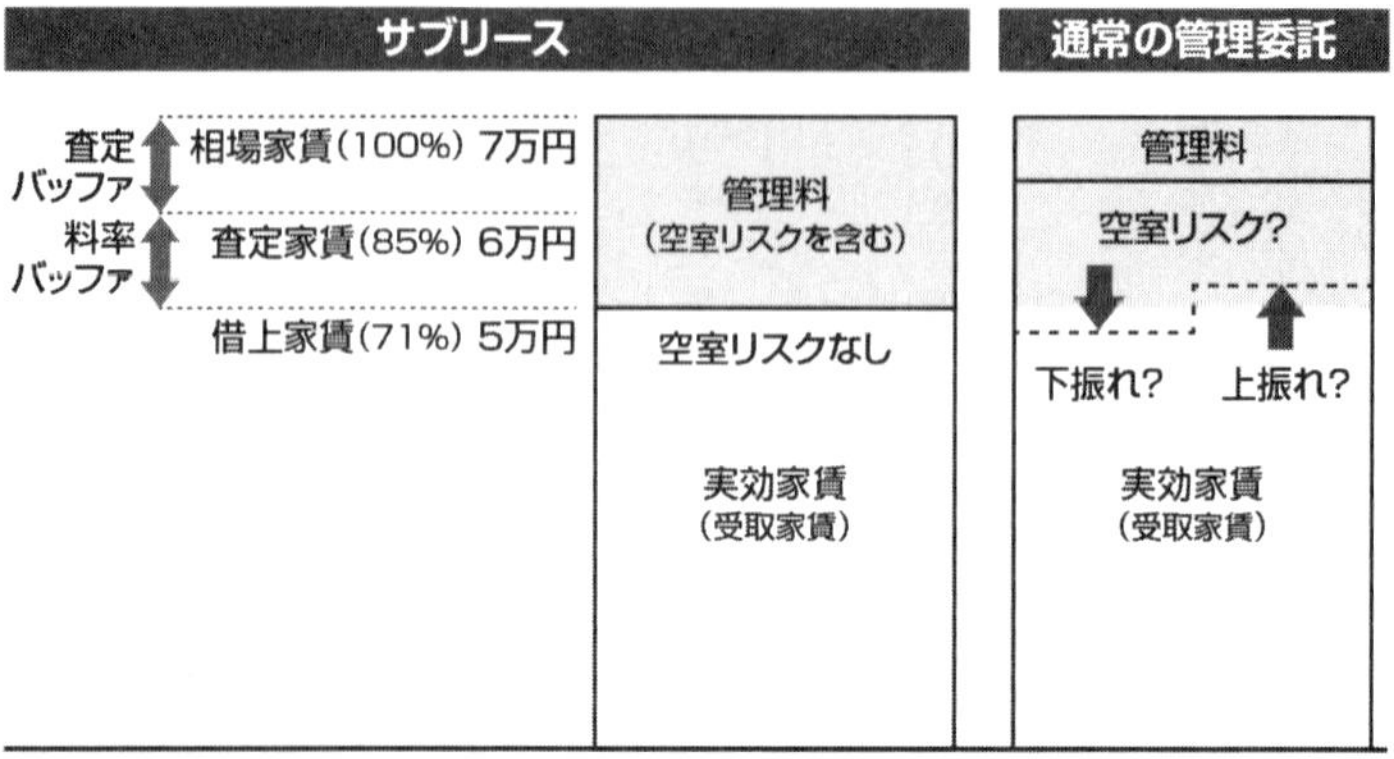

オーナーの受取家賃

通常管理:7万円 ー 管理料(3,850円) = **66,150円**

サブリース:**査定家賃 × 借上料率 = 51,000円**(ただし空室損失は存在しない)

※いくら借上料率が高くとも、相場家賃と査定家賃に乖離があれば、借上料率が低いことと同じである。

しかし、考えてみれば、その「査定額」の正しさは誰が保証しているのでしょうか。その「保証率」は、本当に妥当な数字なのでしょうか。

「高い保証率」を謳っていても、サブリース会社が意図的に査定額を下げればオーナーの取得家賃は減ってしまいます。査定家賃が相場並みであっても、サブリース会社が保証率を操作すれば、やはりオーナーの取得家賃は変わってきてしまうのです。

たとえば、サブリースをする会社が、本来は7万円で貸せる部屋を6万円と査定し、さらに90%の保証率で十分に利益が出る計算でも安全度を上げるために85%と設定すれば、サブリース会社の利益が増えます。6万円で査定したその部屋を7万円で借主に貸し出した場合、適正な査定と保証率なら6・3万円もらえるはずの皆さんの手取りは5・1万円に減り、管理会社の取り分は0・7万円から1・9万円へと増加するわけです。

もちろん、このような金額操作を悪意のもとに行なうのは言語道断ですが、しかし空室損失という大きなリスクを抱える以上、管理会社に「できるだけ蓄えを作ろう」という無意識のバイアスがかかるのは当然です。空室リスクを遠ざけ、安定経営を求めるならば、管理会社の実情と危機意識を織り込んだうえでサブリースを選択しましょう。

ただし、その保証家賃は、一般的に数年間は変更されません。だからこそ、最初の家賃査定が重要です。【図表6-2】

2. 家賃改定のルールは適正か

市況や経年に伴って「保証家賃改定」をする際のルールについても確認しましょう。

当初は全戸で100万円と家賃査定された物件も、5年、10年という時間が経てば経年劣化とともに100万円で貸せなくなります。そうなると、サブリース会社はオーナーに対して家賃改定を申し出ます。「100万円では厳しいから査定を95万円に引き直させてほしい、結果として保証家賃も90万円から85・5万円にさせてほしい」こんな具合です。

しかし、中には一方的な条件で家賃改定を迫る会社も存在します。

「市況が悪くなったので保証家賃を90万円から60万円に変更します。これに従えない場合は管理契約そのものが解除されます」こんな具合です。一括借り上げですべてお任せ、賃貸経営の実務になど一切触れてこなかったオーナーにとって、いきなり大幅な収入減か自主管理かの二者択一を迫られるのですから、青天の霹靂もいいところでしょう。

保証家賃の改定については、せめて「必ず3年ごとに行なう」などの時間的な制限や、「増減幅は7％までとする」など金額の制限が設けられていると、減額が起こるにしても比較的対処がしやすく安心でしょう。

ちなみに、この手の保証家賃減額に関するトラブルは、これまで何度となく裁判沙汰に発展しています。中には、大手メーカーに対して、オーナー側が集団訴訟に踏み切った事例もあります。一般財団法人不動産適正取引推進機構（ＲＥＴＩＯ）判例検索システムを見れば、過去にどのような判例があったのかがよく分かります。

3．契約継続（終了）の条件は適正か

家賃改定と同様、市況や経年に伴って出てくるのが「保証契約を継続するか否か」の話です。入居者募集がうまく回っている状態ならオーナーも管理会社も契約を継続したがるのですが、入居者が決まらなくなってくると、管理会社としてはリスクを減らすためにも契約終了を望むようになります。あるいは、契約継続に何らかの条件を付与し、保証による金銭リスクを少し

でも減らそうと考えます。

中には、「10年目で当社に外壁塗装工事を発注しない場合には、当契約は終了する」といった条件が設けられるケースも。入居者への訴求力を回復し、物件価値を高めるため……と良心的に解釈することもできますが、せっかく貯めたキャッシュフローを工事で持っていかれてしまっては意味がありません。

4. 解約違約金は適正か

解約違約金の話は、先ほどの「家賃改定」の話ともセットで登場することが多いので要注意です。つまり、「保証家賃を90万円から60万円に変更します。改定額が不服であれば解約いただいて結構です。ただし、その際は契約で定められた違約金、保証家賃３か月分の２７０万円をお支払いください」こんな具合です。こうなると、自主管理も選べず違約金も払えずで、不条理な改定家賃を飲まざるを得ない状況に陥ります。

本書では「管理会社を選ぶ」ことを推奨していますが、それはつまり、管理会社の実力を正しく計り、合格点に至らない場合には意識の高い管理会社へと乗り換えるべき、ということです。大家さんがストレスを抱え込んだままでは、何のために賃貸経営をしているのか分からなくなります。

いざというときに「乗り換え」をスムーズに進めるためにも、解約の条件については最初にしっかりと確認しておきたいものです。

あなたの知らないサブリース会社選び

さて、慎重論を述べてしまいましたが、しかし冒頭に述べた通り、きちんとしたサブリース契約はオーナーに十分なメリットをもたらします。サブリースを検討される場合は、次のカテゴリーの中から自分に合う管理会社を探していきましょう。

1．大手メーカー系

「管理会社の種類と傾向」の項でも示した通り、アパート建築を得意とする「管理部門を持った建築会社」です。建築部門の建てた建物を、管理部門がそのままサブリース形式で預かってくれます。企画から経営まで一貫して任せることができ、建築プランさえ固まれば、あとは募集から退去まで全部やってくれます。

今まで賃貸経営に触れたことのない農家さんや、あまり手間をかけたくない地主さんにとっては、ラクして稼げる頼もしい存在と言えるでしょう。また、テレビCMや広告で目にする有名どころであれば、建築・管理を任せる際の安心感は十分あり、商品自体の品質やブランド価値についても期待が持てます。

一方で、注意しておきたいのは価格面です。

大手である分、信頼と引き換えに建築コストは高くなりがちです。また前章で述べた通り、大手ほど「この土地に入る当社の商品」という観点での提案に流れやすく、そうなると「この土地で最大限に家賃を稼ぐための方法」は手に入りにくくなります。一定の利回りは期待できますが、その数字が自身の目標を満たしているか、コストパフォーマンスは合格点かをしっかりと確認しておくべきでしょう。

サブリースにおける保証の面は、大手メーカーだけあって資本的体力も十分あり、あまり心配は要りません。ただし「建築会社」としての色が強い場合は、当初の家賃査定額に注意を払っておかないと、後々になって家賃改定でトラブルになりがちです。

2．独立系サブリース会社（独自システム）

仕組みを考えれば当然の話ですが、サブリースは企業としてある程度の資本的体力が必要なサービスです。査定を失敗すれば1棟単位で毎月数万～数十万の赤字が発生するわけで、一時的とはいえこれを補える資本がなければ、なかなか「空室保証」というサービスは掲げられません。先述の通り、建築会社にはサブリースを展開する会社が少なくありませんが、これは建築時に多額の利益（保証の余力）を獲得しているからこそ可能なのです。

一方で、建築部門を持っていないのにサブリースを提供している会社も少数ながら存在します。こういった会社は、メーカー系に比べて「リスク」を多くとっていることになりますが、見方を変えれば、それだけリスク分散に工夫を凝らしている会社、建築抜きでサブリースを展開できるだけの強みと自信のある会社、ということになるでしょう。

こうした会社に任せるメリットは、まず査定の信ぴょう性の高さです。

彼らにとって査定ミスは命取りとなるため、独自の工夫と綿密な調査によって、より市場相場に近い査定額を導き出します。また、稼働率（＝管理会社にとっての利益率）を低下させないためには「入居者募集活動」も重要です。管理エリアに十分な集客を叶えるだけの仲介店舗を展開できている、あるいは、エリアの仲介と緊密な連携をとることで十分な集客を叶えている、そんな入居者募集活動の強さを備えた会社が必然的に多くなるでしょう。

ただし、メーカー系に比べれば小さな資本でサブリースを展開しているのは事実です。

万一の事態に巻き込まれないためにも、可能な限り管理会社の財務状況はチェックしておきたいところです。また、先述の「日管協預り金保証制度」をはじめ、何らかの保険的な仕組みを導入しているかどうかも確認しましょう。

3．独立系サブリース会社（他社システム）

サブリースを提供する管理会社のなかには、他社の提供するシステムを利用することでサブリースを実現している管理会社も存在します。

日本管理センター株式会社（ＪＰＭＣ）のスーパーサブリース®などが代表例ですが、サブリースシステムを提供する会社の加盟店となることで、自社の資本・仕組みだけではサブリースがむずかしい管理会社でもサブリースを提供できるようになります。オーナーからサブリースの強い要望を受けたものの自社内に土台がない、あるいは、軸足を仲介に置いているため管理でリスクを負いたくない、そんな会社が加盟店となることもあるようです。

ただ、注意したいのは、通常の管理に加えて保証を請け負う会社がかかわるため、どうしても管理料率が上がる（家賃保証率が下がる）という点です。

案件やエリアによっては、物件の相場家賃に対して70％程度の借上料率になることもあるようです。すでに融資が完済している場合などは良いのですが、返済額が大きいとキャッシュフローが残らない事態にもなりかねません。エリアに独立系のサブリース会社がおらず、かつ経営安定に重点を置いている場合は検討対象となりますが、キャッシュフロー重視の場合にはデメリットが目立つことになるでしょう。

管理契約書を確認する

また、当然ながら、管理委託時の契約書もよく確認しましょう。

通常は物件購入時の残金決済と同時に管理委託契約を締結することになるのですが、そこで管理委託内容をよく確認しなかったというのはよくある話です。この内容確認は、購入時の売買契約締結や重要事項説明と同じくらい重要なポイントですから、慎重に説明をうけるようにしましょう。

意外に思われるかもしれませんが、賃貸管理会社の実務に携わると、「契約時に管理契約書を読み合わせていないオーナー」が非常に多いことに驚かされます。

いくら管理メニューを確認したところで、その内容が契約書に反映されていなければ、いざトラブルとなったとき正当性を主張できません。加えて、不動産オーナーは一般消費者ではなく「事業者」です。消費者契約法も保護してくれませんので、己の身を守るためにも契約書確認はしっかりと行ないましょう（ただ、くだんの「賃貸住宅管理適正化法」によって、管理委託契約時の重要事項説明が義務化されましたので、施行後はこれまでのような「聞いていない」というトラブルは減るでしょう）。

管理契約書を確認するうえで、気を付けたいのは次の項目です。

・**管理メニューの反映**

管理会社へ委託する業務の範囲は広大です。確認するのが大変ではあるのですが、募集から入居者対応、金銭の管理方法、滞納時の対応、退去時精算の方法など、あらゆる業務について「何を」「どこまで」「いくらで」やるか、きちんと明記されていることを確認しましょう。

・条件改定のルール

特にサブリース（一括借り上げ）の場合が顕著ですが、物件の運営状況によっては、管理会社側から管理契約の内容を変更したい、と申し出る場合があります。大抵は両者の話し合いによって調整できる、といった程度の取り決めですが、一部では、オーナー側が著しく不利な条件になっているケースも問題となりました。注意して確認すべき部分です。

・解約時のルール

前項と同様、オーナー側にとって著しく不利な条件が入っていることがある部分です。

管理の内容があまりにひどいので管理会社を変更しようと解約を申し出たら、「オーナー側から解約を申し出る際は○百万円の解約違約金が必要」という契約になっていた、などというケースも。こういう契約書を用意する会社ほど、契約前に甘い言葉を囁くものです。管理会社は経営のパートナー、対等な関係で付き合える会社を選びましょう。契約ごとは、トラブル発生時にこそその内容が重要となります。浮き足立っている最初の契約時だからこそ、有事に備えておくようにしましょう。

管理会社の空室対策、5つのタイプ

求める管理サービスが提供され、そのコスパも十分に及第点であれば、次にチェックしたいのは、やはりその管理会社の「空室を解消する力」です。とはいえ、ここについては実際に管理を預けてみないと分からないことが大半でしょう。事前に空室対策について質問をしておくのはもちろん大事ですが、管理を預けて最初の空室募集の際は、管理会社の動きやスタンスを細かくチェックしておきましょう。

なお、空室に対する管理会社のスタンスは、次のように類型化できます。【図表6-3】

1．ディスカウント提案型

オーナーとしては、できるだけ避けたいタイプの管理会社です。空室が出て早く入居を決めてほしいと依頼すると、返ってくる第一声は「家賃が高いので下げないと決まりません！（家賃を下げれば決まると思いますよ！）」。確かに、家賃を下げることほど即効性のある空室対策は存在しないのですが、オーナーとしては家賃を下げる＝物件価値・利回りの低下＝目標達成が遠のくことを意味するわけで、当然ながらその選択は最終手段としたいところです。

たとえば6万円の家賃で10室あるとして、すべての部屋の家賃を２０００円下げると、年間で24万円の収入減となります。24万円を例えば7％の市場利回りで割り戻すと、約３４０万も

図表6-3　管理会社の空室対策タイプ別比較表

	ディスカウント提案型	完全放置型	ロジック提案型		
			リノベ提案型	ターゲット重視提案型	市場分析提案型
提案力	×	×	○	◎	◎
スピード	△	×	○	○	○
管理料等コスト	普通	安い	高い	普通〜高い	普通〜高い
オーナーの手間	かかる	非常にかかる	かからない	かからない	かからない
ストレス	高い	非常に高い	普通〜少ない	非常に少ない	非常に少ない

物件価値を下げることになってしまいます。

つまり家賃を下げることは、物件の資産価値を下げることに直結しているのです。それを知ってか知らずか、初めから「家賃を下げましょう」としか言えない会社は、オーナーの心理をまったく理解できていないか、あるいは、そもそも理解する気がない可能性が高いと言えるでしょう。

ただし、エリア相場に比べてたしかに家賃が高すぎるケースもありますし、これまでのやりとりから「このオーナーは追加投資（リフォームや設備投資）をしたがらないオーナーだ」と認識されているために家賃値下げを提案されている、という可能性もあります。管理会社だけでなく自身の状況も、常に客観的に眺められるようにしておきましょう。

ちなみに家賃に関しては、今後ＡＩ（人工知能）による査定が主流となっていき、航空会社や大手ホテルチェーンによるダイナミックプライシング（需給バランスによる金額の最適化）のような家賃決定法も出てくる可能性があります。また、現在出ている書籍では、入居者のニーズから間取りや家賃を徹底的に考えている、亀田征吾さんによる著書『家賃について考えてみたら、収益を上げる方法が見えてきた』（筑摩書房）も参考になります。

なお、家賃を下げることは「早期の入居者獲得」というメリットがある一方で、滞納や事故歴のある「問題入居者」が入居してくる可能性も高まります。そうしたデメリットまで把握し説明したうえでの値下げ提案であれば、あるいは、オーナーから「早く決めてよ！」と言われる前に提案してくる管理会社であれば、まだマシと判断できるかもしれません。

2．完全放置型

ディスカウント提案型よりさらに避けたいタイプで、「ダメダメ管理会社」の典型パターンがこれです。家賃値下げの提案すらない、空室になっていても報告も改善提案も一切してこない管理会社も、実は世の中に数多く存在します。

こうした会社は、もはや管理会社の義務を全うしていません。早々に見切りをつけたいところですが、管理会社同士の競争が少ないエリアだと、その周辺の不動産会社もたいしてレベルが変わらないこともあるので厄介です。

私が委託している前出の「ダメダメ管理会社」はまさにこの典型で、いくら管理料が安くても、任せることでお金以上に精神的なストレスが伴います。地方物件に起こりがちなのですが、物理的距離が離れていることで主導権が管理会社のものになってしまうことを注意しなければなりません。電話しても折り返しがない、空室対策提案をして欲しいとメールすれば無視、当たり前の対応をして欲しいというと管理料に含まれていないと言い、できていない業務を指摘されると逆ギレという始末です。

パートナー選びがつくづく大切と考えさせられます。

3．ロジック提案型

逆に、空室対策でまず理想としたいのが、決まらない理由をしっかりとしたロジックに落とし込んで提案してくれる管理会社です。問題には常に原因があります。空室がなかなか決まらないとしたら、そこにはやはり何らかの「決まらない原因」があるものなのです。

世に「放置型」が蔓延《はびこ》る一方、その原因を的確にとらえ、ロジカルに空室対策を提案できる会社も少なからず存在します。こうした会社は、皆さんが投資目的の達成を目指すうえで非常に頼もしいパートナーとなってくれるでしょう。

ただ、彼らは時として、我が子のように可愛い所有物件の「短所・弱点・改善点」を的確に突いてきますので、そこで「うちの物件に限ってそんなことはない！」などと感情的にならないようご注意を（笑）。そうした場合に、管理会社と建設的な意見交換を進めるためにも、原因分析の方法を学んでおきましょう。【図表６－４】

3a・リノベーション・大型投資提案型

ロジック提案型の中でも、設備投資を得意とするのがこのタイプです。

空室要因を突き止めたら、次に考えるべきは「どう解決するか」「どれだけコストをかけるか」ということです。ロジック提案型の管理会社であれば、その点についてもきちんと提案をしてくれるはずです。その際、リノベーションなど大きなコストのかかる提案ばかりしてくる管理会社には注意したいところです。

確かに、リノベーションには物件自体の訴求力を大幅に高める効果が期待できます。築古物件が新築同様に生まれ変わるインパクトは、部屋探しをする顧客層にはもちろんのこと、所有者であるオーナーにとっても大きいものです。しかし、果たして費用対効果をどれくらい生み出すのか、という点に疑問が残るような提案も少なくありません。1部屋に数百万円ものコストをかけたとして、回収には一体どれくらいの年月がかかるのでしょうか。

「築古物件がリノベーションで家賃30%アップ」といった事例も見かけますが、築30年家賃5万円の部屋が仮に6・5万円になったところで、家賃回復分1・5万円の年間家賃アップは18万円です。経費や空室率を加味してNOI率75%として考えた場合、リノベーションによるネット家賃収入は13・5万円。仮に200万円の工事だとしてもその投資を回収するのに15年はかかる計算です。

図表6-4　管理会社のロジック展開

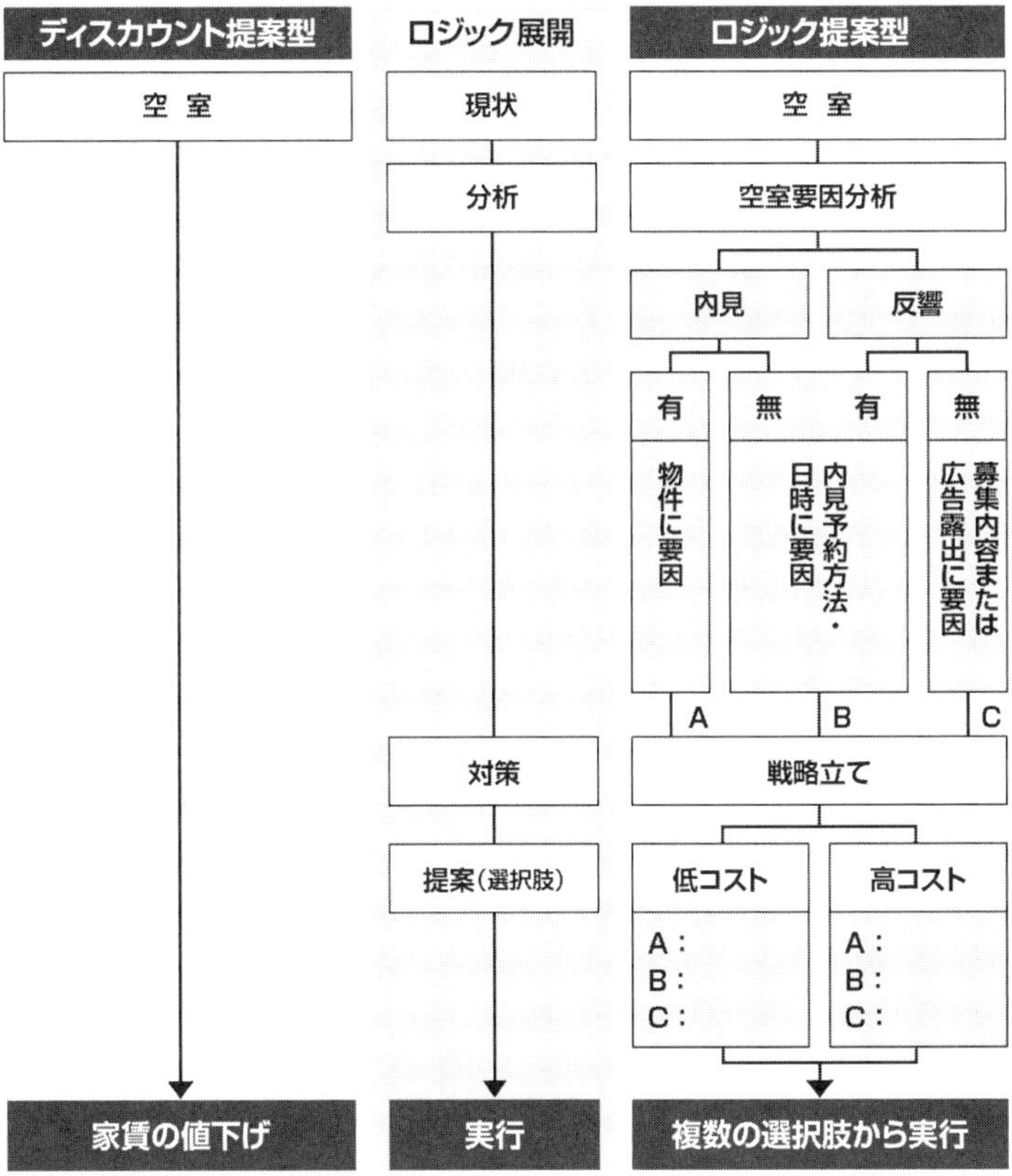

それであれば1部屋だけに高額の追加投資をするよりも、例えば300万円の外壁塗装を全10部屋で割ることができれば、1部屋あたりの投資コストは30万円と費用対効果は高くなり、それだけでも入居促進できる可能性があります。

「この空室を埋めるための適切なコスト」は誰にも明言できませんが、あまりに過剰な投資であれば少し計算するだけで見抜けます。オーナーさんには提案の綿密なシミュレーションと慎重な判断を求めたいところです。大型工事と費用がかからない空室対策提案のバランスが取れていれば、信頼して良いと言えるでしょう。

3b. ターゲット重視提案型

せっかくロジカルな提案のできる素地があるのであれば、管理会社には空室要因に応じた柔軟な空室対策を期待したいものです。その際、管理会社が「ターゲット」を重視していると、対策に幅が生まれるだけでなく、集客に関して「戦略」も構築されます。

空室要因が「内部環境（物件自体の問題）」だけでなく「外部環境（物件を取り巻く市場）」にも見られる場合、たとえば、周辺にライバル物件が多数存在する場合などは、特にこのターゲットに対する意識が重要です。なぜなら、周囲の物件と無差別に「入居者の奪い合い」を始めてしまうと、最終的には血で血を洗う「値下げ合戦」に巻き込まれてしまうからです。

その点、ターゲットを意識する、つまり「どんな人が入居する（べき）か」を明確にして募集戦略を練っていくと、ターゲットの範囲を狭めるぶんだけ競合するライバルを減らすことができます。たとえば、学生よりは社会人向け、社会人でも特に女性、女性の中でも収入が高いほう、年齢は30代前半……、こうしてターゲットが明確になると、ライバルの数も数十件→数件へと減っていき、また実施すべき空室対策もはっきりしてくるのです。

このように、ターゲットとする顧客の人物像を明確化してアプローチする手法を、マーケティング用語で「ペルソナ・マーケティング」と言ったりしますが、この「ペルソナ」を管理会社と共有しておくと、先方からの空室対策提案の質や精度も高まります。また、提案された対策の効果の是非についても検証しやすいでしょう。

たとえば、社会人女性をターゲットにするなら、室内物干し・テレビモニター付きインターフォンといった設備の導入は効果が高いと言えますし、逆に、そもそも空室が1階である・バストイレ一緒である場合などは、社会人女性というペルソナを採用すること自体が不適切だと判断できます（社会人女性なら2階以上、バストイレ別は最低条件でしょう）。

また、ターゲットが定まることで、各空室対策の効果を高めることも期待できます。簡易設備やアクセントクロスといった低コストの対策であっても、ターゲットが決まっていれば「そのターゲットの心理に最も刺さりやすい色（モノ）」を選ぶことで、コストパフォーマンスの向上を図ることができるでしょう。

3c．市場分析提案型

とはいえ、安易にペルソナを設定するとアプローチ先が少なくなり、集客数不足が発生しかねないのも事実です。そんなとき、管理会社に市場を分析し、「需給ギャップ」を突くような提案のできる能力が備わっていると頼もしい限りです。

需給ギャップとは、その言葉通り「需要と供給のギャップ」を指します。どんな市場も需要と供給のバランスによって成り立っていますが、時に市場のバランスが崩れ、「需要はあるのに全然供給が足りていない」といった状況が発生します（逆も然りです）。

多くの人が欲している（需要がある）のに供給が足りなくて手に入らない……。なんだか昨今の転売屋問題（チケットや希少性の高いものを、転売屋と呼ばれる人々が大量に仕入れて、市場から商品が枯渇する。オークションなどで高額で転売されると、ニーズがあるので売れてしまう）を彷彿とさせるワードですが（笑）、しかしその状況は私たち供給側が最も希求するものではないでしょうか。ニーズはあるのに供給がない、そんな部屋を用意できれば、私たちはあっという間に空室を解消できるはずだからです。

たとえば、賃貸でもセキュリティ設備の人気は年々高まってはいるものの、「ホームセキュリティ」レベルのサービスとなると、首都圏の賃貸住宅市場でも数パーセント程度しか供給されていません。しかし昨今の人気設備ランキング（２０２０年全国賃貸住宅新聞社調べ）では、同設備が上位に食い込んできています。これは需給ギャップのひとつでしょう。

最近では、スマートルームセキュリティ（プリンシプル社）のようにローコストでホームセキュリティを実装できるサービスも登場していますので、積極的に活用してみるのも手です。こうしたギャップは至る所に存在しますが、その在りかについて最も詳しいのは、市場の需要にも供給にも精通している管理会社であるはずです。もっとも、そうしたギャップは意識していなければ「見えていても気づかない」ので、管理会社のマインドや提案の仕組みが頼りです。場合によっては、皆さんが管理会社にヒアリングを行ない、その中から市場のギャップを探してみることも必要でしょう。

管理と仲介は別もの

日本では専門分野を絞らない「総合不動産業」が珍しくありません。不動産取引は用地取得や開発なども含まれ、大きく売買部門と賃貸部門に分かれ、賃貸はさらに仲介と管理に分かれます。また、扱う商品も事業用不動産と、居住用不動産とで明確に区別されます。土地もあれば建物もあり、新築もあれば中古もあり、建売事業もあれば買取再販もあります。総合不動産とは、これらのほとんどを一社で担う状態です。もちろんこれも一長一短で、「総合的な視点」を期待できる場合も多いのですが、その一方で、管理と仲介とでは向くべき方向が違う、という根本的な問題にもぶつかります。

向くべき方向、言い換えれば「顧客は誰か」「どちらの側に立つのか」という問題です。管理会社の顧客は、言うまでもなくオーナーでしょう。入居者を顧客と見る向きも無いではないですが、やはり**管理会社は「入居者にとって快適な住環境を家主に代わり提供・維持し」、それにより「入居者の満足度を高めることで物件の収益性を高め」、結果として「家主の経営を安定させ資産価値を高める」ことが大義**です。オーナーの味方となって賃貸経営をサポートする、それこそが管理会社の役目なのです。

しかし一方で、「仲介」という業務は、どうしてもオーナーの味方になり切れません。特に賃貸の仲介営業はその傾向が強めです。賃貸仲介営業マンは、入居希望者の味方となり、「条件が少々厳しくても交渉して住まわせてあげる」のが仕事なのです。

また、その役割自体も期間限定であり、責任についても「トラブルなく契約を結ぶ」ところで線が引かれがちです。結果として、そのマインドは「我々の役目は客づけすること」となります。多少問題のありそうな人でも、とりあえず入れることが大事で、「入居者さえ決めてしまえば良い」という考えに陥りやすくなります。しかし、そのマインドで困るのはオーナーであり、管理する側です。「早く決めてほしいのは確かだけど、問題のありそうな人はどうか入れてくれるな。問題のありそうな人なら空室のほうがましだ」そんな本音を抱えるオーナーや管理部門と、仲介営業とが噛み合わないのは納得ができます。

管理会社としては、自社でお預かりしている物件をいち早く決める必要がありますが、もし仲介もやっていれば、たまたま近くにある「決めブツ」（決めやすい魅力的な物件）を優先的に紹介してしまうでしょう。その方が簡単に決まるし、入居希望者も喜ぶからです。

しかし管理を預けているオーナーからしてみると複雑な気分になります。「管理してもいない他社の物件ばかり紹介をして、私の物件は全く決めてこない……」といったことになってしまうのです。本来、管理と仲介業務を兼務することは市場ニーズをリアルタイムで把握できるメリットがあるはずなのですが、実際にはなぜかこのメリットが発揮されず、一気にデメリットへと転じてしまいます。

ポイントは、「担当者（あるいは不動産会社）が管理に軸足を置けるかどうか」で、そのためには「不動産会社の教育体制」が重要だと思っています。管理に軸足を置く、それはつまり、担当者が賃貸経営・不動産投資の根幹を知り、何をすれば「資産の最大化」につながるかを知り、体制を組むことに他なりません。

ご承知の通り、投資分析ひとつとっても私たちには様々な知識が必要とされます。時に税金や相続についても考慮が必要となる不動産経営について、担当者が全体を俯瞰する視野と深い知識を獲得することは一朝一夕で為せることではないのです。ですが、それにもかかわらず、不動産会社の教育体制は盤石であるとは言い切れません。

そもそも、不動産業界は小規模企業の集合体で、大多数が数名程度の会社です。教育体制にリソースを割けないため、規模を拡大する前提がなければ教育に重きを置かないのは当然ですし、教える体制を整備するどころか教えるための体力からして捻出することが難しいのです。小規模な組織では、社長が長年かけて培った経験や人脈を、次期社長となる息子に伝えるだけで精一杯、社員のスキルを磨き上げてオーナーに対して高度な提案ができるように育てる、といったことはなかなか難しいのが現実でしょう。

では、もう少し規模の大きい会社なら良いのかというと、ワンマン経営で組織体制を作らず、経営者のカンだけで人材運用をしてきた、高い離職率が当たり前の会社が少なくありません。こうした会社では、「教えてもどうせ辞めてしまう」というマインドが社内に蔓延し、教育に注力できない状態となっています。教育・学習が重要な業務であるにもかかわらず、基本的な教育スタンスが「俺の背中を見て学べ！」では、今の時代、人が育つわけもありませんし、離職率がさらに高まる悪循環へと陥ります。それでもごく少数の社員は「オーナーの気持ちを酌める人材」へと育つのですが、彼らはさっさとキャリアアップするか独立して、その会社に定着しないことは既に述べた通りです。

管理を預ける際、その会社の教育事情まで聞くことができると将来的な安心感も変わってきます。なにせ不動産投資は20年、30年という長期スパンであり、その間ずっと管理を任せるかもしれないのですから、「10年後も安心して任せられる会社かどうか」を判断しておくのも大事なポイントでしょう。次項で詳しく説明しますが、宅地建物取引士や賃貸不動産経営管理士といった有資格者の数、そして資格取得の奨励制度などからも、その会社の教育に対する姿勢やマインドを垣間見ることができます。優秀な管理会社とは、往々にして「優秀な人材の育つ土壌のある会社」であるものです。

資格の数は学びの証

私はこれまで、全国、北海道から沖縄まで数多の不動産会社と接点を持ってきました。そこで常々感じてきたことがあります。それは、**「不動産業界には、専門的知識を学ばない人が極めて多く、会社もそれでよしとする文化がある」という現実です。**不動産業界＝学ばない業界だと言っているのではありません。専門的知識を学ばない人が圧倒的に多いのです。確かに離職率が高い業界ですから、教えても辞めてしまうと考えれば会社が人材教育に投資しないのも無理もありません。

不動産取引は本来、専門的な知識が必要であり、商品も高額で、資産形成にまつわる様々な分野に精通しているべきなのです。**不動産業者の方たちには耳の痛い「不都合な真実」かもしれませんが、不動産業の基本となる資格である「宅地建物取引士（宅建士）」でさえ、実は取**

得している人が少ないのです。

もちろん、宅建士は国家資格であり、難関であることは間違いありません。ですが、15〜17%という合格率は、きちんと勉強すれば十分に通過できる数字です。しかも、受験者には大学生や公務員、主婦なども含まれているのです。業務の中で日常的に宅建業法に接し、宅建業に一定期間従事していれば5点免除の特典まである、圧倒的に有利なはずの不動産屋さんが、なぜ主婦の合格率より低いのか……(平成30年度合格率は不動産業16%、主婦20%でした)。それはやはり「専門知識を習得しようとしない不動産屋さん」がたくさんいるためでしょう。ですが、その学ばない不動産屋さんを生み出しているのは、「知識がなくても買える」「知識がなくても売れる」という不動産取引の特性です。

自分に金融や投資の知識がなくても、賃貸経営のリスクについて説明できなくても、顧客が無知でさえあれば、不動産屋さんもまた無知のまま不動産を売ることができてしまいます。もちろん、契約に必須の「重要事項説明」は宅建士にしか許されていませんが、この重説が土地や建物の情報に限定されていることは先述の通り。逆に言えば、とにかく口八丁手八丁で契約に持ち込めれば『歩合』で生活は潤うのですから、わざわざ難しい試験に合格して、ささやかな資格手当など貰わなくても、「気合い」と「ノリ」で契約をこなして歩合を稼いだ方が得だ……こんな思考の不動産営業マンが生まれてしまうのは仕方のないことなのかもしれません。なればこそ、この業界においては資格者の有無が会社の実力を計るバロメーターとして機能します。もちろん、**必ずしも「資格者がいる＝全面的に信頼できる会社」とは言えませんが、宅建士の保有率が高い管理会社ほど信頼して良いということは断言できます。**

また、不動産投資（経営）に関して有効な資格はいくつもありますので、宅建士以外の資格者の有無も確認しておきましょう。

1．宅地建物取引士

不動産業界における「基本」の資格です。一般の方の中には不動産屋さんは全員が宅建士だと思っている方も多いのですが、その取得割合が低いことは既に述べました。宅建業法で「ひとつの事務所において業務に従事する者5人につき1人以上」が宅建士であればいいと定められていることもあり、店舗内で宅建士は店長だけ、なんてお店もザラにあります。

特に賃貸仲介領域においては取得率が低く、私が仲介営業マン全盛期だった頃は「名義貸し」の話を聞くこともあったほどです。5人に1人以上という最低ラインも維持できなくなった会社が、一般の方から宅建士の名義を借りて営業をするわけです（もちろんこれは違法です）。不動産領域に身を置く以上、企業として理想を言えば6割以上、せめて半数近くは宅建士の資格を保有してほしいところです。そういう会社は「学ぶ意義」を企業文化として育んでいる可能性が高いですし、勉強熱心なスタッフの多い会社は知識レベルが高いため、有益な提案やトラブル時の対応にも期待が持てます。

ただし、「管理」という領域に限定すると、宅建士の保有割合の高い会社にはなかなか出会えないかもしれません。なぜなら、管理事業は単体では「宅建業」に含まれず、宅建士がいなくとも事業を展開できるからです。とはいえ、やはり管理といえども不動産を扱うことには変わりありませんし、取得者が多いに越したことはないでしょう。ちなみに、私の前職の会社は、一時期宅建保有率が80％を超えていたこともありました。

やはり宅建士は、業界においては運転免許証のようなもので、当たり前に持っていて欲しいものです。

2．ファイナンシャル・プランナー（ファイナンシャル・プランニング技能士）

不動産限定の資格ではありませんが、管理会社にぜひとも居てほしいのがファイナンシャル・プランニング技能士（以下、ＦＰ）で、一言で言えば「お金のお医者さん」といったところです。オーナーにとって不動産投資はあくまで手段であり、最終目的は保有資産の最大化。その点、ライフプランニングから金融、不動産、保険、税金、相続など様々な知識を学んでいるＦＰ資格者からは、資産活用全体を俯瞰した提案が期待できます。

ＦＰは3級、2級／ＡＦＰまでは簡単に取得できますが、1級／ＣＦＰ®はそれまでと桁違いの知識が求められる難関となります。できれば賃貸経営においては、1級ＦＰ技能士またはＣＦＰ®をアドバイザーに選びたいところです。

ちなみに、ＦＰの勉強において何度も繰り返されるのが「ＦＰは弁護士や税理士、保険などの専門領域の仕事をしてはならない」という職務規定です。各領域の専門知識は持っていても、ＦＰは具体的な実務に携わることを禁止されているのです。

しかし一方で、資産全体を経営的な視点で見ることのできる税理士はごく少数。法人の税務や申告には詳しい税理士さんは多いのですが、個人の資産に詳しい方にはなかなか出会えません。１級ＦＰ技能士／ＣＦＰ®のアドバイスの元、頼れる税理士さんに実務を行なってもらう、というかたちが理想でしょうか。

資産コンサルティングを積極的に行ないたい不動産業者の方には、ぜひこの資格にチャレンジしてもらいたいものです。

３．賃貸不動産経営管理士

「賃貸住宅管理適正化法」の成立に伴い、飛躍的に注目度を高めているのが賃貸不動産経営管理士です。もともとは不動産の業界団体から出されていた独自の賃貸管理系の資格でしたが、これが統合されて現在のかたちとなりました。

前述の通り、管理は宅建業法の制限を受けない一方で、ある意味、宅建業よりも深く不動産投資の「経営」に関わります。それにもかかわらず宅建士も不要、法的な制限はおろか倫理・知識レベル・技能等の指針すらない、という賃貸管理業の状況は、以前より問題視されていました。

今回の法制化によって、2021年4月21日、同資格は国家資格となりました。これにより管理戸数200戸以上の賃貸住宅管理業者に、管理事務所ごとに1名以上の設置が義務付けられる業務管理者の要件として定められました。このことで、資格の重要度も、資格取得の難易度も大幅にアップすると想定されます。今後は賃貸管理会社にとって必須の資格となると共に、宅建同様の難関資格となるのも間違いなく、管理会社のレベルを計るひとつの目安となりそうです。

4．CPM®（米国不動産経営管理士）

賃貸経営・賃貸管理において、内容的に一歩先を行くのがCPM®という資格です。もともとは米国不動産管理協会（IREM®）が認定しているアメリカの資格なのですが、2005年にIREM®日本支部が誕生し、日本でもCPM®が徐々に増えていきました。

取得に当たっては賃貸管理全般を網羅した、9個におよぶ専門教育課程を1年かけて受講し、最終的にはまる2日間かかる試験に合格する必要があります。学びの中心となるのは「経営的視点」の獲得です。一棟一棟の不動産経営にフォーカスした様々な知識とケーススタディを修得し、不動産投資理論に基づいた分析をもとに、論理的な経営判断を行なえる実力を身に着けます。

　そういう意味では、ＣＰＭ®は管理の資格でありながら、物件の売り買いにおいても力を発揮する資格と言えます。私自身もＣＰＭ®であり、その認定講師でもあります。そしてＣＰＭ®での学びを知っているからこそ、大袈裟ではなく、**不動産管理と不動産投資理論という知識を備えたＣＰＭ®ホルダーに管理や物件選びを任せれば、全国どのエリアで不動産投資をしても怖くない**と思っています。何よりも顧客の利益と倫理感を重んじ、メンテナンスからマーケティング、人事管理、ファイナンス、アセットマネジメントまで、不動産先進国アメリカの専門知識を身に着けるのですから、そのハイレベルな人たちとの共通言語は不動産業界においても卓越しています。

　もともと不動産管理会社の経営者・マネージャー向きの資格でありますが、最近では不動産大手企業のマネージャー、不動産オーナーなど受講生のバリエーションも増えています。２０２１年現在で全国に６８１名のＣＰＭ®が存在しており、世界と比べても日本のＣＰＭ®取得者数の伸び率は非常に高く、その注目度がうかがえます。授業料は決して安くはありませんが、それ故、ＣＰＭ®という資格には、学ぶことに本気で、思考や仕事のレベルが高く、信頼の置ける人たちが多く集まってくるのです。賃貸経営で迷いがあれば、まずは最寄りのＣＰＭ®を訪ねてみることをお勧めします。

管理戸数とサービスの理想と現実

大規模会社だから安心できると考え、また、社長の実力や想いに賛同して管理を預けるケースは少なくないと思います。確かに一般論としては、規模の大きい会社ほど経営資源の充実によって生産性も高まり、優れたサービスを提供できるようになります。それは、大規模企業ほど優秀な人材を獲得しやすく、またその優秀な人材が組織内で優れた活躍をするためです。

しかし残念ながら、その社長や実力のある幹部の振るってきた敏腕と熱意ある姿勢が、その会社のすべての社員に受け継がれるわけではありません。組織の規模が大きくなって管理戸数が増えるほど、社長の「イズム」が末端社員にまで届かなくなっていくのはよくある話です。管理戸数が多いからといって、必ずしも管理会社全体が優秀であるとは限らないのです。

管理戸数の多い会社は、物件を預ける際の安心感こそ大きいものの、預けた後の満足感まで十分かというと、これも正直ピンキリです。

当たり前の話ですが、1人の人間に与えられている時間は1日24時間、労働時間で言えば原則8時間です。これを10人の顧客に割くのと100人の顧客に割くのとでは、当然、顧客1人当たりの持ち時間は違ってきます。そしてその差はサービスの利用満足度にも大きく関わることになります。

預けた先が管理戸数100戸程度の管理会社であれば、社長ほか実力者との距離も近く、ま

図表6-5　管理戸数とサービスの質の相関関係「理想と現実」

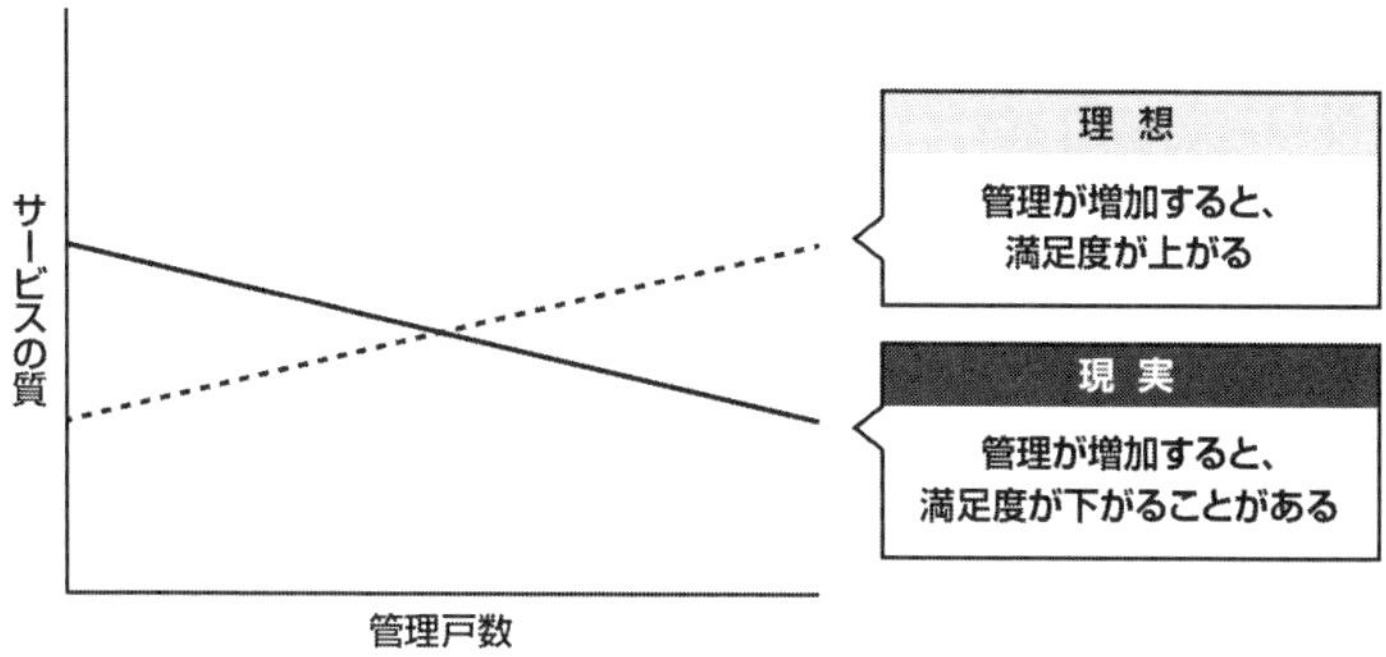
サービスの質
理 想
管理が増加すると、
満足度が上がる
現 実
管理が増加すると、
満足度が下がることがある
管理戸数

管理戸数 ≠ オーナー満足度
管理戸数が多い会社のオーナー満足度は、必ずしも高いとは言えない

た管理においても手厚いケアが受けられるため、それなりに高い満足を得られるでしょう。

　しかし、その会社が仮に1000戸管理の会社になったとしても、スタッフの数は決して10倍にはなりません。せいぜい2～3倍が関の山。会社は規模の拡大と共に新しい事業やサービスを開始し、また他の管理オーナーへの対応の必要性から、オーナー1人に割く時間を減少させていくはずです。創業期から付き合ってきたオーナーは、この成長期に差し掛かった管理会社に対し「以前はもっと頻繁に会いにきてくれたのに……」と感じることでしょう。【図表6-5】

　利益と成長を求めるのは会社の本懐、それは仕方のないことではあるのですが、その状況、つまり「戸数拡大主義」を「良し」とする会社の満足度は、あまり期待できません。オーナーに割く時間を増やせないなら増やせないで、管理会社は何かしらの工夫をもってオーナーに報いるべきでしょう。

せめて年に一度のオーナーイベントなど、管理物件のオーナーが一堂に会する場を作るなどして、社長や上層部とコミュニケーションをとれる機会を作る会社ならば、オーナーとしても「多少」の満足は得られます。それは決して食事会や宴会の場が嬉しいのではなく、それが「オーナーの期待に応えようとする管理会社」であることが伝わるからです。

賃貸経営に挑む不動産オーナーの心情を理解している管理会社のスタッフは、実は多くありません。管理会社の末端社員には知識もノウハウも不足していて、頼れる実力者はその末端社員の陰に隠れてよく見えません。なればこそ、それを事実として受け止め、社長がどうにかオーナーの前に顔を見せようとする会社は、管理戸数に関係なく「満足」を得やすいでしょう。管理会社の満足度は、決して管理戸数から計れるものではないのです。

「1000戸の踊り場」を脱せる管理会社とは

とはいえ、ここで私は管理戸数の多い会社には任せない方がいい、と言いたいわけではありません。世の中には、「管理戸数が増えるとサービス品質が下がる」というジレンマと誠実に向き合い、ITやアウトソーシングの活用、仕事の工夫や組織の変革によってこれを解決した管理会社も多数存在します。

つまり、避けるべきはそうした工夫や改革を放棄し、成長をやめてしまった・成長することのできないでいる管理会社です。この手の会社は往々にして、ある一定のラインまで成長したところでパタッと管理戸数が増えなくなり、地域でそれなりの知名度こそ有するものの毎年相当数の管理離れ（不満足によるオーナーの見限り）を引き起こしています。

管理会社がこの状況に陥ることを、私は「1000戸の踊り場」と呼んでいます。

地域や状況によって異なりますが、目安はだいたい800〜1200戸くらいでしょうか。この「踊り場」から5年も10年も、ずっと脱出できない管理会社は、旧態依然としたやり方を変えられず、管理を預けても不満が多く管理が他社へ変わっている可能性があるのです。理由としては、人材不足とサービス提供とのバランスが取れず、新しい取り組みやオーナー満足度の提案が億劫になっているのかもしれません。さらに、現場のモチベーション低下に歯止めがかからず、管理不全に陥っている会社は要注意です。

一方で、この踊り場を脱出できた会社は、オーナー満足度を維持して管理戸数を増やす方法を見つけたか、あるいは常に探り続けているチャレンジングな管理会社です。特に差が出るのは、社員がやるべき仕事とは何かを再定義できているか否かでしょう。**私たち不動産オーナーが管理会社に求めることは、極論すれば物件の高稼働という結果と、有事の際に経営についてきちんと相談できる信頼感です。**オーナーは決して、「草むしりは管理会社の社員にしてほしい」「募集広告は管理会社の社員に作って欲しい」などと求めているわけではありません。このあたりを取り違えて「うちの社員が何でも頑張ります！」などとしている会社は、結局いつまで経っても「作業屋さん」に終始してしまいます。

草むしりはコストの安い外部に任せればいいし、募集広告など社内の素人ではなくプロのデザイナーに作ってもらってもコストは知れています。昔は叶わなかったことが、今ではクラウドソーシングを活用すれば、安いコストで製作できます。それを理解せず「何でも（不得意なことでも）社員にやらせる会社」からは優秀な人材が流出し、きちんと適材適所で人的リソースを使える会社では、オーナーの信頼にしっかりと応える社員が育っていきます。踊り場を脱した企業には、管理を預けるに足る実力と思想が備わっていると考えて良いでしょう。

管理会社選び、キーポイントは稼働率（入居率）

結局のところ、管理会社はどのように選ぶべきなのでしょうか。

私は、管理戸数の多さはサービス品質や満足度に比例しない、と述べた一方で、「1000戸の踊り場」を脱した会社には実力があると述べました。また、先ほどは100戸程度の管理会社は意外と満足度が高いかもしれないとも述べました。管理戸数が少ないうちは手厚いケアを受けられる可能性が高く、また管理会社の規模が小さいぶん組織・業務に透明性があるからですが、しかし規模が小さい会社はいつ何が起こるか分からないリスクもあり、多数の自社仲介店舗から入居者を集めてくる、大規模管理会社のようなことは到底真似できません。

つまりここで言いたいのは、**管理戸数をもって管理会社の良し悪しは判断できない**、ということです。管理戸数はあくまで組織規模の目安でしかなく、それ以上の意味を求めてしまうと、むしろ管理会社を選び間違えることにもなりかねません。

結局のところ、管理会社選びは皆さんの掲げる投資の目的にどれだけ合致しているか、がすべてです。利回りを求めるなら稼働率を高めることが得意な会社に、社会貢献やオーナーシップを求めるのなら入居者対応の得意な会社や知名度の高い会社を選んでいけばよい話です。

ただ、大多数の方の投資目的が「資産を増やす」である以上、もっとも注目すべき指標は「入居率・稼働率」となるでしょう。管理料の安さで管理会社を選ぶ、つまり運営経費を下げることに重点を置くことも考えられますが、安さ重視の選択によって物件の稼働率が下がり、最終的なキャッシュフローが減ってしまったのでは元も子もありません。

もし、管理料3％で管理戸数3万戸の会社に物件を預ける機会があったとしても、その会社の稼働率が90％であったなら、私は規模が小さくともどうにかして稼働率97％や98％の管理会社を探し出すでしょう。そのリーシング能力の高さが私の投資の目的に合致し、私の満足度を高めてくれると確信できるからです。**「成功大家さん」になるためには、成長をしている管理**

会社を味方につけ、上昇気流に乗ることが大切なのです。

ＶＲは成否のカギとなるのか？

「ラクラク管理会社」はＶＲ内見のようなＩＴへの取り組みにも積極的です。ＶＲ内見とは、３６０度ビューの写真・映像をＶＲゴーグルやスマートフォンで閲覧し、実際に現地にいるかのような内見体験をする技術です。コロナ禍になってから急速に広まっている印象があります。

ＶＲ内見が登場するまで、部屋を借りる際は実際に現地に足を運ぶのが当たり前でした。たとえ北海道から沖縄に移住する場合であっても、あるいは、原状回復の終わっていない修繕中の部屋であっても、多くの人は実際に現地を内見して部屋を決めていたわけです。それがＶＲ内見によって、いつでも、どこにいても、きちんとした状態の部屋を見られるようになったのですから、オーナーとしてみれば、より広範囲からの入居が増える可能性が出てきたわけです。

もちろん課題も残っています。本当に「ＶＲだけで自分が住む部屋を決定できるのか」という問題です。部屋を借りる際、人が本質的に求めているのは「部屋」というよりも「快適な暮らし」です。

しかし暮らしやすさの判断は、決して視覚からの情報だけで（しかも部屋の内装だけで）完

図表6-6　5都市で行った独自調査（2019年）

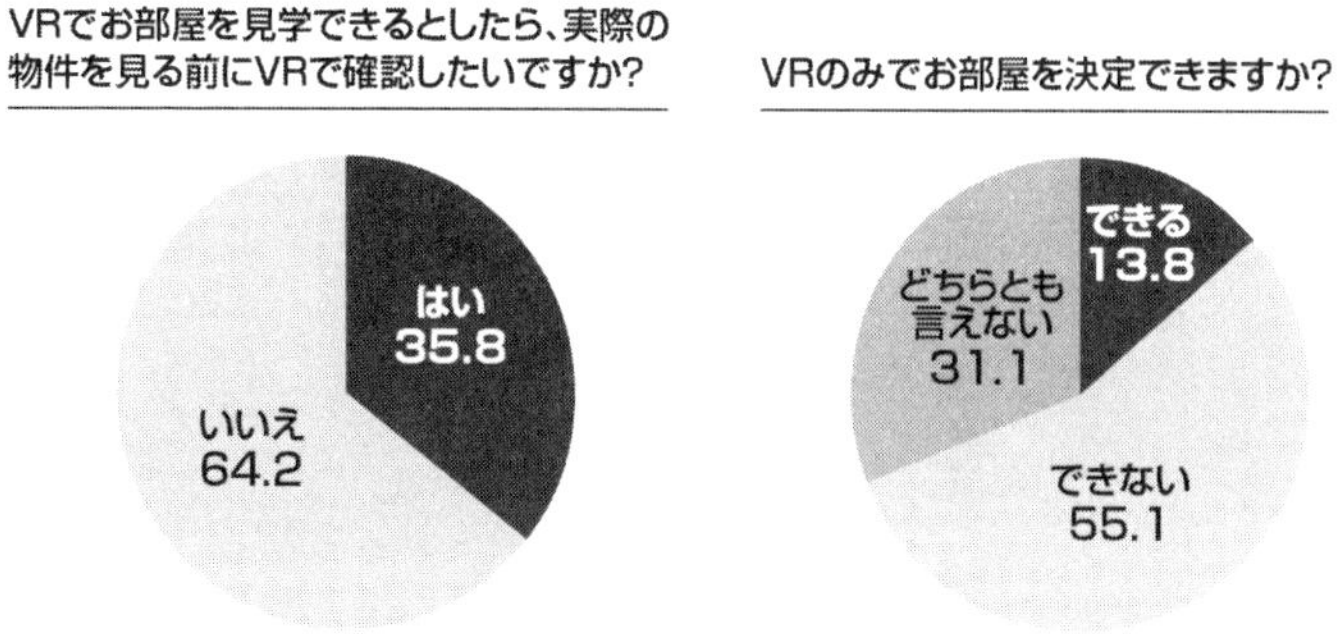

結するものではありません。周囲の音も気になるでしょうし、近所に畑や畜産施設があればにおいも気になるはず。つまり人は視覚だけでなく五感をフル活用して部屋を探しているのです。情報が視覚だけに制限されれば、なかなか部屋を借りるという決断はしにくくなりますし、成約後に「こんな部屋なら借りなかった！」というトラブルも生まれやすくなります。

　コロナ以前では、ＶＲだけでは部屋を決定できないという人が大半でしたが、コロナ下では、外出もままならないためＶＲで決めざるを得ない状況になり、普及は加速しました。

　また、さらに完璧な内見体験を求めるとなると、映画の４ＤＸ®のようになるでしょうか……。下手をするとひと昔前のＳＦの世界ですが、しかし５Ｇへの移行などによっては、リアルな内見に近いものがＶＲで達成できるようになるでしょう。今後の技術革新に期待したいところです。

　ちなみにＶＲ内見には、不動産会社にもメリットがあります。

たとえば2020年には、部屋の内見中に仲介会社の女性社員が客に刺される、という恐ろしい事件が発生しました。表沙汰にはなっていませんが、昔からこの手のトラブルは繰り返し起こっています。「2名体制」でお部屋を案内する仲介会社もありますが、費用対効果が合わないのでスタンダードになっていません。その点、VR内見であれば低コストで事件発生を防げます。リアルもVRも一長一短あると考えて、上手に使い分ける時代へと進むでしょう。

※2019年5都市での独自調査の結果によると、VR内見に対する興味関心は高いものの、「VR内見だけで部屋を決められる」という人は全体の13・8％に留まる。新型コロナ発生後は、VRのみで決定している人の割合は増えていると思われる。【図表6-6】

「ラクラク管理会社」は情報発信力が違う！

今やネットでの情報流通が主流です。SNS、YouTube、自社サイト、メルマガ……、誰もが様々な方法で独自に情報を発信できる時代となりました。加えて、不動産は土地や建物という大きな商品である一方で、実はITと相性抜群の「情報」の塊です。不動産会社はこれまでより一層リアルで詳細な情報を、顧客のもとに届けられるはずなのです。

不動産におけるマーケティングの中心はポータルサイトが担っていますが、情報をひろく伝える術は他にもたくさんあります。顧客の元に正確な情報を届け、オーナーの空室損失低減を図る努力は、管理会社にもっと望むところです。

しばらくは従来通り、賃貸仲介会社による集客が空室を埋めるための基本となりそうですが、5Gそして6Gの時代が来た場合、募集体制や内見はどのように変わっていくのでしょうか。未来の集客導線を知っておくことは賃貸経営の先行きを考えると重要な戦略です。

中でも今後、その重要性を一層高めていくのが「口コミ」でしょう。

口コミというと「食べログ」のようなメディアを思い浮かべますが、Twitter や Instagram といったSNSの投稿ひとつひとつも口コミです。強力な発信力を持つアカウント（インフルエンサー）に商品・サービスの感想を投稿してもらい、売上げと商品イメージの両方をアップさせる手法は、今や他業界では当たり前に使われています。どうしても商品が「唯一無二」となってしまう不動産においては、まだまだ活用の方法が確立されない状態が続いていますが、メディアの下地ができてしまえば流れは速そうです。

ちなみに、最近の若年層の間では、何か欲しいものがあった際、その性能や使い勝手を確かめるべく「まずインスタ（Instagram）でタグる（検索する）」という行動パターンが生まれつつあります。Google で検索して、商品の公式サイトや使用感をまとめたアフィリエイトブログを読み漁るよりも、既に購入した人をインスタで見つけて写真や動画で直感的に情報を取りに行ったほうが早い、という感覚なのでしょう。こうした行動が「当たり前」になっていくとしたら、口コミサイト・SNSにおける物件情報のコントロールはますます欠かせないものとなりそうです。

ここで、気になるサイトをいくつか確認しておきましょう。

1．マンションノート

物件の口コミサイトとしてよく知られているのが「マンションノート」です。もともとは分譲マンションのための口コミサイトでしたが、賃貸物件の口コミにも対応しています。まだ全国の物件を網羅するには至りませんが、それでもおそらく日本でいちばん賃貸物件の口コミが集まっているサイトでしょう。SUUMOとも連携しており、SUUMO内の「エリアのクチコミ」には同サイトから情報が提供されています。

このサイトの特徴は、各物件が「スコア」によって採点されている点です。総合スコアは、建物の管理状況や設備の充実具合、耐震性、新しさなどを考慮した建物スコアと、買い物や通院のしやすさ、治安や交通利便性を考慮した周辺環境スコアから導かれていて、その採点はシステム評価とユーザー評価の掛け合わせ。つまり、古い物件であっても良い口コミが多ければ高評価となり、設備の充実した物件でもマイナスの口コミが多ければ低評価となる、そんな仕組みになっています。

昨今は、部屋探しの際に「物件名」でＷＥＢ検索をする人が増えていますが、それは、物件や周辺の詳しい情報、それこそ口コミのようなリアルな情報を求めてのことです。このサイトも物件名検索の際に上位に表示されますので、物件に対して投稿された口コミが閲覧される可能性は非常に高いです。口コミがどれだけの影響力を持つかは、Amazon等の「レビュー」を想像すれば明らかでしょう。

マイナスな口コミが書かれていないか定期的に確認してください。

口コミを見るという消費者行動は、「マイナスな部分を含めて情報を集め、客観的に判断し購買の決断をしたい」という意識に起因します。メーカーや営業マンは商品の良い部分にフォーカスして伝えますが、消費者は常にマイナスな点も含めたリアルな情報を求めているのです。そして一番リアルな情報とは、実際のユーザーの実体験に基づく意見でしょう。妙な誤解や誹謗中傷を遠ざけることはもちろん、「売る」ために口コミをうまく生かすことがとても重要です。

なお、このサイトでは過去・現在の住人だけでなく、オーナーも口コミを投稿することが可能です。既に物件をお持ちの方は、スコアを確認するだけでなく、是非ご自身で物件の評価を入力することをお勧めします。ただし、過剰な自画自賛はＮＧ。入居者の目に胡散臭く映ってしまい、逆効果となりかねません。

2. Instagram、Twitter

ＳＮＳの中でも、口コミ情報の確認用に多く使われるのがこの2つです。Twitterは匿名性の高さゆえにリアルな本音が期待でき、Instagramは視覚的にモノの本質を確認できます。

既に述べた通り、商品の感想や評価を求めてＳＮＳを検索する動きは定着しつつあります。この変化に対応するには、同じように自分たちもＳＮＳで情報を発信していくことが有効です。実際、Instagramを有効活用することで反響数を飛躍的に高めた会社も存在します。その会社は徹底的に「インスタ映えする部屋の写真」を投稿してInstagramでの露出を増やし、自社運営のポータルサイトに顧客を呼び込み、また自社開発の部屋探しアプリに誘導することで、部屋探しをしている大量の顧客を囲い込むことに成功しました。

3. YouTube

ここ数年、特にYouTuberの台頭によって、YouTubeの使われ方は大きく変わりました。ただの「動画投稿サイト」から、「動画を使った自己主張サイト」へと変化したのです。投稿者が動画内で自身の意見を発表しているのですから、これも立派な「口コミ」でしょう。

YouTubeで「ルームツアー」と検索したことはありますか？

ルームツアーとは、投稿者が（主に）自身の部屋を紹介していく動画なのですが、ここで発信されているのは「暮らし」です。その部屋でどう暮らしているか、どこにこだわりがあるのか、何が不満でどこに満足しているのか……。視聴者の多くは投稿者の暮らしぶりを覗く目的で閲覧していますが、はじめての一人暮らしを「疑似体験」する目的で見ている視聴者も多数います。ポータルサイトで見つけた候補物件に問い合わせる前に、まずYouTubeから似た間取りのルームツアーを探し出し、動画で実際の暮らしぶりをイメージし、納得できれば問い合わせをする。これまででは全く考えられない部屋探しのプロセスでしょう。

不動産と動画の相性の良さから、不動産会社によるYouTube活用は意外と早い時期から行なわれていましたが、こうした変化に敏感な不動産会社は、既に物件紹介動画をルームツアー形式に切り替え始めています。実際、今はルームツアー形式のほうが集客率は高まるそうで、単なる空室を見せる旧来の「物件紹介動画」とは違った、ステージング（家具配置・装飾）をして「暮らし」にフォーカスした動画制作がポイントになります。

4．大島てる

最後に、ネガティブな口コミについて。

全国の大家さんが最も恐れるＷＥＢサイト「大島てる」は、火災や自殺、事件、事故の起こったいわゆる事故物件に限定された情報提供サイトです。厳密には口コミとは異なるのですが、一般人が自由に情報やコメントを投稿でき、一度掲載されるとマーケティングにおいて甚大なダメージを負う点から、ここで紹介します。

今や世間での知名度も高く、部屋を契約する手前でこのサイトを訪れる人も非常に多くなったと言われます。もちろん、事故が事実であり、実際に重要事項説明にて心理的瑕疵を説明しなければならない部屋は仕方がないかもしれませんが、もし何かの間違いで掲載されてしまったとしたら経営には致命的です。

実際、利用者が増加するにつれて真偽の定かでない情報も多数投稿されるようになり、「やたらと成約寸前でキャンセルが出ると思ったら、大島てるに事実無根の情報が掲載されていた」といった事例も出ているようです。定期的なチェックはもちろん、物件の購入時にも必ず掲載の有無を確認しておきたいサイトです。

このサイトの存在が教えているのは、こうした情報・口コミの効力の長さ、インターネット上で「情報が消去されない」ことの恐ろしさです。いわゆる事故物件の心理的瑕疵については、実務の中では数年、たいていは10年もすれば重要事項説明における説明義務を免れるものですが、こうしたサイトに一度投稿された情報・口コミは、それが明確な虚偽情報や誹謗中傷でない限り、何年経とうと削除されません。ずっと検索結果に残り続けるのです。

この「**デジタルタトゥー**」**の恐ろしさを考えれば、不動産投資において口コミのコントロールがどれだけ重要かは容易に想像できる**でしょう。10年・20年というスパンでキャッシュフローを積み上げていく必要があるにもかかわらず、10年経っても20年経っても、過去の悪評が経営を邪魔し、キャッシュフローを削り取っていくかもしれないのです。

故に、私たちは口コミに敏感になり、マイナスな口コミがそもそも発生しない状態を意識しなくてはなりません。そのためには、常に顧客の視点に立った物件運用が不可欠です。入居者を単なる「家賃」と見なすような考え方は危険です。目の前の損得を優先しすぎれば、そのツケは必ず大きなしっぺ返しとなって戻ってきます。しかし逆に、入居者の満足を重要視する経営を心掛ければ、それはいつかポジティブな口コミとなってオーナーのもとに返ってくるはずです。物件を褒める口コミは、次の入居者を呼び込み続けてくれるのですから。

これらのサイトやSNSについては、知名度が高くすでにご存じの方も多いと思います。紹介しているのはほんの一例に過ぎませんが、ポータルサイトだけでなく、これらを活用できる管理会社であれば、情報発信力が高いと考えられます。

物件情報だけに限らず、そもそも有益情報を発信するには、不動産投資に対する十分な理解と知識、ある程度の経験が必要です。情報発信のできている会社とは、それだけ社内に知識とノウハウを蓄えている会社と言えるでしょう。

ちなみに、この情報発信のスタンスも千差万別です。私は全国各地で主催されるオーナー向けセミナーに講師として呼ばれることも多いのですが、「セミナーをオーナーとの出会いのきっかけにしたい」という会社がある一方で、純粋に「日頃お世話になっている大家さんに有益な情報を渡したい」とセミナーを企画する会社も存在します。またそれらのセミナーには「無料でサービス」という場合もあれば、「有料でしっかりノウハウ公開」という場合もあります。管理会社を選定する際は、積極的に各社の発信する情報に触れ、管理会社の実力とスタンスについて確認してみるべきでしょう。

「資産価値を高める」ホームページ活用術

ところで、分譲マンションでは当然となった一方、日本の賃貸市場では一つの賃貸物件のために個別のWEBサイトが作られることがあまりありません。アメリカのように一物件で何十世帯、何百世帯と数があるわけではないため、作る必要性が低かったということもあるでしょうが、日本の賃貸物件がそれだけ有料のメディアに依存してきた結果とも言えるでしょう。

しかし、部屋探しの過程で「物件名検索」をするユーザーが増えているのであれば、物件独自のWEBサイトが一つあるだけで、オーナー（または管理会社）と入居者が直接マッチングできる可能性は高まります。オーナーはADを支払うことなく、入居者は仲介手数料無料で部屋探しができるわけです。

加えて、ポータルサイトの情報は、大抵は入居者が決まった時点でアーカイブされてしまいます。つまりポータルサイト頼みでは、空室がある期間しかWEBで露出できず、満室時は

「将来の入居者」との接点が断たれているのです。その点、物件サイトがアクティブであれば、満室時に「退去待ちをしてでも住みたい」というユーザーと接触することも可能となります。ポータルサイトのように他物件との比較がしにくいという面こそあるものの、サイトを通じて物件情報をより詳しく発信し、ユーザーが知りたがっている情報をピンポイントに伝えることができれば、貸し手側と借り手側、両者にとって好都合であることは明らかでしょう。

機会損失を減らし、ＡＤを節減し、仲介手数料無料という訴求力すら獲得する――、良いこと尽くめの「物件サイト」戦略ですが、課題があるとすれば、それはＳＥＯ（Search Engine Optimization，検索エンジン最適化）の問題です。

いくら物件サイトを作り、「物件名検索」をしたユーザーを引っ張ろうとしても、検索結果の上位に食い込めなければユーザーにサイトを知ってもらうことすらできません。そして検索結果の上位に食い込むには、SUUMOやHome'sといった日本最大級の不動産ポータルサイトと戦って勝利する必要があります。これはそう簡単なことではありません。

検索結果を上位に押し上げるには、いくつかのポイントがあります。

まずはアクティブ（更新頻度が高い・情報として鮮度が高い）なテキスト情報（ブログなど）を充実させること、そして動画情報を充実させることです。Googleの評価アルゴリズムは常に進化し変更され続けていますが、「ユーザーが最新の有益情報を得られるサイトを優先する」という大原則は変わりません。実際に住んでみないと分からないリアルな情報など、物件の魅力を最大限にテキスト化し、定期的に発信していきましょう。

また、テキストよりも情報量の充実している「動画」の存在もポイントです。物件や設備を紹介する動画を制作し掲載していくことで、YouTubeとの二軸での露出拡大も狙えます。ここにTwitterやInstagramなどSNSでの発信が加わると、「独自メディア（物件サイト）」「ソーシャルメディア（SNS）」の2つのメディアからの集客が可能となり、「将来の入居者」への情報拡散も加速するでしょう。

メディアとして確立される頃には、物件の「ブランド」もできあがっています。その育て上げたメディア資産を物件の売却時に一緒に譲り渡せば、買手にとっての付加価値がつきます。物件サイトは単なる集客媒体から、物件価値を維持・向上させる「資産」へと成長していくのです。

「正直不動産」は、誠に存在するのか？

近年、不動産業界にも「不動産テック」や「DX（デジタル・トランスフォーメーション）」などのIT化の波が押し寄せています。ITの進化こそが「正義」と断じる前に考慮しておきたいのが、テクノロジー全盛期ゆえの「アナログ」の魅力です。

Maison Success
TOP CONCEPT QUALITY PLAN LOCATION BLOG
CONCEPT
多彩なライフスタイルをあなたに
広いリビングと上質な寝室は、これまでの賃貸住宅にはなかった快適な空間を提供します。様々なライフスタイルに適応した新時代の賃貸住宅「Maison Success」は、日々の生活を豊かなものに変えてくれます。
Tel
Mail

ここまで「アナログすぎる管理会社はNG」という話をしてきましたが、ここでお伝えしておきたいのは「業務」ではなく「スタンス」のお話です。AI（人工知能）の説明でも述べた通り、不動産はあらゆるスペックを数値・データに落とし込むことができますし、また不動産投資は利回りをはじめ数字を重視すべき事業ではあるのですが、そんなふうにデジタルにしか不動産と触れ合わない、というのは、個人的には非常に勿体ないと感じます。

どれだけロジカルに、冷静に判断して物事を進めていたとしても、どこかでふっと人の温かみ・人情のようなものを感じてしまうのが不動産取引です。やはり、人の暮らしの根幹を支えるものだからでしょう。そして、その人情のようなものが、不動産経営をするうえで隠れたキーになっていることが少なくありません。良い付き合いのできる不動産会社とは、意外と「最先端」であることよりも、「人間味」の部分で経営を助けてくれたりするものです。

たとえば、私が仕事で出会った不動産屋さんの中に、「誠不動産」を経営する鈴木誠さんという方がいらっしゃいます。会社はほぼ一人で回しているような規模です。著書に『幸運が舞い込む部屋探しの秘密』（朝日新聞出版）があります。

どんな仕事ぶりかと言うと、とりあえず物件情報を載せられるだけ載せて反響から集客を稼ぐ一般的なやり方とは違い、自分の手に負えるだけの数のお客さんのために、ただただ全力でお部屋を紹介しています。お客さんとまっすぐ向き合ってしっかりヒアリングして、あとはひたすら「これならあのお客さんにぴったりだ！」という物件を探すのです。

候補の物件が見つかったら必ず一緒に物件を見に行って、納得できるまで部屋探しに付き合います。当然、それでは沢山のお客さんは捌けませんから、仕事は完全紹介制で、「ご縁があった人」だけに全力を尽くす、そんな仕事の仕方です。顧客に対する姿勢は取引中だけでなく、入居後の対応など、また私などに対してもフェアで紳士的なその姿勢は、業界関係者だけでなくビジネスを行うもの誰もが見習うべきであると心から感じます。

かつて「千三つ屋」と呼ばれ、おとり広告で集客するのが当たり前のような日本の不動産会社の中にも、これほどアナログ、かつ誠実なスタンスの会社が存在するのです。

しかしその特異さが注目を集め、誠不動産さんは今では富裕層や芸能人のお部屋探しも手伝うようになっています。『正直不動産』という漫画のモチーフとなったり、テレビの『有吉ゼミ』に登場したりと、最近は各方面で紹介されているのでご存じの方も増えたでしょう。そして注目すべきは、彼のような「アナログな不動産屋」が引っ張りだこになっているという事実です。ＩＴ、ＡＩ、不動産テック……、そんな言葉の真逆を行く鈴木誠さんがなぜ、市場から求められているのでしょうか。

ここのところ、不動産業界でもＤＸ（デジタル・トランスフォーメーション）ばかりが取り沙汰されていますが、デジタルを使いこなすのはあくまで人間です。ＤＸをすることも大事ですが、その前に人がさらなる進化『ＰＸ（パーソナル・トランスフォーメーション）』（本田直之著／ＫＡＤＯＫＡＷＡ）をしなければ、革新は起こらないと思うのは私だけでしょうか。

ラクラク管理会社は常に顧客（オーナー）の視点を持ち、ただ目の前にあるテクノロジーの進化だけではなく、誠不動産さんのように「顧客ロイヤルティ」と「誠実さ」を心がけることで、さらなる進化を遂げていくはずです。

「担当者のハートを掴む」管理会社との付き合い方

ここで少し、管理会社との付き合い方について触れていきます。

良さそうな管理会社だと思って管理を預けたのに、ふたを開けてみたら「ダメダメ管理会社」だった。大家さんから管理会社についてそんなお話を伺うことはよくあります。

しかし、本書をご覧の皆さんに持っていただきたいのは、ここでその結論を「疑う」視点です。慎重に検討して選んだ管理会社ですから、実力はあるはずです。問題はオーナーの管理会社との付き合い方にあるのかもしれません。たとえ管理会社の働きに不満を感じたとしても、もしかしたら何かの理由で「実力を出せていないのかもしれない」と考えてみることです。

もちろん、同じ管理料をもらっている以上、管理会社はどのオーナーにも同じだけのサービスを提供する義務があります。しかし管理会社も所詮は「人間」の集まり、私たちの接し方次第でサービスの質は上下します。

実際、私が管理会社に勤めていた時も、「このオーナーのお願いなら頑張ろう」と前向きに仕事をする瞬間があった一方で、「なんでこんな一方的に頭ごなしに言ってくる人のために自分が頑張らなきゃいけないのだろう」と後ろ向きになる瞬間もありました。そしてそうしたモチベーションの違いは、最終的に仕事のスピードや物件の稼働率にも表れてくるのです。

管理会社に、という以前に誰からも嫌がられるのが、「俺は金を払っているんだ」と強引に意見を通そうとするタイプの人です。昨今は飲食店などでのトラブルがメディアに取り上げられ、こうした態度の人まで「客」と見なすべきか否か議論されることも増えました。

日本では「お客様は神様です」といった言い方が広まっていますが、そもそもこの言葉のもととなったとされる三波春夫氏は、自身のオフィシャルサイトで「『お客様は神だから徹底的に大事にして媚びなさい。何をされようが我慢して尽くしなさい』などと発想、発言したことはまったくありません。」と、世間での使われ方を全面的に否定しています。もし皆さんが「お客様は神様として扱われるべき」と考えているとしたら、その誤った認識は今すぐ改めるべきでしょう。お金を支払って業務を依頼する側も、受け取って業務をする側も、対等な関係にあるはずです。そこにはどちらが偉いなどということはありません。

管理会社の担当者を敵に回して、良いことなどひとつもないのです。あくまで管理会社は皆さんの賃貸経営を支えるビジネスパートナーです。管理料を理由に奴隷のように扱えば、管理会社は奴隷としての働きしかせず、経営を改善させる提案など出てくるはずもありません。

「お前ら、ちゃんとやれよ！」と怒鳴り散らされるのと、「ランチでも食べながら打ち合わせしようか」と誘われるのとでは、どちらのオーナーのためにやる気を出しますか？

しかし管理会社の視点は実にシビアです。ＶＩＰ扱いするかどうかは、基本は預けている物件の規模次第、あるいは持っている資産の大きさ次第です。なにせ管理会社は何百人、担当者ベースでも何十人という数のオーナーを日々相手にしているのです。となれば、何らかの基準でオーナーに優先順位をつけるのは当然のこと。皆さんが単に「たくさんいるうちの一人」として扱われるのは、管理会社の業態からすればむしろ当たり前のことなのです。

ですが、わざわざこんな話をしたのには理由があります。それは、たとえ皆さんが大勢のうちの一人としか認識されないのが当然だとしても、成功大家さんになるためには、その当然の状況を覆して「特別なオーナー」になる必要があるからです。

つい忘れがちなのですが、管理会社が付き合っている皆さん以外の「その他大勢のオーナー」は、すべて皆さんのライバルなのです。管理オーナーの中において、駅徒歩10分以内、25㎡の木造1Kアパートを持っているのは、決して皆さんだけではありません。そしてもちろん、その同じような他のオーナーの物件が、皆さんの物件と同じタイミングで空室になることはよくあります。つまり、よほど管理戸数の少ない管理会社に預けていない限り、入居付けの戦いはまず管理会社の中で始まるということです。もちろん、あれやこれやと注文をつけて「面倒くさい大家さん」になるのも危険ですし、全部お任せでは放置されてしまう可能性があります。

程よい距離感と、信頼して動いていくくらいのスタンスが良い結果を生むはずです。

以前、私の担当していたオーナーで、私たち管理会社をすごく上手に距離を取られる方がいらっしゃいました。その方はお医者さんだったのですが、わざわざ千葉から東京へ足を運んで、会社までお菓子を持ってご挨拶に来てくれるのです。私自身もいつも可愛がっていただき、何度も食事にお誘いいいただきました。いつも、感謝とねぎらいの言葉をかけてもらえるだけでも、このオーナーのために何とか成果を出したいという気持ちが強くなっていきましたが、自ずと気持ちが入って積極的なご提案をして結果を出せていたことを思い出します。**物件が小さくとも、資産が少なくとも、印象の良いオーナーの物件は「もっとよくしてあげたい」という思いが働いてしまう**ものです。「管理会社への気遣い」は、立派な募集戦略・経営戦略のひとつです。他のライバル大家さんと差をつけるには、担当者との心の距離を縮めるのが、一番効果的なのかも知れません。

仲介会社がひしめく都市部においては、効果はそれほど感じられませんが、少数の管理会社に物件が集中しがちな地方都市においては、管理会社内での「ランク」を上げる活動は非常に重要です。遠隔地の物件を買った場合は、管理会社と日常的にコミュニケーションをしている地元オーナーとの戦いにどう勝利すべきか、工夫を凝らすことも必要でしょう。なにせ相手のオーナーは、地元のスーパーでひょっこり担当者と顔を合わせてしまうような距離感で管理会社と付き合っているのです。

「おや、○○さん、夕飯の買い出しかい？」

「あ、○○オーナー！　またお会いしましたね」

「ところで、うちの101号室はいつ決まりそうかね？」

「いやー、頑張ってはいるんですが……なかなか」

こんな風に日常的にプレッシャーをかけられていたら、遠方オーナーの物件なんて後回しになって当然ですよね（笑）。たとえ何時間もかかる距離であっても、時には管理会社を訪問し、顔を見せるようにしましょう。

なぜ担当者はオーナー目線になれないのか

ところで、管理会社に対して不満のあるオーナーが多い、という話を紹介しましたが、その実態は本当に「会社」に向けられたものなのでしょうか。

私は、意外と多くの方が会社ではなく「担当者」に対して不満を持っているのでは、と考えています。なぜなら、コンサルタントとして多くの不動産会社の方と接触してきた私の経験においても、「スキルが高く満足度の高い担当者」は意外にレアな存在である印象だからです。

報告には漏れがあるし、強く言われるまで動かない。動いたところでピントのズレた回答で、しかも実行までに時間がかかる……。頼りにならない担当者というのは非常にストレスのたまる存在です。確かに、昔から不動産屋さんにはそんな人も多くいて、だからこそ「作業屋さん」の印象が定着しているのかもしれません。

なぜ、彼らは私たちオーナーの思いを酌んでくれないのでしょうか。なぜ、主体的に「満足度の高いサービス」を提供してくれないのでしょうか。この原因は、一言で言えば、賃貸経営を「自分ごと」として捉えられていないという点にあるでしょう。クライアントの経営の良し悪しが自社の利益を（そして自分の収入を）左右するにもかかわらず、担当案件の様々な課題を「他人ごと」として処理してしまうがために、彼らは私たちのニーズに対して機敏な反応を返すことができないのです。

とはいえ、これも無理からぬ話ではあるのです。かつての不動産業は、今よりもはるかに「地域」に根差した産業で、「人（特に地主など）との関係性」が重要なファクターとなっていました。しかし、情報伝達手段の発達によってビジネスエリアが拡大し、働き方についても転職が当たり前となり、サラリーマン大家の台頭によって関わる大家さんの数が膨大になってくると、社内における「大家さんの気持ちを酌む」ことの重要性は形骸化していきます。

また、組織規模が1～3人程度から5倍、10倍と膨らむにつれ、組織内での分業化が進み、総合的な視点で大家さんと対話のできるスキルの高い人材が極端に減ってしまうのです。

今となっては、知識武装をしたレベルの高い不動産オーナーと対等に話せるのは経営者と一部の上層部のみ……、そんな管理会社も少なくありません。稀に一般職でもきちんとオーナーの事情を酌める方がいますが、そういう優秀な人材は早々に独立するか、キャリアアップの転職をしてしまいます。そして、ますます増えていくのが、「主体性のない担当者」。となると、なかなか管理会社全体のレベルが上がりません。

この問題を解決するには、彼らに「大家の視点」つまり「経営的視点」を獲得してもらうしかありません。しかし、これが簡単でないことは、想像に難くないでしょう。また、皆さんが知りたいのは、この状況でどうやって「話ができる担当者」を見極めるかだと思いますが……、**それは、「自分で不動産投資をした経験を持つ担当者を探す」こと**です。

少なくとも経験者なら、「大家の視点」は確実に持っていますし、私たちの抱える悩みに対してもリアルな提案が期待できます。箱貸し商売をしている私たちオーナーがどれだけ空室が嫌で、どれだけ資産価値を高めたいのか、「知識として知っていること」と「実感を伴っていること」の差は、依頼している業務のあらゆる面で大きな差となって現れるはずです。私自身も、過去の経験から「不動産投資経験者は幅広い知識を持つ」ことを実感済みで、こちらが伝えたいこと、聞きたいことをしっかりと理解して行動に移してくれました。

とはいえ、なかなか不動産投資の経験を持つ担当者を見つけることは難しいもので、不動産投資を許可している会社へ管理を任せるか、前項のように担当者の懐へオーナー自身が潜り込むあたりが現実的と言えそうです。

この場を借りて管理会社の経営者への要望があります。これまで日本の多くの企業では「副業禁止」とされ、そこに不動産投資も含まれてきたのですが、逆に管理会社は会社で徹底的に支援して、社員に不動産を持たせてみて欲しいのです（もちろん既存の大家さんの物件とバッティングしない範囲でです）。担当者は、自分がオーナーになることで担当顧客の案件を「自分ごと」と捉える視点が持てますし、ただの歯車として行なっていた業務に意義が見出せるようになって、モチベーションも高まるでしょう。もちろん、不動産会社とその社員が「顧客に先んじて物件を買う」ことについては配慮すべき点も議論の余地もあります。しかし、管理を任せるオーナーとしては、「賃貸経営をしたことのない素人」に物件を預けるより、賃貸経営とは何かが分かっている担当者に経営を手伝ってもらった方が、話を分かってもらえるのです。

オーナーの賃貸経営を「他人ごと」と捉えている担当者に、私たちの苦労は伝わりません。どれだけ丁寧にそれを説明したところで「うるさい大家だなあ」としか思われないでしょう。それであれば、私はどれだけ若い会社であっても、私たちと同じレベルで経営に悩み、真剣に対策を考えてくれる会社に管理を任せたいと思うのです。そして、そのような意識の高い管理会社こそが、私たちの賃貸経営を支え「成功大家さん」へと導いてくれるはずです。

33 成功の法則

成功大家さんは…

28 自分にあったスタンスの管理会社を見つけられる。

29 サブリースは利用の仕方次第で
「ラクして稼げる」ことを知っている。

30 「ラクラク管理会社」は、
「ロジック提案型」と判っている。

31 学びに投資をする管理会社を選べる。

32 ソーシャルメディアの使い方がうまい
管理会社を知っている。

33 担当者の懐に潜り込む術を持っている。

おわりに

不動産投資を始めたくても始められないという、潜在層は相変わらずたくさんいるようです。不動産投資はお金持ちだけしかできない訳ではありません。誰にでもチャンスがありますし、コツコツできる範囲から進めることで、確実に資産を増やすことが可能です。大きなビルやマンションを持っている人のお話を聞けば、小さな不動産投資は「全然儲からない」と感じてしまうかもしれませんが、不動産はインカムの積み重ねです。焦らずじっくり積み上げていくことで、やがて資産は膨れ上がっていきます。逆にもし、現時点で不動産投資を始めていない人は、ある意味ラッキーだったのかもしれません。学習や情報を通じてこれからに備えることができるからです。

不動産は、住宅においても投資においても同じなのですが、「兄が不動産を買ったから、うちもそろそろ欲しいなあ」とか「上司が不動産投資を始めたから、俺もそろそろ始めよう」とか、そんな何気ないきっかけから始まります。不動産投資は人生を豊かなものに変えてくれるものですが、一方、何気なく買ってしまえば「悲惨な目」に合う確率が格段に上がることをしっかりと認識して欲しいのです。

これからの不確実なことばかりが起こる世の中で、メインのビジネス（人的資本）だけで豊かな未来を得られる人は、ほんの一握りです。それならば人的資本だけではなく、収入の「別の柱」を持つべきです。

この「柱」が複数存在するだけで、人生や生活の安定感が増します。今や「一つの仕事」だけで豊かな老後を形成できるほど、日本の未来の見通しは甘くはありません。再び新型コロナ騒動のような有事が起こった際、自分自身、そして支えている家族に安定した生活を供給することができるのでしょうか。本業、副業、金融資産、そして不動産、「柱」を増やしながら、来るべき不確実な未来に備えることは、まだまだ遅くはありません。

この本は、私がこれまで経験してきたことや知っている知識を出来得る範囲でオープンに書かせていただきました。業界関係者の方からすれば耳が痛いと思われる部分もたくさんあるかもしれませんが、これは私が実体験で感じてきたことをありのままにお伝えしているだけです。不動産業界は、非常に高いスキルを要求される業種です。一部のネガティブな情報が業界イメージを崩していますが、本来、誰からも羨ましがられる誇り高き業界になり得ると心から思うのです。そのためには、一人一人が意識を高く持ち、学ぶことを止めず、顧客に対して誠実に向き合うことが必須です。

昨晩ニュースを見ていたら、国会で政治家が自分たちのポジショントークばかりを繰り広げ、居眠りをしている議員すらいて、とても国民目線で議論が尽くされているとは思えませんでした。小さな世界の中で、「自分だけがどうしたら幸せになれるか」しか考えていないようにしか見えませんが、この先、私たち日本の未来はどうなるのでしょう。

どうか不動産業者の皆さまにおかれましては、もっと未来志向で、自分たちの小さな世界だけではなく、もっと先の未来のあり方を考えてみませんか。それは、顧客の本質を捉えて、目先の利益ではなく、しっかりと顧客の問題解決をしてあげることに尽きると思います。「与えよ、さらば与えられん」。すぐには結果が出ずとも、必ず勝機は訪れるはずです。

私は両親ともに教育者であるにもかかわらず、幼少期より大の勉強嫌いでした。そんな私が、大人になり不動産や経営に関する学習に時間を投資してきたことで、今では人にものを教え、今回このように執筆の機会を頂けるまでになりました。それを支え、認めてくれた今井ファミリーのみんなには感謝の言葉もありません。それから私にこれまで様々な学びの機会を与えてくださった業界の大先輩の皆さま、コロナ禍の独立で手を差し伸べて下さった皆さま、本書を担当してくれた筑摩書房の磯部知子さんにも心よりお礼を申し上げます。

本書を通じて、一人でも多くの「成功大家さん」が誕生しますように。

2021年春

今井 基次

今井 基次（いまい もとつぐ）

株式会社ideaman（アイデアマン）
代表取締役

1975年 静岡県浜松市生まれ。

賃貸仲介、売買仲介（実需、投資）、賃貸管理、資産形成コンサルティングの実務経験を経て、15年にわたりプロパティマネジメント推進のため、全国の建設・不動産会社へのコンサルティングを行ってきた。

不動産業者と不動産オーナーの視点をあわせ持ったユーモアのある講演や研修には定評があり、これまで3万人を超えるプロの業界関係者や不動産オーナーが聴講してきた。

IREM講師（CPM®認定インストラクター）
1級ファイナンシャル・プランニング技能士
CFP®（上級ファイナンシャルプランナー）
CPM®（米国不動産経営管理士）
CCIM（米国商業不動産投資顧問）
公認不動産コンサルティングマスター
宅地建物取引士
賃貸不動産経営管理士

https://ideaman.co.jp

ラクして稼《かせ》ぐ不動産投資《ふどうさんとうし》33の法則《ほうそく》

成功大家《せいこうおおや》さんへの道《みち》は「管理会社《かんりがいしゃ》」で決《き》まる!

2021年5月30日　初版第1刷発行

著　　者　今井 基次
編集協力　moonscape
発 行 者　喜入 冬子
発 行 所　株式会社 筑摩書房
　　　　　東京都台東区蔵前2-5-3 〒111-8755　電話番号 03-5687-2601（代表）
装　　丁　加治　望（朔 tsuitachi）
印刷·製本　三松堂印刷株式会社

ISBN978-4-480-86475-8 C0034